1001 CURIOSIDADES, PALABRAS Y EXPRESIONES DEL ESPAÑOL.

1001
CURIOSIDADES, PALABRAS Y EXPRESIONES DEL ESPAÑOL.

FUNDACIÓN
DEL ESPAÑOL
URGENTE

DEBATE ́f

Primera edición: septiembre de 2020

© 2020, Fundéu
© Del prólogo: 2020, Mario Tascón
Redacción: Irene Areses, Ana Barruesco, David Gallego,
Judith González Ferrán, Javier Lascuráin, Ruth Ruiz y Yolanda Tejado
Corrección: Celia Villar y Fernando de la Orden
Coordinación: Álex Herrero

© 2020, Penguin Random House Grupo Editorial, S. A. U.
Travessera de Gràcia, 47-49. 08021 Barcelona

Printed in Spain – Impreso en España

ISBN: 978-84-18006-51-7
Depósito legal: B-8114-2020

Compuesto en Arca Edinet, S. L.

Impreso en Gómez Aparicio, S.L.,
Casarrubuelos (Madrid)

C006517

Penguin
Random House
Grupo Editorial

ÍNDICE

LISTAS, CATÁLOGOS Y LISTÍCUL●S

Sorprende que sobre la palabra que define el tipo de artículos que llenan este libro no existan referencias en la RAE; ni siquiera la propia Fundación, cuando estaba escribiendo este texto, tenía una recomendación al respecto. Esta obra está compuesta por listículos, un neologismo: *lista* + *artículo* = *listículo*.

Listículo se forma igual en inglés (*listicle*) que en español y es un nuevo formato, me atrevería a llamarlo *género*, que se ha puesto de moda porque muchos medios de comunicación digitales han descubierto el poder de atracción lectora de las listas a la hora de conseguir visitas y lecturas digitales. ¿Quién se puede resistir a no leer cuáles son «los 100 lugares que ver antes de morir»? ¿Cómo podemos dejar de lado un artículo que nos promete enseñarnos las «7 técnicas infalibles para triunfar en un examen»?

El poder persuasivo de este formato lista, de los listículos, es tal que en un estudio[1] de la publicación que más sabe sobre contenidos virales, *BuzzFeed*, se considera el más consultado en sus páginas, por encima de entrevistas, de reportajes y del resto de los géneros del periodismo digital.

Un listículo no es una simple lista. La de la compra, que es la más básica y popular, lo sería, pero si la cobijáramos bajo una intencionalidad algo diferente la convertiríamos en un listículo. No es lo mismo una sucesión de nombres de frutas, verduras y legumbres que esos mismos elementos encabezados por un título que diga: «10 productos para alimentar el cuerpo y el alma» o «Las 10 cosas que no puedo olvidar en el supermercado, aunque vuelva con otras 10 que no necesitaba». En cualquiera de los casos anteriores tenemos ya un listículo.

---

[1] «El periodismo se volvió loco con el *clickbait*. No vas a creer lo que sucedió a continuación». En *Xataka*, 8/03/2016 https://www.xataka.com/especiales/el-periodismo-se-volvio -loco-con-el-clickbait-no-vas-a-creer-lo-que-sucedio-a-continuacion

Pero no es una cuestión solo de modas por influencia del periodismo digital. Desde el mismo comienzo de nuestra historia, los humanos hemos estado obsesionados con las listas, ya sea como promesas de un compromiso futuro o como simple agrupación de pensamientos, más o menos nítidos.

En un mundo caótico y volátil, como el que nos rodea, las listas sirven para hacer comprensible lo infinito y crear un orden. Son, al fin y al cabo, un intento de organizar lo incomprensible. Si la narrativa es el pegamento que une a la humanidad, como señala el autor de *Sapiens*, Yuval Noah Harari, porque nos sirve para entender el mundo, en un nivel más básico están las listas porque nos aportan la sensación de orden y, por tanto, de control sobre lo que nos rodea. Si somos capaces de crear una lista, empezamos a ser capaces de ordenar el universo, si, además, la lista nos da una clasificación, nos hace creernos dioses. No en vano el propio Dios nos entregó la que quizás sea una de las listas más famosas con sus mandamientos.

Desde las antiguas declaraciones de los escribas egipcios que listaban lo que contenían los graneros reales, pero también hacían listas de motivos por los que algunos trabajadores del valle de los Reyes, en el 1250 a. C., no habían ido al trabajo:

- su mujer estaba menstruando,
- estaba fabricando cerveza,
- amortajó a su madre,
- recogía piedra para el escriba.

Estas y otras enumeraciones, algunas disparatadas y otras sorprendentes, aparecen recopiladas en el libro *Listas memorables*, de Shaun Usher. Pero la obsesión del ser humano por pintar en papeles, tablas o paredes toda clase de tareas, propósitos, objetos o asuntos pendientes ha crecido hasta llenar millones de libretas, discos duros y hasta pieles (benditos tatuajes), sin olvidar los diarios de listas particulares e ilustrados conocidos como *Bullet Journal*, que son hoy todo un fenómeno entre quienes defienden el placer de la escritura manual, pero lucen su trabajo subiendo listas decoradas a las redes sociales.

Umberto Eco, en otro libro dedicado a esto mismo (*El vértigo de las listas*), distingue y clasifica las listas en dos tipos:

- lista práctica
- lista 'poética'.

La lista práctica se manifiesta en la lista de la compra, en la lista de los invitados a una fiesta, en el catálogo de una biblioteca, en el inventario de los bienes de los que dispone un testamento.

En la lista poética los objetos que se nombran no tienen que existir necesariamente, y, además, esta nace de la imposibilidad de expresarlo todo y sugiere, pues, el vértigo de un «etcétera».

Además, estas listas o listículos, algunas veces, pocas, se ordenan en catálogos, que, como nos sugieren los diccionarios, son relaciones ordenadas en las que se incluyen o describen de forma individual libros, documentos, personas, objetos, etc., que están relacionados entre sí. Por tanto, el catálogo no deja de ser una lista de listas, agrupadas bajo un tema, una época o un ámbito. Es por ello este libro un catálogo algo azaroso y desordenado de listículos. Ha habido catálogos famosos como el fanzine estadounidense *Whole Earth Catalog,* que ofrecía herramientas, sugerencias y estrategias para la vida cotidiana. Precursor sin duda de lo que es hoy el catálogo mayor de la historia de la Tierra: internet. La propia Fundéu editó hace unos años otro libro de mucho éxito, el *Compendio ilustrado y azaroso de todo lo que siempre quiso saber sobre la lengua castellana,* pero, claro está, era un compendio, por ello un extracto de lo sustancial, no como este, que pretende ser una lista de listículos.

Pero sin ser tan ambicioso como internet, y al no llevar otra cosa que listas de interés, presentamos hoy este curioso y entretenido libro, a la espera de que la Fundéu nos dé alguna recomendación sobre si el uso del término *listículo* es posible y razonable. O, quizás mejor, nos ofrezca un artículo adicional en su página web denominado «10 listículos sobre la lengua que te sorprenderán».

No quisiera acabar sin resumirles las 10 razones por las que este libro les va a gustar:

1. Es curioso, sorprendente e interesante.
2. Les da temas de conversación para las sobremesas.
3. Se lo pueden llevar a una isla desierta o a un confinamiento.
4. Es instructivo, didáctico y ameno.
5. Es genial para las mesas de recepciones.
6. Aprenderán muchas cosas sobre la lengua.
7. No hace falta leerlo seguido.
8. La mayoría de los listículos no están en internet.
9. A usted siempre le han gustado las listas.
10. _____ (Escriba la suya).

MARIO TASCÓN

1001 CURIOSIDADES, PALABRAS Y EXPRESIONES DEL ESPAÑOL

10 NOVEDADES DE LA ACTUAL *ORTOGRAFÍA*

En el 2010, y once años después de la anterior (1999), la Real Academia Española publicó una nueva edición de la *Ortografía de la lengua española*. Es mucho más extensa que la anterior (864 páginas), más descriptiva e incorpora algunos cambios y novedades.

SOLO, NOSTALGIA POR UNA TILDE

Esta es una de las reglas que más detractores tiene: *solo* se escribe siempre sin tilde, ya sea adjetivo (*Todavía no puede vestirse solo*) o adverbio equivalente a *solamente* (*Solo quiero agua*). Únicamente es posible acentuarlo, aunque no obligatorio, cuando es adverbio y hay riesgo de ambigüedad, algo que ocurre en muy pocos casos, pues el contexto comunicativo suele deshacer esa posible doble interpretación.

LA TILDE DE LOS DEMOSTRATIVOS, OTRA DESPEDIDA

La supresión de la tilde en los pronombres demostrativos (*este, ese, aquel, esta, esa, aquella, estos, esos, aquellos, estas, esas* y *aquellas*) también ha protagonizado grandes debates. Aunque tradicionalmente era preceptivo tildar los demostrativos cuando eran pronombres (*Quiero ésa* o *He visto a aquéllos*) y no adjetivos (*Esta casa* o *Aquel piano*), a partir de mediados del siglo pasado se recomendaba la tilde solo en los raros casos en los que el pronombre podía confundirse con un adjetivo. Sin embargo, ahora se recomienda prescindir de la tilde en todos los casos.

CON YE Y TILDE, COMO *ÝÑIGO*

A pesar de darse en casos excepcionales, la *Ortografía de la lengua española* indica que las voces que se escriben con ye, cuando esta actúa como vocal equivalente a /i/, debe tildarse siguiendo las reglas generales de acentuación, como sucede con el municipio de Aýna o el nombre *Ýñigo*.

PREFIJOS, Y NO SE TRATA DE LOS TELEFÓNICOS

Los prefijos (como *ex-, pre-, hiper-...*) se escriben, como norma general, unidos a la palabra a la que acompañan (*expresidente, precocinado, hiperbién),* salvo si afectan a varias palabras que se comportan como una unidad, circunstancia en la que se escriben dejando un espacio (*ex alto cargo*), o cuando preceden a una sigla, un nombre propio o un número, caso en que habrá que añadir un guion (*anti-ALCA, pro-Obama* o *sub-21*).

LA MODESTA MINÚSCULA DE LOS CARGOS

Antes de la actual *Ortografía*, era habitual escribir los nombres de cargos, como *presidente, ministro, director, secretario general* y términos similares, con mayúscula inicial. Sin embargo, esta obra recomienda escribirlos con minúscula por ser sustantivos comunes, vayan o no acompañados del nombre de la persona que los ocupa.

LA *W* Y LA *K* COMO CONSONANTES DE COMPAÑÍA

La obra académica aclara que tanto la *w* como la *k*, que tradicionalmente han resultado ajenas al español y han sido cambiadas en adaptaciones por otras como la *v* o la *c* y la *qu*, respectivamente, ya están completamente asentadas en nuestro alfabeto y, por lo tanto, deben mantenerse en las adaptaciones de voces extranjeras. Aun así, los más nostálgicos podrán seguir tomándose un *güisqui* en vez de un *wiski*.

1000 O 2000 NO SE CONFUNDE CON *1000020000*

Aunque se recomendaba la tilde en la conjunción *o* cuando se escribía entre cifras para evitar la posible confusión con el número 0, desde el 2010 lo apropiado es escribirla siempre sin tilde con independencia de que aparezca entre palabras, cifras o signos.

INCLINACIÓN POR LAS LOCUCIONES LATINAS

Hasta esta edición, la Academia solo resaltaba la escritura de algunas locuciones latinas, pero actualmente hay que escribirlas todas en cursiva (o entrecomilladas) y sin ningún acento gráfico, como el resto de los extranjerismos.

DERIVAR ADJETIVOS NO ES ASUNTO MATEMÁTICO

Los sustantivos y adjetivos derivados de nombres propios no adaptados al español, como *shakespeariano* o *newtoniano*, se escriben con minúscula, sin resalte tipográfico, y conservan la grafía del nombre del que proceden para que este sea más fácilmente identificable. Esta norma no se aplica a los nombres comunes que han pasado a designar objetos, enfermedades, productos…, como *párkinson* o *zépelin/zepelín*.

LA *CH* Y LA *LL* NO SON LETRAS

Hoy en día, el alfabeto está compuesto por veintisiete letras. La *ch* y la *ll* ya no forman parte de él, puesto que no se trata de letras, sino de dígrafos, combinaciones de dos letras para representar un sonido; por tanto, en las relaciones alfabéticas, *chico* irá delante de *cirio*, y *llama* se ordenará detrás de *liana*.

10 EXPRESIONES DE LA ERA DE INTERNET

Internet se ha convertido en una herramienta imprescindible para la mayoría de los mortales. Trajo los módems (con ese sonido tan particular cuando se conectaban a la red), las páginas webs o las redes sociales. Y por el camino ha dejado en el idioma muchas palabras y expresiones. Y lo sigue haciendo…

COVID-19, LA ENFERMEDAD QUE PUSO EL MUNDO DEL REVÉS

Pocos acontecimientos han tenido un impacto mundial tan grande como la pandemia provocada en 2020 por un virus de la familia de los coronavirus. El nombre de la enfermedad, *COVID-19* (un acrónimo del inglés *coronavirus disease*, elegido por la Organización Mundial de la Salud), es sin duda una de las palabras que más ha marcado lo que llevamos del siglo XXI.

LAS NORMAS DE *ETIQUETA* RECOMIENDAN MANTENER LAS TILDES

Una etiqueta (o *hashtag* en inglés) es una palabra, frase o grupo de caracteres alfanuméricos que se emplea en las redes sociales para agrupar varios mensajes sobre un mismo tema; se identifica fácilmente, ya que está compuesta por el símbolo # (almohadilla, numeral o *hash*) y un nombre o etiqueta (*tag*). Por otra parte, lo recomendable es escribirlas conforme a las reglas generales de acentuación y, por tanto, tildarlas si corresponde: *#acentúate*.

TUIT, PIANDO EN INTERNET

Twitter llegó en el 2006 para convertirse en algo más que una red social; es también una herramienta de comunicación. A partir de su nombre, se crearon los términos *tuit* (para el mensaje enviado), *tuitero* (para el usuario), *tuitear* (para la acción de escribir un texto en Twitter) o *retuitear* (para reenviar lo que ha publicado otro).

MEME NO ES SEÑAL DE TARTAMUDEO

Desde Julio Iglesias a *mister* Bean, pasando por el perro Firulais, cualquiera puede protagonizar una de estas publicaciones: niños, animales, actores, cantantes, anónimos, presidentes de Gobierno… Un meme es una imagen o un texto (o ambas cosas a la vez), a menudo de contenido humorístico, que se comparte viralmente en las redes sociales durante un periodo breve.

FLUIR CON LOS TIEMPOS GRACIAS A LOS *INFLUENTES*

En el mundo de la mercadotecnia y las redes sociales, se usa el extranjerismo *influencer* para aludir a quien, por su conocimiento, prestigio y presencia en determinados ámbitos, puede influir en la opinión y en el comportamiento de otras muchas personas. En español puede emplearse *influente*, recogida en el *Diccionario* desde 1803.

COMMUNITY MANAGER, LA PROFESIÓN QUE SURGIÓ CON LAS REDES

Con la llegada de internet se han creado nuevos puestos de trabajo y profesiones, como la de *community manager* o, en español, *responsable de comunidades*. Es quien se encarga de gestionar la comunicación de una empresa en el entorno digital, especialmente en las redes sociales.

STALKEAR NO ES ECHAR POLVOS DE TALCO

En el 2018, una encuesta reveló que una de cada cuatro personas espía de forma habitual el perfil en las redes sociales de algún usuario en concreto (un o una ex, el chico o la chica que le gusta…). Para denominar a esta práctica, que puede llegar a convertirse en delito, se usa a menudo el híbrido *stalkear* procedente del anglicismo *stalking*, al que se le ha añadido el sufijo -*ear*. Puede sustituirse por *acechar, espiar, husmear* o incluso *acosar*.

WIFI, LA CONEXIÓN QUE NO CESA

Una de las primeras cosas que se hace al llegar a un hotel, antes incluso de preguntar por el horario del desayuno, es solicitar la clave wifi, esa con la que uno puede conectarse a internet sin consumir ni un solo mega de los datos contratados con el operador telefónico.

WEBINARIO, SIN ÁNIMO DE OFENDER

Quién se podría imaginar hace años que sería posible tanto impartir una clase como participar en ella sin salir de casa. *Webinario* es la adaptación del anglicismo *webinar* (un acrónimo de *web* y *seminar*) y ha llegado junto con sus variantes (*ciberseminario, seminario web* o *seminario en línea*) a la educación digital.

TROL, UN NUEVO CIZAÑERO

A pesar de que muchas personas se han conocido gracias a las redes sociales, estas no solo destilan amor; habitan en ellas unos seres polemistas y provocadores que disfrutan molestando a los demás. Se les conoce como *trols*, del término noruego *troll*, por su semejanza con el carácter de estos monstruos malignos del folclore escandinavo.

10 PALABRAS CREADAS CON BATIDORA

Así como la mahonesa se corta a veces y luego puede arreglarse, estos acrónimos se han creado metiendo tijera primero a dos palabras y uniéndolas después por la sílaba que mejor liga.

VEROÑO, DE TERRAZAS EN PLENO OTOÑO

Si no es posible fiarse del reloj porque cada vez que se mira dice una hora distinta, de un tiempo a esta parte tampoco puede uno relajarse con las estaciones: cada vez es más frecuente que en octubre haga un 'calor propio del *verano* pese a que el calendario indique *otoño*'.

TELETÓN, UNA MARATÓN SIN LEVANTARSE DEL SOFÁ

En Honduras y en México se sabe que un *teletón* es una 'campaña benéfica que consiste en recoger dinero entre la población utilizando la televisión, conjuntos musicales y otros espectáculos', tal como indica el *Diccionario de la lengua española*. Formada a partir de *televisión* y *maratón*, quién sabe si no añadirá el sentido de 'atracón de series televisivas'.

UN *BANDONEÓN* NO ES UNA BANDA GRANDE

Conforme a la etimología incluida en la entrada del *Diccionario*, este sustantivo esconde entre sus letras al señor *Band*, inventor de esta 'variante del acordeón', así como una *harmónica* y un *acordeón*. La palabra consta de tres partes, no dos, y es el instrumento más característico del tango.

JUERNES, APERITIVO DE FIN DE SEMANA

Que *juernes* es la fusión de *jueves* y *viernes* parece claro; en lo que no hay unanimidad es en si significa 'jueves seguido de un viernes festivo' o 'jueves en el que se sale de marcha o se festeja como si al día siguiente fuera festivo'. Pista: en algunos países se ha extendido la voz *juebebes* (también escrita *juevebes*).

ESQUIJAMA, LA MODA MÁS CALENTITA

De esto que el padre se cansa de arropar al niño por las noches y decide comprarle un *pijama* que serviría para abrigar a un *esquimal*. El *esquijama* cubre del cuello a los pies en una sola pieza y, aunque los hay para adultos, suelen usarlos criaturas de sueño profundo que se destapan y que, con cualquier otra prenda de dormir, se dejarían los riñones al aire.

ESTRAPERLO, OTRA PERLA

Este sustantivo, con el que se designa todo 'negocio clandestino de productos', tiene su origen en una ruleta ilegal que, según el diccionario *Clave*, podía ser manipulada por la banca. Los creadores de dicho ingenio le dieron nombre a partir de sus apellidos: *Stra*uss y *Perlo*witz. Quienes practican el estraperlo, por cierto, son *estraperlistas*.

AMIGOVIO, POR DECIRLO FINAMENTE

Aunque pueda sonar a amigo agobiante, el *Diccionario de americanismos* define *amigovio* como 'persona que mantiene una relación más informal y de menor compromiso que un noviazgo', esto es, alguien que es más que un amigo sin llegar a convertirse en novio. Con este mismo significado, en España se utiliza el término *follamigo*.

TOMARSE UN *PANCHO* Y QUEDARSE TAN PANCHO

Ojo con esta palabra: a partir de *pan* y *chorizo* puede formarse *pancho*, que significa 'perrito caliente', pero también *choripán* (vamos, un 'emparedado o bocadillo de chorizo'). En Paraguay se utiliza *pancho* con ambas acepciones, así que más vale apuntar con el dedo para precisar qué se está pidiendo.

¿CON LÁPIZ O CON *BIROME*?

Otra pareja que dio nombre a un objeto es la formada por *Bíró* y *Meyne*, según se aprecia en el diccionario académico. El primero fue un inventor húngaro-argentino, lo cual explica que este sinónimo de *bolígrafo* esté asentado —además de en Uruguay y Paraguay— en el país que vio nacer a Borges y a Cortázar, que acaso alumbraron alguno de sus relatos con este instrumento para escribir.

EL PRIMER *CÍBORG* NACIÓ EN BELFAST

En una lista sobre términos fusionados, no podía faltar *cíborg*, sustantivo con el que se da nombre al 'ser formado por materia viva y dispositivos electrónicos'. Nos llega del inglés, a partir de *cybernetic* y *organism*, con la ye reconvertida en i latina para respetar la ortografía española.

10 VERBOS QUE LLEVAN *DE* Y A LOS QUE NO SE LO PONES

Están los que cuelan *de* antes de *que* con verbos que no requieren la preposición y los que, por ultracorrección, se van al extremo opuesto y prescinden de dicha preposición con verbos que la necesitan. Como el uso no es aleatorio, esta lista recoge diez verbos o construcciones con los que hay que escribir *de*, pese a que a menudo se elimine inadecuadamente.

ACORDARSE DE QUE HACE FALTA LA PREPOSICIÓN

A diferencia de *recordar*, que va seguido de la conjunción *que*, el verbo *acordarse*, en su forma pronominal y con el significado de 'tener algo o a alguien presente en la memoria', necesita la preposición. No confundir con la acepción de 'llegar dos o más personas a decidir o fijar algo juntas y estando conformes', que se construye sin preposición: *Acordaron que se reunirían todos los viernes para leer*.

ALEGRARSE DE QUE LAS NOTICIAS SEAN BUENAS

Resulta fantástico tener motivos para la alegría, pero, si alguien dice que *se alegra que todo haya salido bien*, es posible que a quien lo oiga se le pase el contento. De nuevo, conviene distinguir dos construcciones: *algo alegra a alguien*, sin *de*, pero *alguien se alegra de algo*, con *de*.

ESTAR SEGURO DE QUE NO SE SABE NADA

En este caso, es el adjetivo *seguro* el que requiere la preposición. Así como al montarse en un vehículo conviene ponerse el cinturón de seguridad y conocer la ruta hacia el destino, al hablar es aconsejable averiguar cuándo se utiliza *de*: hay que *estar seguros de que* se respetan las normas gramaticales, *convencidos de que* uno se expresa con rigor, *pendientes de que* el destinatario no se sobresalta al oírnos. Solo de ese modo la comunicación se considerará esmerada.

OLVIDARSE DE QUE SE TIENE MEMORIA DE PEZ

El olvido puede ser descanso de arrepentimientos, pero suele padecerse como un estrago de la memoria: los recuerdos van desvaneciéndose y desaparecen asimismo las palabras. Uno podría incluso sentir pena de esa humilde *de* caída en quién sabe qué saco roto: lo apropiado es decir que *no hay que olvidarse de que* el idioma está vivo y, como tal ser viviente, siente que lo maltraten y le hurten sus preposiciones.

DESCONFIAR DE QUE DIGAN LA VERDAD

Nadie se asombrará si lee que *desconfiar* significa 'no confiar'. Quizá agradezca recordar que este verbo se emplea no solo para cuando se recela de alguien, sino también para cuando no se tienen esperanzas de que algo suceda. Y nunca está de más aclarar que *confiar* se construye con la preposición *en*, mientras que *se desconfía de que*, con *de*.

ALERTAR DE QUE HAY QUE APRENDER A RELAJARSE

He aquí otro verbo con el que conviene extremar las precauciones: si bien es cierto que, en caso de emergencia, raro será que se afee a quien dé la alarma si se come la preposición, lo elegante y culto es *alertar de que* una situación entraña peligro. A modo de curiosidad, valga apuntar que, con el sentido de 'llamada de atención o aviso', el sustantivo *alerta* suele ser femenino, pero, en países como Argentina, Uruguay y Venezuela, también es válido el masculino: *la alerta* y *el alerta*.

TENER CONOCIMIENTO DE QUE SE HA COMETIDO UN FRAUDE

Puestos a saber algo, lo suyo es saberlo con propiedad. Por ello, la próxima vez que esté al corriente de un delito, por ejemplo de un alijo, diga que *tenía conocimiento de que* la droga se encontraba en territorio nacional. Y conste que la norma de poner *de* en esta expresión no se limita a un país hispanohablante, sino que traspasa fronteras.

ENTERARSE DE QUE NO SE ESTABA AL TANTO

Lo habitual es emplear la forma pronominal de este verbo: *enterarse* ('pasar a saber algo'); pero también es posible utilizarlo como verbo transitivo: *enterar a alguien de algo* ('hacérselo saber'). De un modo u otro, aquello de lo que uno adquiere conocimiento se introduce con la preposición *de*, así que nada de «¿Te has enterado que…?».

SER CONSCIENTE DE QUE SE ES UN INCONSCIENTE

Que se sepa, nadie se ha desmayado ni ha perdido la conciencia por cometer u oír un error gramatical; pero conviene prestar atención al modo de hablar y, a partir de ahí, *darse cuenta de que* lo adecuado es utilizar *de* tras *ser consciente*. Por cierto, aunque con el sentido de 'percepción, conocimiento' sirven tanto *conciencia* como *consciencia*, el adjetivo *consciente* se escribe siempre con *s* entre la *n* y la *c*.

HABIDA CUENTA DE QUE ES UNA LOCUCIÓN

La locución *habida cuenta* significa 'teniendo en cuenta' y puede ir seguida de un complemento nominal o de una subordinada con *que*. De nuevo, la preposición *de* es necesaria si uno no quiere que lo cuenten entre quienes incurren en queísmo.

10 ANGLICISMOS DEL MUNDO DEL MOTOR

En el mundo deportivo se emplean a menudo numerosos extranjerismos que en ocasiones desplazan a sus equivalentes en español. Aquí se recogen algunos de los anglicismos que suelen aparecer en las informaciones sobre motociclismo o automovilismo.

LOGRAR LA *POLE POSITION*

En la jornada de clasificación, previa a la carrera, todos los pilotos luchan por obtener el mejor tiempo y, a ser posible, por lograr la *pole position*. La *pole* es la *primera posición* de la parrilla de salida o grilla de partida y la consigue el piloto más rápido.

LA *WARM UP LAP* ANTERIOR A LA CARRERA EN SÍ

Antes del comienzo de cada gran premio los pilotos comprueban el estado de su vehículo en la *warm up lap*, que no es más que la *vuelta de calentamiento*.

NEUMÁTICOS *SLICK* Y *FULL WET*, PARA TODO TIPO DE SUELOS

Cuando se describen los neumáticos que llevan los vehículos se habla de los *slick*, que son los *neumáticos lisos*, pensados para rodar sobre un pavimento seco, y de los *full wet*, los *neumáticos de lluvia*, adecuados para lluvia extrema por tener dibujo en la banda de rodadura. Cuando hay poca agua en el asfalto, se utilizan los *neumáticos mixtos*, menos rayados que los anteriores.

REPARACIONES EN EL *PIT*

El *pit* es la zona que hay delante de los garajes o boxes destinada al cambio de neumáticos, al repostaje de combustible, a hacer reparaciones mecánicas, a sustituir partes dañadas, etc., durante la carrera. El carril paralelo al circuito por el que los vehículos circulan cuando entran y salen de los garajes, boxes o del *pit* es el *pit lane*, que se conoce en español como *calle de garajes* o *calle de boxes*. La pared o muro que separa la calle de garajes de la pista es el *pit wall* o *muro de boxes* y el *pit stop* es la *parada en boxes* que hacen los pilotos en la carrera para arreglar su automóvil.

LOLLIPOP MAN, JACK MEN Y *GAS MAN*, UN TRÍO AL RESCATE

Cuando un piloto necesita hacer una parada en el *pit*, le espera una multitud de personas para asistirlo en el menor tiempo posible. Entre ellas se encuentra el *lollipop man* (en español, literalmente, *hombre de la paleta* o *piruleta*), que recibe ese nombre por llevar una señal circular que se parece a este caramelo con palo; los *jack men* (u *hombres del gato*), que son los que levantan el vehículo con un gato hidráulico, o el *gas man* (*hombre de la gasolina*), quien se encarga de llenar el depósito de combustible.

CASTIGADOS: *STOP AND GO* Y *DRIVE-THROUGH PENALTY*

Stop and go es una penalización que consiste en que el piloto debe ir a su garaje, parar diez segundos y continuar la carrera, a diferencia del *drive-through penalty*, que le obliga a pasar por la calle de garajes sin pararse, pero a una velocidad limitada antes de reincorporarse a la carrera. Estas expresiones pueden sustituirse por *pare y siga* y *pase y siga*, respectivamente.

TEAM RADIO AL APARATO

Los pilotos se comunican con los ingenieros mediante la *team radio*, es decir, por la *radio del equipo* o, simplemente, por la *radio*.

SAFETY CAR, SIEMPRE SEGUROS

El coche que va delante de los pilotos en la vuelta de reconocimiento o cuando la carrera se detiene por algún accidente es el *safety car* o, en español, *coche* o *carro de seguridad*.

PADDOCK, EL LUGAR DE LOS AFORTUNADOS

Las reuniones y negociaciones se llevan a cabo en una zona exclusiva para los equipos: el *paddock*, palabra tomada de la terminología de las carreras de caballos y sin un equivalente asentado. Allí se pueden ver los vehículos en los garajes privados los días previos a la carrera, solo para privilegiados.

MOTORHOME, DULCE *MOTORHOME*

En el *paddock* también están los camiones, las carpas de cada escudería o las *motorhome*, es decir, casas rodantes o autocaravanas de grandes dimensiones donde viven habitualmente los pilotos, mecánicos, ingenieros… de una escudería que participa en una competición.

10 CONSEJOS PARA USAR LAS COMILLAS

Aunque la función más conocida, y quizá la más predominante, de las comillas es la de enmarcar la reproducción de lo dicho por una persona, este signo ortográfico doble, que cuenta con distintos tipos, se emplea en diversos contextos.

LAS COMILLAS LATINAS SON LAS PREFERIDAS

No hay consenso en cuanto al nombre de estas comillas (« »): *latinas, españolas, angulares, de pico, de sargento…* Son las que recomiendan las Academias de la Lengua Española en primera instancia y, como puede verse, se escriben centradas en el renglón.

LAS COMILLAS INGLESAS VAN A CONTINUACIÓN

Las comillas inglesas (" "), también llamadas *dobles* o *altas*, son las que se usan en segunda instancia, es decir, cuando se quiere entrecomillar una palabra o texto que está dentro de una frase o texto entrecomillado con las latinas o angulares. Se escriben en la parte alta del renglón.

LAS COMILLAS SIMPLES OCUPAN EL TERCER PUESTO

Son iguales que las anteriores, pero tanto el signo de abrir como el de cerrar son simples: ' '. Se escriben en la parte alta del renglón, como las inglesas, y son las que se usan en tercer nivel. Por tanto, la jerarquía sería la siguiente: «" ' '"». En obras de carácter lingüístico, enmarcan el significado de un término.

CON EL PUNTO DESPUÉS

Respecto al punto, salvo que sea el de una abreviatura, que sí puede escribirse antes de las comillas de cierre, según las normas de la Real Academia Española, siempre debe situarse tras las comillas.

Con esta norma, la Academia pretende normalizar y simplificar las diversas reglas anteriores de colocación del punto en función del tipo de párrafo.

¿CON SIGNOS INTERROGATIVOS?

Si el enunciado que se va a entrecomillar es interrogativo o exclamativo, las comillas se escriben antes y después de los signos, sin dejar espacio: «¿Cómo está?».

La coma, el punto y coma y los dos puntos se escriben después de las comillas de cierre.

COMILLAS DE SEGUIMIENTO PARA PARRAFADAS LARGAS

Cuando el texto entrecomillado es extenso y abarca varios párrafos, se escriben comillas de apertura («) al principio del primer párrafo, y de cierre (») solo al final del todo. A partir del segundo párrafo, se comenzará con comillas de seguir o de seguimiento (que son como las de cierre).

¿Y YO PARA QUÉ SIRVO?

Los usos más habituales de las comillas son los siguientes:

- Para marcar citas textuales.
- Para indicar que una palabra o una oración se está usando con un sentido especial (de manera irónica, por ejemplo).
- Para mencionar títulos de partes internas de obras (artículos, capítulos, canciones…), especialmente cuando también aparece el nombre de la publicación de la que forman parte y que se escribe, preferiblemente, en cursiva.
- Para delimitar los nombres de leyes, programas, planes, proyectos, asignaturas, etc., cuando se citan dentro de un texto y son muy largos.
- Para intercalar el apodo entre el nombre de pila y el apellido.

DÓNDE NO USAR LAS COMILLAS

Hay veces en las que determinadas construcciones se escriben inadecuadamente entre comillas:

- En los nombres propios (por ejemplo, de colegios o institutos) o marcas.
- En los acrónimos o siglas de otras lenguas.
- En los libros sagrados y sus partes.

PERO ¿CÓMO SE PONEN CON EL TECLADO?

A pesar de que las recomendadas por la RAE son las angulares («»), lo cierto es que son las menos accesibles en el teclado de las computadoras u ordenadores, a diferencia de las dobles, que se encuentran en la misma tecla que el número 2, o las simples, que comparten la tecla del signo de cierre de interrogación. Para obtenerlas se pueden emplear ciertas combinaciones de teclas en función del sistema operativo.

TIPOS DE COMILLAS	MAC	WINDOWS	LINUX	VALOR UNICODE	HTML (NOMBRE)	HTML (DECIMAL)
Latinas de apertura («)	Opc+Shift+´	Alt+0171	Compose+<+< o Alt Gr+Z	U+00AB	&laquo;	&#171;
Latinas de cierre (»)	Opc+Shift+ç	Alt+0187	Compose+<+> o Alt Gr+X	U+00BB	&raquo;	&#187;
Inglesas de apertura (")	Opc+8	Alt+0147	Compose+<+" o Alt Gr+V	U+201C	&ldquo;	&#8220;
Inglesas de cierre (")	Opc+9	Alt+0148	Compose+>+" o Alt Gr+B	U+201D	&rdquo;	&#8221;
Simples de apertura (')	Opc+Shift+8	Alt+0145	Compose+<+´ o Alt Gr+Shift+V	U+2018	&lsquo;	&#8216;
Simples de cierre (")	Opc+Shift+9	Alt+0146	Compose+>+´ o Alt Gr+Shift+B	U+2019	&rsquo;	&#8217;

CURSIVA, PARECIDOS RAZONABLES

La cursiva es el recurso que se recomienda para delimitar determinadas palabras o grupos de palabras como extranjerismos, títulos de libros, canciones, películas… No obstante, cuando aplicar la cursiva no es técnicamente posible, pueden usarse las comillas.

10 CLAVES SOBRE TERREMOTOS PARA NO ECHARSE A TEMBLAR

Aunque solo suele hablarse de los que tienen mayor magnitud e intensidad, todos los meses, en algún lugar del planeta, se registra más de un terremoto, que, según el *Diccionario de la lengua española*, es una 'sacudida violenta de la corteza y manto terrestres, ocasionada por fuerzas que actúan en el interior de la Tierra'.

¿SE DICE *SEÍSMO* O *SISMO*?

Seísmo (usada en España) y *sismo* (más frecuente en el español de América) son dos maneras distintas de llamar a los terremotos y ambas son válidas. A pesar de que la variante *seísmo* es la que más se acerca a la forma etimológica (del griego σεισμός, *seismós*), es *sismo* la que ha dado lugar a distintos derivados como *sismólogo, sismógrafo, sismorresistente*…

¿ACONGOJA MÁS UN *TSUNAMI* QUE UN *SUNAMI*?

Si bien en la actual *Ortografía de la lengua española* se tiende a la simplificación de los grupos consonánticos, la forma recomendada para aludir a este tipo de ola gigantesca es *tsunami*, aunque también es admisible la simplificada *sunami*.

HIPOCENTRO Y *EPICENTRO* NO SON LO MISMO

Pues depende. Para referirse al punto del interior de la corteza terrestre donde tiene su origen un terremoto, lo adecuado es usar *hipocentro* (o *foco sísmico*). El *epicentro* es el punto en la superficie terrestre —aunque puede estar sumergido— donde el terremoto suele ser más intenso.

DEVASTAR YA DESTRUYE SUFICIENTEMENTE

Desvastar, con ese antes de la uve, es un híbrido incorrecto de *devastar* ('destruir un territorio, arrasando sus edificios y asolando sus campos') y *desbastar* (que significa, entre otras acepciones, 'quitar las partes más bastas a algo que se haya de labrar').

SEGAR VIDAS, LA MUERTE NO TIENE SESGOS

Desgraciadamente, los terremotos a menudo siegan (y no *sesgan*) la vida de muchas personas. Una de las acepciones de *segar* es 'cortar, interrumpir algo de forma violenta y brusca', y este es el verbo que se usa en la expresión *segar vidas*, que es la asentada con el significado de 'matar', de ahí que una de las formas de representar la muerte sea con una guadaña, instrumento que se emplea para segar.

TREMOR NO ES *MIEDRO INTRENSO*

El término *tremor*, usado en sismología para aludir a un terremoto característico de los volcanes que refleja modificaciones en su estado interno, se escribe sin tilde por ser una palabra aguda acabada en una consonante distinta de ene o ese.

ASUELA Y ASOLA, TANTO MONTA, MONTA TANTO...

Ambas formas son válidas. Aunque tradicionalmente el verbo *asolar*, con el significado de 'arrasar o destruir un lugar', ha sido irregular (*yo asuelo, tú asuelas, él asuela...*), actualmente también se admite su conjugación regular (*yo asolo, tú asolas, él asola...*).

LA *ZONA CERO*, MALA NOTA POR PONER MAYÚSCULAS

Cuando se habla del área de mayor devastación en un desastre, es habitual emplear la construcción *zona cero*, que se escribe con minúsculas y sin que sea necesario resaltarla con comillas o cursiva.

TSUNAMIRRESISTENTE, ¡QUE SE NOTE LA ERRE!

En las palabras prefijadas o compuestas en las que el primer elemento termina en vocal y el segundo empieza con erre, como en este caso (de *tsunami* y *resistente*), siempre hay que duplicar la erre para mantener su sonido fuerte entre las vocales. Por eso se escribe *tsunamirresistente* y no *tsunamiresistente*.

LA *ESCALA DE RICHTER* MIDE LA ENERGÍA

Para medir la magnitud de un terremoto, es decir, su energía, se utiliza la *escala de Richter* (con preposición) o *escala de magnitud local*. Grafías como *escala Richter, escala richter* o *escala de richter* no son válidas. Y no hay que confundirla con la *escala de Mercalli*, que lo que mide es la intensidad del sismo, los efectos que produce.

10 PUNTUALIZACIONES SOBRE EL PUNTO

El punto es, sin duda, el signo de puntuación que más se usa en los textos, pero no por ello su aplicación está exenta de dudas.

EL PUNTO Y LAS UNIDADES DE MILLAR

Los números de más de cuatro dígitos pueden escribirse en grupos de tres cifras separados con espacios y empezando por la derecha. No es adecuado emplear el punto o la coma para la separación, ya que estos signos son los que se utilizan para los decimales. Si la cifra tiene cuatro números, es posible omitir el punto.

PARA SEPARAR LOS DECIMALES

De acuerdo con las normas académicas y las internacionales (ISO 80000 y el Sistema Internacional de Unidades), en las cifras que contengan decimales, estos se separaran del número entero con una coma (*25,33*) o, preferiblemente, con un punto (*25.33*). No es válido el uso del apóstrofo (*25'33*).

LOS PUNTOS SUSPENSIVOS SON TRES

A pesar de que en las ortografías académicas antiguas este signo estuviera formado por un número indefinido de puntos, actualmente, los puntos suspensivos son tres y solo tres. No cuatro ni cinco ni diez, tres. Ni aunque se le quiera dar más suspense a la frase, tres. Solo si coincide el punto de una abreviatura con los puntos suspensivos, se escriben cuatro puntos.

EN LAS ABREVIATURAS

El punto abreviativo es el que señala que se está acortando una palabra. Si la abreviatura cierra la oración o el párrafo, el punto de esta equivale al punto que cierra la frase y, por tanto, no hay que escribir otro después. Sin embargo, sí pueden seguirle otros signos, como la coma o el punto y coma, e incluso los puntos suspensivos.

Cuando la abreviatura consiste en una letra y una voladita, el punto se escribe entre ambas, no al final (*n.º* y no *nº*). Esto también se aplica a los números ordinales: *1.º, 2.º, 3.º*…

¿Y DESPUÉS DE UNA INTERROGACIÓN?

Detrás de los signos de cierre de interrogación y exclamación es posible escribir coma, punto y coma, dos puntos y puntos suspensivos, pero lo que no está permitido es el uso del punto.

LAS COMILLAS PRIMERO, POR FAVOR

Cuando un texto está entrecomillado, el punto se escribe siempre después de las comillas de cierre, de acuerdo con las normas académicas.

COMO SEPARADOR DE LAS HORAS Y LOS MINUTOS

La hora se puede expresar en letras o en cifras. Si se opta por escribirla con números, hay dos opciones: seguir la norma de la Organización Internacional de Normalización (ISO), que elabora y publica normas internacionales de todo tipo, o el sistema clásico. Según la norma ISO, el formato de las horas es hh:mm o hh:mm:ss, es decir, con los dos puntos como signo de separación. Sin embargo, según el sistema clásico, el separador es el punto: hh.mm. o hh.mm.ss. Ambas opciones son correctas.

PERO NO EN LOS AÑOS

Según la *Ortografía de la lengua española*, en los números que designan los años nunca se utiliza punto, coma ni espacio entre las unidades de millar y las de centena.

¿ANTES O DESPUÉS DE LOS EMOTICONOS?

Los emoticonos (o emoticones) y los emojis se han convertido en un elemento más de la comunicación digital, especialmente en la lengua coloquial. Pero ¿cuál es la manera correcta de puntuar las frases que contienen estos dibujitos? En ocasiones sustituyen a la palabra que representan. En este caso, si el emoticono es el último elemento de la oración, se escribirá el punto tras él: «Me voy a tomar una 🍺.». Sin embargo, si se añade tras el enunciado completo, el punto puede situarse antes o después del emoticono.

PORQUE LO DIGO YO Y *PUNTO FINAL*

Aunque es posible decir tanto *punto seguido* como *punto y seguido* o *punto aparte* y *punto y aparte*, en el caso de *punto final* no es admisible la variante *punto y final*, con la conjunción. Esta expresión, que alude al signo con el que se acaba un escrito, también se usa para referirse al hecho o a las palabras con que se da por terminada una conversación, una discusión, una etapa o un asunto. En el registro coloquial, también se emplea con este sentido *punto redondo*.

10 DÍGRAFOS QUE SE USAN O SE HAN USADO EN ESPAÑOL

Según la Academia, un dígrafo es un grupo de dos letras que representa un único sonido. En español existen actualmente cinco dígrafos (los primeros de esta lista). No obstante, hay otros que se han usado en nuestra lengua, o que se usan actualmente porque proceden de otras lenguas.

LA CHE DE *CHOLLO*

Desde 1803 y hasta la última edición de la *Ortografía*, la che formó parte del alfabeto español, era su cuarta letra. Sin embargo, desde el 2010 se excluye definitivamente del abecedario (aunque no del sistema gráfico) por no ser una letra, sino un grupo de dos letras. Representa el fonema /ch/ y en mayúscula es *Ch*, manteniendo la *h* en minúscula incluso cuando este dígrafo forma parte de una sigla (*PCCh*, Partido Comunista de China).

LA *LL*, OTRA EXPULSADA DEL PARAÍSO

Este dígrafo ha tenido la misma suerte que el anterior. La *ll*, que hasta el 2010 era la decimocuarta letra del alfabeto, también fue expulsada del paraíso alfabético. En función de la zona, se pronuncia como palatal lateral sonora /ll/, como palatal central sonora /y/, sonido mayoritario, y, en la zona del Río de la Plata, como fricativa postalveolar sorda [ʃ] (como el sonido inglés de la *sh*) o sonora [ʒ] (como el sonido francés de la j). La no distinción entre /y/ y /ll/ se denomina *yeísmo*.

EL DÍGRAFO *GU*, CON O SIN DIÉRESIS

La *g*, que ocupa la séptima posición en el abecedario, se pronuncia de una manera u otra en función de la letra que le sigue. Delante de la *e* y de la *i* representa el sonido velar fricativo sordo /j/, como en *gente* o *agitar*. Sin embargo, cuando precede a las vocales *a*, *o* y *u*, representa el sonido velar sonoro /g/, como en *bodega*, *cogollo* o *gula*. Para este mismo sonido, delante de *i* y *e* se usa el dígrafo *gu*, como en *guitarra* y en *albergue*, términos en los que la *u* es muda. Para que la *u* se pronuncie en estas posiciones, debe llevar una diéresis: *cigüeña*, *pingüino*.

TE QUIERO INCLUYE EL DÍGRAFO *QU*

La *q* es la decimoctava letra del abecedario y lo habitual en palabras españolas es encontrarla seguida de la *u*, con la que forma, ante las vocales *i* y *e*, el dígrafo *qu*, que representa el sonido velar oclusivo sordo /k/, presente en palabras como *queso*, *jaqueca*, *quicio* o *alquilar*, en las que la *u* no se pronuncia.

LA *RR*, SIEMPRE ENTRE DOS VOCALES

Tal y como señala el *Diccionario panhispánico de dudas*, «la letra *r*, duplicada, forma el dígrafo *rr*, que se emplea para representar el sonido vibrante múltiple /rr/ en posición intervocálica (*carro, terreno, arriba*)». En las palabras prefijadas o compuestas en las que el primer elemento termina en vocal y el segundo empieza con erre, es obligatorio duplicar esta erre para mantener el sonido fuerte: *geo + radar* no da *georadar*, sino *georradar*. Por otro lado, en las palabras formadas por un elemento terminado en erre (*super-, hiper-, inter-*, etc.) al que se añade otra palabra que empieza también por erre (*rollo, raro, regional*), se mantienen ambas erres: *superrollo, hiperraro, interregional…*

¡CHISSSH!, SILENCIO EN TORNO AL DÍGRAFO *SH*

Esta combinación de letras, aparte de utilizarse para pedir silencio, aparece en algunos extranjerismos frecuentes en español procedentes del inglés (como *crash, squash, sheriff* o *flash*) o del francés (como *goulash*), en transcripciones de palabras de lenguas con alfabetos no latinos, como el japonés (*bushido*) o el árabe (*sharía*), y también en nombres propios como *Washington* o *Shakespeare*.

PALABRAS CON *CK*

Tampoco es propio del sistema gráfico del español el dígrafo *ck*, presente en anglicismos como *hacker, hockey, rock, shock*… En algunas voces, esta combinación de letras se ha simplificado o adaptado y así, por ejemplo, el galicismo *carrick* se escribe *carric* o *carrik*, y se prefieren las grafías *crac* y *críquet* frente a *crack* y *cricket*, respectivamente.

ZZ NO SOLO APARECE EN *ZZ TOP*

Además de en los cómics, cuando se representa a un personaje durmiendo, esta pareja aparece en palabras de origen italiano, como *pizza, mozzarella, paparazzi, mezzosoprano…*, o inglés, como en *jacuzzi, jazz* y *gin-fizz*.

TH, PALABRAS DE OTRAS LENGUAS

La te y la hache formaron un dígrafo en latín que se empleaba en los préstamos del griego para transcribir la letra θ (zeta). Hoy, el *Diccionario de la lengua española* todavía recoge algunas de esas palabras, muy pocas, como *pathos* o *ethos*, y lo adecuado es escribirlas en cursiva.

LA *PH* SE PRONUNCIA *F*

El cantante de baladas Miguel Rafael Martos Sánchez decidió usar en su nombre artístico la secuencia *ph* que figuraba en el nombre de la compañía discográfica para la que trabajaba, convirtiéndose así en *Raphael*. Lo que no está claro es si el artista sabía que esta secuencia se remonta a la época de los romanos, quienes para representar el fonema /f/ escribían con *ph* las palabras de origen griego que lo contenían (como *philosophĭa*) y con *f* las de su lengua materna (*facĭlis*). En la ortografía académica de 1754 se decidió eliminar esta y otras grafías latinizantes.

10 ALIMENTOS DE LOS QUE SE NUTRE EL IDIOMA

Para estar sanos, además de evitar el sedentarismo y hacer ejercicio regular, es imprescindible seguir una dieta saludable y variada. Como no solo de pan vive el hombre, a continuación se detalla un menú muy rico en palabras.

PAN, ALGO MÁS QUE EL APELLIDO DE PETER

Hay quien dice que el pan es el enemigo al que hay que batir, especialmente en una dieta en la que el objetivo es perder peso. Sin embargo, hay expresiones en las que este alimento aparece con un sentido positivo, como en *hacer buenas migas (dos o más personas)*, que el *Diccionario* define como 'avenirse bien en su trato y amistad', o en *ser (algo) pan comido*, usada para referirse a algo muy fácil de hacer, o en *ser (alguien) un trozo de pan*, cuando se habla de una persona buena y gentil.

HUEVOS, ¿A QUE NO HAY...?

El huevo tiene muchas propiedades y beneficios, y casi tantas acepciones como formas de cocinarlo. Además, es el ingrediente principal de algunas construcciones españolas como *ir* o *andar pisando huevos* (muy despacio, con excesiva lentitud), *parecerse algo a otra cosa como un huevo a una castaña*, es decir, no tener nada que ver una cosa con la otra, o ser algo el *huevo de Colón*, o sea, parecer difícil, pero no serlo en realidad.

ESTAR A POR *UVAS*

Comer doce uvas a medianoche tras la cena de Nochevieja, el 31 de diciembre, al ritmo de las campanadas de un reloj es una tradición instaurada en algunos países como México, Colombia, Venezuela, España o Perú. Si alguien dice: «Nos van a dar las uvas», se refiere a que se está tardando mucho en hacer algo o está apremiando a otra persona.

LA *PERA* Y LA *REPERA*

Se puede *ser la pera*, y esto, según el contexto, es positivo o negativo, pues significa que una persona o cosa destaca por sus buenas o malas cualidades. Si son muy malas, es posible *partir peras* con ella, esto es, romper la relación, pero tampoco hay que *pedir peras al olmo* o, lo que es lo mismo, pretender algo imposible.

¡TOMA *CASTAÑA*!

Además de compartir frase con el huevo, este fruto típico del otoño forma parte de otras expresiones como *sacar las castañas del fuego* (solucionar un problema) o *dar a alguien la castaña* (molestarlo). Por sí solo, se usa también como sinónimo de *cosa* o *persona aburrida*, de *borrachera* o de *golpe*.

DE *PAPAS* Y *PATATAS*

Una *papa* (o *patata* en algunas zonas de España) *caliente* es un problema grave o difícil de resolver. Se suele usar con el verbo *pasar* cuando uno se desentiende de él y se lo traslada a otro.

PEPINO RIMA CON COMINO

Dejando a un lado la cuestión de si el pepino es fruta o verdura, es un alimento que puede verse en una ensalada, en una sopa fría, en los ojos de una persona que pretende hacer desaparecer las ojeras o en la expresión *importar un pepino*. Quizá por estar al alcance de cualquiera, se usa como sinónimo de *cosa insignificante, de poco o ningún valor*. No obstante, hay diferentes versiones de este plato con otros ingredientes, como el pimiento, el comino o el rábano.

DAR LA VUELTA A LA *MANZANA*

Una manzana fue la que provocó la expulsión de Adán y Eva del paraíso, pero, pese a que muchos así lo creen, esta no es la que ha dado lugar a la expresión *la manzana de la discordia*, usada para aludir a 'aquello que es ocasión de discrepancia en los ánimos y opiniones', sino que su origen se debe al mito de las bodas de Tetis y Peleo. Eris, la diosa de la discordia, enfadada por no haber sido invitada a la ceremonia, lanzó a los pies de Afrodita, Atenea y Hera una manzana que llevaba una inscripción: «Para la más hermosa». Paris fue el elegido para dar el veredicto y eligió a Afrodita, quien le había prometido el amor de Helena. Y este capítulo se convirtió en la antesala de la guerra de Troya.

¡QUE VIENE EL *COCO*!

Por su forma redondeada u ovalada, la cabeza ha sido bautizada con distintos nombres, todos ellos usados en la lengua coloquial: *calabaza, olla, melón, coco*… Este último es el que aparece en *comerse el coco* ('pensar mucho en algún asunto') o *comer el coco a alguien* ('convencer a alguien para que piense o haga algo de una determinada forma').

BEBE VINO Y COME *QUESO*

Los lácteos no podían faltar en este menú. Así, no es raro oír expresiones como *estar como un queso* (para referirse a alguien muy guapo o atractivo) o *dársela a alguien con queso* (engañarlo o burlarse de él).

10 EXTRANJERISMOS INTRADUCIBLES (O CASI)

La recomendación general es evitar los extranjerismos innecesarios y optar por equivalentes en español. Sin embargo, no todas las palabras que llegan de otros idiomas tienen una alternativa clara o su uso está tan extendido y asentado que es difícil sustituirlas. En estos casos, se escriben en cursiva o, si no es posible, entre comillas.

EL *PHOTOCALL* QUE LLEGÓ A LOS POSADOS PARA QUEDARSE

La mayoría de los famosos o celebridades (mejor que *celebrities*) saben muy bien lo que es un *photocall*, ese lugar situado en la entrada de un espacio o acto y en el que posan para ser fotografiados.

EL ENTRENADOR, ASESOR, ORIENTADOR... EL *COACH*, VAYA

Aunque en función del contexto podría reemplazarse fácilmente por voces como *entrenador, asesor, orientador...*, en los últimos años ha adquirido un nuevo sentido más amplio y se usa para denominar a un profesional que actúa de forma indistinta como entrenador, preparador, mentor o asesor, según el momento del proceso, para desarrollar el potencial del cliente y alcanzar unos objetivos concretos, ya sean personales, económicos o actitudinales, como estar en forma, generar ingresos pasivos o mostrar más iniciativa o capacidad de dirigir.

RENDER, RENDERIZACIÓN Y RENDERIZAR

El señor de los anillos, *La guerra de las galaxias* o *Parque Jurásico* son algunas de las muchas películas que contienen *renders* (plural de *render*), es decir, imágenes en tres dimensiones creadas o modeladas por ordenador. Aunque no existe ningún equivalente en español, podría adaptarse el anglicismo añadiéndole una tilde: *rénder*. Sí se ha creado y tiene bastante uso el calco *renderizar* (del inglés *to render*), para designar a la acción, del que derivan *renderización* y *renderizado*, referidos al proceso.

LAS *COOKIES* QUE ACEPTAMOS POR CIENTOS CADA DÍA

Además de ser el alimento preferido de Triki o Lucas (según el país), también conocido como el monstruo de las galletas, las *cookies* son pequeños ficheros de texto que se almacenan en los equipos de los usuarios con datos sobre sus preferencias, obtenidos de las distintas webs que visitan, para mejorar la respuesta en las siguientes visitas.

ESA EMOCIÓN QUE AHORA LLAMAMOS *HYPE*

La explicación de este término que se dará en este artículo no dejará indiferente a nadie...

En realidad, esto no va a ser exactamente así, pero es una manera de ejemplificar el uso de este extranjerismo, que se emplea para referirse a la excesiva publicidad de un producto ante su lanzamiento, a las altas expectativas que esa promoción crea e incluso a la excitación que eso provoca en los consumidores.

FLASHMOB, NO SE QUEDA PARA ENCONTRARLE UNA TRADUCCIÓN

Se han propuesto, con poco éxito, expresiones como *movilización relámpago* y *quedada* para sustituir a este anglicismo, con el que se alude a una actuación organizada, normalmente a través de internet y las redes sociales, en un lugar público con un número indeterminado de gente que se dispersa rápidamente tras finalizarla.

PERFORMANCE, SI YA ESTÁ HASTA EN EL DICCIONARIO

El *Diccionario de la lengua española* define *performance* como la 'actividad artística que tiene como principio básico la improvisación y el contacto directo con el espectador'. Con este sentido, es una palabra de género femenino.

LLEVAS TANTO TIEMPO DICIENDO QUE TE FUISTE UN VERANO DE *AU PAIR*

Muchos de los jóvenes que han viajado a otros países para estudiar o aprender el idioma han sido *au pairs*, esto es, personas que realizan un trabajo doméstico (como cuidar de los niños), a cambio de hospedaje y manutención. Es una expresión francesa que significa literalmente 'a la par' y se pronuncia /opér/.

CUIDADO CON EL COCHE Y EL *AQUAPLANING*

En los días de lluvia hay que extremar la precaución al volante para intentar evitar el *aquaplaning*, que, según el diccionario de María Moliner, es un 'deslizamiento incontrolado de un vehículo por existir una capa de agua en el pavimento que impide la adherencia de las ruedas'. A pesar de ser el término más extendido, a veces también se usan otros como *hidroplaneo* y *acuaplaneo*.

SUITE, ACOMODADO AL ESPAÑOL

Este extranjerismo ya se ha acomodado en el español como cualquiera lo haría en una de estas habitaciones de lujo con distintas dependencias disponibles en muchos hoteles.

10 SIGNIFICADOS ANTONOMÁSTICOS

La antonomasia es un recurso consistente en emplear el apelativo en vez del nombre propio, como emplear *los Reyes Católicos* para referirse a Isabel I y Fernando II. En lexicografía, es el uso de una palabra con un significado específico, como limitarse a decir *el Peñón* para aludir concretamente al *peñón de Gibraltar*.

LA *CIRCULACIÓN*, CON EL TRÁFICO DE LAS CIUDADES

Que la sangre circula por el cuerpo es cosa sabida, pero, en circunstancias normales, es una acción inconsciente. Mucha más atención exige atravesar el centro de determinadas ciudades, dar mil vueltas para encontrar aparcamiento. Esa clase de circulación, la de los automóviles por las vías públicas, es la circulación por antonomasia. Y pone de muy mala sangre.

LA *BEBIDA*, CON EL ALCOHOL

El cuerpo de un adulto posee alrededor de un sesenta por ciento de agua, lo cual da una idea de la importancia de este líquido. Y, sin embargo, cuando alguien amenaza con darse a la bebida no prevé hidratarse, sino que anuncia su intención de consumir alcohol.

LA *GALAXIA*, CON LA VÍA LÁCTEA

El universo es inmenso. Y sigue expandiéndose. Según algunos estudios, solo en el universo observable hay al menos dos billones de galaxias. Dos millones de millones de galaxias. Pues bien: aunque los galácticos fueran los jugadores del Real Madrid de Raúl, Figo y compañía, cuando se habla de *galaxia* la asunción inmediata es que se alude a la Vía Láctea.

PEDIR DINERO, CLARO

Si el dicho de *contra el vicio de pedir, la virtud de no dar* está tan extendido, será, entre otras razones, por el elemental motivo de que uno puede pedir infinitas cosas: atención, cariño, juguetes, fruta en el supermercado, la luna… Sin embargo, cuando en un cartón se lee aquello de «Es triste pedir, pero es más triste robar», a nadie le cabe duda de que se está pidiendo limosna.

LA *PÍLDORA*, SÍ, SÍ, LA PÍLDORA

En un mundo tan vertiginoso y estresante como el actual, cada vez son más las personas con algún tipo de medicación. Hay pastillas para todo y botiquines que parecen farmacias. Con tal arsenal, es comprensible liarse o dudar si uno ha tomado tal píldora por la mañana. Con la que no suele haber equívocos ni vacilaciones es con la píldora por antonomasia, o sea, la que evita embarazos.

EL *PLANETA*, PUES EL NUESTRO

Hay personas tan raras o tan despistadas que no parecen formar parte de la sociedad. Se les podría preguntar, incluso, de qué planeta vienen: ¿tal vez de Marte?, ¿de Saturno? Si hay galaxias a porrillo, pues planetas todavía más. Y, de nuevo, cuando se oyen noticias sobre el cambio climático y el aumento de la temperatura en el planeta, todo el mundo tiene claro que se está haciendo referencia al planeta Tierra.

MORTAL, LA PERSONA MORTAL

Salvo que uno vaya de ciudad en ciudad acompañado de payasos, tragafuegos y malabaristas, y se gane la vida saltando entre trapecios, un *mortal* es sinónimo de *persona*. Y no es que el resto de los seres vivos no vayan a morir, pero, cuando se dice *el común de los mortales*, solo se está pensando en la especie humana, no en delfines.

LA *GRÚA*, LA QUE SE LLEVA TU COCHE

Las grúas, por definición, son capaces de levantar pesos y llevarlos de un sitio a otro. En el lenguaje de la calle, más en concreto, nadie tiene duda de que una grúa es un invento demoniaco que retira vehículos mal aparcados. En este caso, más que levantar pesos, pone multas como losas.

EL *INFARTO*, DEL CORAZÓN

Según el *Diccionario de términos médicos*, de la Real Academia Nacional de Medicina, un *infarto* es una 'necrosis de un tejido, de un órgano o de una parte de este debida a la interrupción súbita del riego sanguíneo'. Hay infartos medulares, infartos óseos, infartos renales, infartos cerebrales…; pero, sobre todo, el rey de los infartos es el de miocardio.

GAS (ES QUE NO LE ÍBAMOS A PONER COMO TÍTULO *PEDO*)

Hay gas mostaza y gas ciudad, gas noble y gas pobre; sin embargo, nadie va por la vida con estos gases en el día a día. En general, cuando alguien se queja de que tiene gases, se refiere a aquellos que se producen en el aparato digestivo. En ocasiones, obligan a buscar un aseo a toda pastilla, es decir, *a todo gas*.

10 PALABRAS QUE ENTRARON EN EL *DICCIONARIO* EN 2019

Desde que existe una versión digital, el *Diccionario de la lengua española* suele incorporar nuevos términos o acepciones en el mes de diciembre: algunos son adaptaciones de extranjerismos, otros derivados y compuestos de significado transparente y un buen puñado de ellos son palabras tan asentadas que entran en el lexicón como si les hubieran hecho un feo durante años de olvido y menosprecio.

ZASCA: 'CORTE, HACHAZO'

Candidata a palabra del año de la Fundéu en el 2015, la Academia la acoge casi un lustro después tras asegurarse de que está suficientemente documentada. Sinónimo de *corte, hachazo dialéctico* o *bofetada verbal, zasca* es un españolismo que ha ido extendiéndose desde contextos coloquiales hasta encaramarse a los micrófonos de los moderadores de debates electorales.

APLICAR: 'SOLICITAR'

Censurado durante años, a la Academia no le ha quedado otra que registrar el uso de *aplicar* con el sentido de 'solicitar' una beca, un trabajo o una plaza en un centro universitario. Se trata de una acepción propia de América, donde también se utiliza *aplicar* con el significado de 'tener validez o relevancia para algo'.

CARAJAL: 'FOLLÓN'

Este sustantivo es de los que entra en el *Diccionario* malhumorado, cansado ya de esperar a que se le abrieran sus páginas cuando en España abundan los carajales desde hace cuarenta años. Es verdad que no faltan voces afines, como *embrollo* o *follón*, pero esa jota es muy española y pone bien el énfasis en que designa un 'desorden morrocotudo'.

PROMESERO: 'QUE CUMPLE UNA PROMESA'

En momentos de apuros, más de uno se echa a rezar o se encomienda al santo o la virgen por quien más devoción siente: a cambio de salir bien parado, realizará el Camino de Santiago, por ejemplo. Quien así obra es un *promesero*, o sea, una 'persona que cumple una promesa religiosa, generalmente en procesión o en peregrinación'.

DONA: 'DÓNUT'

No es que falte la virgulilla de la eñe de *doña* ni que se recurra a un sustantivo en desuso equivalente a *mujer*. No, no. Resulta que, junto a *dónut*, a partir de la marca *Donuts*, se ha extendido en América la adaptación *dona*, que refleja la pronunciación del anglicismo *doughnut* y, ya de paso, se come una buena ristra de letras. Ideal para dietas hipoconsonánticas.

RECORDISTA: 'DEPORTISTA QUE TIENE UN RÉCORD'

Creado a partir de la adaptación *récord*, este sustantivo designa al deportista que ostenta dicha marca. Aunque nunca viene mal *record*ar la existencia de las voces *plusmarca* y *plusmarquista*, este nuevo sustantivo quizá logre desterrar el invento *recordman*, que no utilizan ni los anglohablantes.

CUMPLEMÉS: 'CUANDO SE CUMPLE UN MES DE ALGO'

No es signo de impaciencia ni mero deseo de organizar una fiesta mensual, en lugar de esperar al cumpleaños. Simplemente, en ocasiones resulta oportuno celebrar que hace un mes desde un acontecimiento concreto: puede ser el comienzo de un noviazgo adolescente o el nacimiento de un hijo, el cual se festeja cada mes por el asombro de los padres primerizos por lograr mantener con vida a su criatura.

DESFASAJE: 'JET LAG'

Si alguien dice *jet lag*, lo dice porque quiere, no porque no exista equivalente en español. Para referirse al 'trastorno o malestar producido por un viaje en avión con cambios horarios considerables', es posible optar por *desfase horario* o, en países como Cuba, Argentina o Venezuela, *desfasaje horario*. Ah, y para vuelos entre Vigo y Barcelona, no se usa ni en inglés ni en español, por mucho que uno se canse si ha madrugado para embarcar.

MASTERADO: 'QUE TIENE UN MÁSTER'

Quien se apunta a un curso de posgrado en una determinada especialidad hace un *máster*, una *maestría* o —voz recién estrenada en el *Diccionario*— un *masterado*. La persona que ha completado tales estudios es *máster* o *magíster* en la disciplina elegida. Y el alumno que está realizando el máster es un *masterando*, por analogía con *doctorando* o *graduando*. La familia léxica al completo.

ATARVÁN: 'MALEDUCADO'

No es un avatar disléxico, sino una 'persona maleducada o de modales groseros'. Esta voz, de bella sonoridad, se emplea en Colombia y puede escribirse también con be, esto es, *atarbán*. Se elija la consonante que se elija, uno no comete una falta ortográfica grosera.

10 PALABRAS QUE INDICAN PARENTESCO

Desde pequeños, los niños reciben en el colegio el encargo de dibujar árboles familiares. En ellos se espera que aparezcan los padres y los hermanos, las tías y las abuelas, los primos con los que juegan. Quedan fuera, por tanto, los parientes políticos, los lejanos en sangre, los que solo comparten vínculo familiar con uno de los progenitores. ¿Alguien sabe qué relación designa cada una de estas palabras?

NIETASTRO: EL HIJO DEL HIJASTRO

Rara es la abuela que no presume de su nieto: «Este chico es un solete», dirá con derramamiento de baba. Si el niño pertenece a un hijastro, cambiará *solete* por *astro* y exclamará: «¡Qué guapísimo es mi *nietastro*!».

SOBRINO SEGUNDO: EL HIJO DEL PRIMO

Que el hijo del hermano es el sobrino es cosa conocida. Pero ¿qué aporta ese *segundo* al parentesco? Fin del misterio: un *sobrino segundo* es el hijo no del hermano, sino del primo.

CONCUÑADO: EL CÓNYUGE DEL CUÑADO

Se ha extendido tanto la idea popular de que el cuñado aparenta saber de todo y habla sin saber pero imponiendo su opinión que las personas que lo rodean suelen quedar en la sombra. Desde aquí, una reivindicación por el hermano o el cónyuge del cuñado, esto es, por los *concuñados*.

HUÉRFILO: PADRE QUE HA PERDIDO UN HIJO

Aunque no aparece en los diccionarios, poco a poco va extendiéndose este término de triste significado. Formado por semejanza con *huérfano*, el sustantivo *huérfilo* hace referencia a los padres que han perdido un hijo. Es una realidad dura que reclama un nombre para ser reconocida.

RESOBRINO: EL HIJO DEL SOBRINO

En Argentina hay afición a anteponer el prefijo *re-* con valor intensificador, como ocurre en *relindo*. ¿Será un *resobrino* un sobrinísimo, el sobrino por antonomasia? Pues no: el *resobrino* es, sencillamente, el hijo del sobrino.

CHOZNO: EL HIJO DEL TATARANIETO

Francamente, uno oye al azar esta palabra y piensa en abedules y panceta, en chopos y longanizas. Algo así, a juzgar por la sonoridad. Resulta, sin embargo, que *chozno* es el hijo del tataranieto. Puede que no sea la palabra que más urja aprender cuando se está estudiando un segundo idioma, pero nunca está de más saber cómo llamar a los descendientes lejanos.

SEGUNDOGÉNITO: EL SEGUNDO HIJO

Cualquiera que tenga hijos coincidirá en que el primero recibe multitud de cuidados, mientras que los siguientes no es que se críen solos, pero ya no se tienen los nervios y preocupaciones que atenazan a los padres primerizos. Si los hermanos son tres, a menudo se habla del mayor y del pequeño, pero el segundo queda friendo espárragos en tierra de nadie. Recuérdese, a partir de ahora, que es posible referirse al hermano de en medio como el *segundogénito*.

TÍO SEGUNDO: EL PRIMO DE UNO DE LOS PADRES

Niños y adolescentes se dirigen a sus amigos con el sustantivo *tío* sin que medie entre ellos vínculo sanguíneo alguno. El *tío* está en boca de todos, pero el tío segundo es ese desconocido por el que le preguntan a uno y nadie sabe de quién se trata. No es muy intuitivo, la verdad, pues el *tío segundo* es el primo de uno de los padres.

CONSUEGRO: LOS QUE SE SIENTAN EN LA MESA PRINCIPAL EN LAS BODAS

Puede que en las familias en las que el matrimonio obedece a razones de dote y mantenimiento del patrimonio los consuegros se conozcan bien. En la mayoría de los casos, en cambio, los consuegros son esas personas que únicamente comparten mesa cuando sus hijos se casan: los sientan allí, presidiendo el banquete junto a los novios, y, mientras estos se pasean por las mesas para saludar a los invitados, ellos miran la hora de reojo y, no sabiendo de qué hablar con los suegros de sus respectivos hijos, esperan a que empiece el baile.

HERMANO DE LECHE: LOS QUE HAN SIDO AMAMANTADOS POR LA MISMA MUJER

Si los dientes de leche se pierden cuando se los lleva el ratoncito, con los hermanos de leche es sencillo que ocurra algo parecido: ¿cómo no perderlos pronto si no se guarda con ellos más relación que el hecho de haber sido amamantados por la misma mujer? Por eso, porque han compartido leche materna, se llaman también *colactáneos*.

10 EXPRESIONES DEL MUNDO DE LA MÚSICA QUE SE USAN A DIARIO

Redoble de tambores: tendría bemoles que, entre pitos y flautas y sin ton ni son, en este libro no se hablara de las expresiones que la música ha incorporado a la lengua coloquial.

DAR EL CANTE SIN CANTAR

Se puede desafinar incluso sin abrir la boca y se puede dar el cante vistiendo ropa con colores estridentes o bailando de manera arrítmica en medio de la plaza del pueblo. En definitiva, *dar el cante* equivale a *llamar la atención*.

DAR EL DO DE PECHO SIN SABERSE LA ESCALA

Para un tenor, el do de pecho es la nota do más aguda que alcanza su voz. Llegar a este registro requiere mucha dedicación, tesón y esfuerzo, sentido con el que se usa esta expresión.

A BOMBO Y PLATILLO AUNQUE NO SE TENGA BATERÍA

Contar una noticia o un hecho con gran publicidad y despliegue de medios es hacerlo *a bombo y platillo* o *a bombo y platillos*. El bombo y el platillo son dos instrumentos de percusión que se tocaban antiguamente para anunciar la llegada del rey o de alguna persona importante. El *Diccionario de la lengua española* también recoge con el mismo sentido *con bombo* y *con bombos y platillos*.

LLEVAR LA VOZ CANTANTE SIN DESAFINAR MUCHO

La *voz cantante* es, de acuerdo con el *Diccionario*, 'la parte principal de una composición, que, por lo común, contiene y expresa la melodía'. Cuando se dice que en un grupo de gente hay alguien que lleva la voz cantante significa que esa persona dirige, actúa como líder y se impone a los demás.

LLEVAR LA BATUTA SIN SER DIRECTOR

Esta construcción se usa a veces como sinónima de la anterior. La persona que en una orquesta lleva la batuta, es decir, la vara con la que se marca el compás y las diferentes órdenes o directrices que los músicos han de seguir para la correcta ejecución de la pieza musical, es el director y, por tanto, el que manda y coordina.

SONAR LA FLAUTA AUNQUE NO SE TENGA FLAUTA

María Moliner, en el *Diccionario de uso del español*, explica que *sonar la flauta*, a veces acompañada del sintagma *por casualidad*, es una expresión sacada de una fábula que, en la lengua general, se usa para indicar que el acierto de alguien ha sido casual; por ejemplo, cuando uno se presenta a un examen sin haber estudiado lo suficiente, pero aprueba porque *suena la flauta*, es decir, porque le preguntan por uno de los temas que se sabe.

DEJARSE DE GAITAS SIN SER ESCOCÉS

Vamos a *dejarnos de gaitas*, o sea, de tonterías o cosas sin importancia, porque *gaita* no solo es un 'instrumento musical de viento, propio de Escocia, Galicia y Asturias, formado por una bolsa de cuero donde se almacena aire que, mediante presión del brazo, sale por unos tubos produciendo el sonido', como dice el *Diccionario del estudiante*.

DEL AÑO DE LA POLCA AUNQUE NO SE SEPA QUÉ AÑO ES EXACTAMENTE

La polca es una danza originaria del centro de Europa que surgió y se hizo popular en el siglo xix, es decir, en una época remota o lejana. Por eso, si algo es *del año de la polca* significa que es *más viejo que la tos, del tiempo de Maricastaña...*, vamos, antiquísimo o anticuadísimo.

ESTAR COMO LAS MARACAS SIN SABER NI TOCARLAS

Las maracas, y en concreto las del cantante de boleros cubano Antonio Machín, protagonizan este dicho que se usa para referirse a alguien alocado o que demuestra poca cordura. Este instrumento, compuesto por un mango y una bola hueca con semillas en el interior, y que hay que agitar para que suene, aparece también en *moverse más que las maracas de Machín*, que se aplica a quien no para quieto.

PARECER UN DISCO RAYADO AUNQUE NO SE TENGAN VINILOS

El disco de vinilo nació, creció, decayó y resurgió. Y a lo largo de su existencia ha dejado expresiones como esta. Estos discos tienen un surco que recorre la aguja del reproductor; cuando el surco está sucio, deteriorado o tiene rayas, la aguja no puede saltar al siguiente y se queda reproduciendo la misma canción o el mismo fragmento una y otra vez, como las personas que se repiten al hablar y que *parecen un disco rayado*.

10 TOPÓNIMOS QUE PASARON DEL MAPAMUNDI AL *DICCIONARIO*

La riqueza natural, los desastres o ser territorio pionero en la invención de determinado producto son algunos de los motivos por los que ciertos topónimos han acabado entrando en nuestro vocabulario en forma de sustantivos comunes.

EL EXPLOSIVO *BIKINI*

La prenda de baño femenina más famosa fue presentada en julio de 1946, poco después de que tuviera lugar en el atolón de Bikini, en las islas Marshall, una formidable explosión durante unos ensayos nucleares estadounidenses. Al parecer, la modelo que lo lució por primera vez le advirtió al diseñador de que la prenda iba a tener un efecto comparable al de esa bomba. De ahí su nombre.

EL SANGRIENTO ORIGEN DEL *MAGENTA*

Este color primario, un 'rojo oscuro que tira a morado', debe su nombre a la localidad italiana de Magenta. La sangre derramada en la batalla que tuvo lugar en este territorio a mediados del siglo XIX sirvió de inspiración para designar esta tonalidad.

DE POSTRE, *MACEDONIA*

Parece que el uso del nombre de esa región del sureste de Europa para referirse a una ensalada de frutas tiene que ver con la diversidad del Imperio macedonio de Alejandro Magno, en el que convivían en armonía personas de muy distintos orígenes.

CONTRA EL CALOR, *BERMUDAS*

Esta prenda de vestir debe su nombre a los oficiales británicos que, al llegar a las islas Bermudas y comprobar el calor insoportable que hacía allí, decidieron acortar los pantalones de su uniforme.

¡ESTO ES *JAUJA*!

La riqueza y la belleza natural de Perú han llevado a convertir en sustantivos comunes algunos de sus topónimos. Es el caso de la palabra *Jauja*, un valle famoso por su belleza natural y sus fértiles tierras, cuyo nombre 'denota todo lo que quiere presentarse como tipo de prosperidad y abundancia' y que se utiliza a menudo para denominar un sitio donde todo está permitido.

VALER UN *POTOSÍ*

La ciudad de Potosí, en la actual Bolivia y antiguo reino del Perú, famosa por sus antiguos yacimientos de metales preciosos, se ha convertido en un sustantivo con el significado de 'riqueza extraordinaria'. Lo más común es emplearlo dentro de la expresión *valer un potosí*, que, como su variante *valer un perú*, se utiliza para referirse a algo 'de mucho precio o estimación'.

CHAMPÁN (O *CHAMPAÑA*) PARA BRINDAR

Aunque el vino espumoso que se produce en la región francesa de Champagne está protegido por una denominación de origen controlada, el topónimo se ha asentado en español con las adaptaciones *champán* o *champaña* para denominar a cualquier 'vino espumoso blanco o rosado', sin importar dónde se elabore.

BABEL, LA TORRE DE LA CONFUSIÓN

La Biblia cuenta que los hombres quisieron construir en Babel (el nombre hebreo de Babilonia) una gran torre para llegar hasta el cielo. Dios, para evitar que consiguieran su propósito, decidió confundirlos creando diferentes idiomas, de modo que les fuera imposible entenderse y terminar la construcción. Desde entonces, ese nombre es sinónimo de caos y confusión.

COLONIA, LA CIUDAD DEL BUEN OLOR

La colonia, ese 'perfume compuesto de agua, alcohol y esencias aromáticas', recibe su nombre de la ciudad alemana de Colonia, donde se elaboró por primera vez a principios del siglo XVIII. En realidad, su nombre completo es *agua de colonia*, pero nos referimos a ella a menudo simplemente como *colonia*.

EL *PALACIO* DE LOS EMPERADORES

La palabra *palacio* proviene de la latina *palatium*, y esta a su vez del topónimo *Collis Palatium*, el monte Palatino, donde se encontraba la monumental residencia del emperador romano. Con el paso del tiempo, el topónimo se convirtió en sustantivo común para dar nombre a toda 'casa destinada para residencia de los reyes' o de otros personajes importantes.

10 PALABRAS ADOPTADAS DEL VASCO

Según el Instituto Cultural Vasco, el vasco o euskera es un idioma que hablan alrededor de 750 000 personas. El español ha adoptado desde su origen numerosas palabras del vasco debido al contacto continuo entre las dos lenguas.

JUGAR AL *MUS* EN LOS RATOS LIBRES

En los años universitarios, algunos estudiantes invierten el dinero en créditos de la carrera y el tiempo en estudiar y jugar al *mus* (en vasco, *mus*), un juego de naipes en el que los jugadores, que normalmente van por parejas, hacen diversas apuestas en cuatro lances y suelen comunicarse por señas. Una de esas apuestas es el órdago, término vasco también (de *hor dago,* 'ahí está').

TOMAR UN *PACHARÁN* CON LOS AMIGOS

Pero la universidad no es el único lugar donde se juega al mus. También es muy frecuente hacerlo con amigos y familiares en las sobremesas, disfrutando de su compañía, tomando un café y un *pacharán* (de *patxaran,* de *paitar* o *pattar,* 'aguardiente', y *aran,* 'endrino'), un licor de origen navarro que se elabora con endrinas y anís.

EL CORAZÓN ESTÁ EN LA PARTE *IZQUIERDA* DEL CUERPO

Sin duda, *izquierda* es uno de los vasquismos más usados en español y quizá muchos desconocían que procede de *ezkerra*. Esta es la forma más extendida para referirse al lado o la parte opuesta a la derecha, frente al cultismo de origen latino *siniestra*.

EN EL *AQUELARRE* LOS BRUJOS Y LAS BRUJAS HACEN RITUALES Y HECHIZOS

Uno de los más famosos es el que se celebró en el siglo XVII en Zugarramurdi, pueblo navarro donde algunos de sus vecinos fueron condenados por la Inquisición, acusados de practicar la brujería e invocar al diablo en una de estas reuniones. En vasco, *akelarre* significa 'prado del macho cabrío', animal que se asociaba con el demonio o Satanás.

UN *ZURRÓN* CARGADO DE REGALOS

Los pastorcillos del villancico *El niño del tambor*, conocido en otros lugares como *El tamborilero*, llevaban regalos a su rey, Jesús, en un humilde zurrón (término procedente de *zorro,* 'saco'), es decir, en una bolsa grande de cuero o piel que se colgaban al hombro y usaban normalmente para guardar la comida.

PARA EL FRÍO, UNA *ZAMARRA*

Seguramente, a los pastores de *El tamborilero* no les faltaría en invierno una *zamarra* (del vasco *zamarra*) de piel y lana con la que cubrirse para protegerse de las inclemencias meteorológicas, como la lluvia o el frío.

LA *CHIRLA*, PEQUEÑA PERO SABROSA

De cuando en cuando resurge en internet el debate de cuáles son los ingredientes de la auténtica y tradicional paella, y, aunque para algunos añadirle chirlas la convierta en un simple «arroz con cosas», no es raro encontrar este molusco, bautizado en el norte de España como *txirla*, en este plato de origen valenciano.

MARCHANDO UNA RACIÓN DE *BACALAO* CON PAPAS

Sin abandonar el mar, otra voz que parece que ha llegado al español a través del vasco es *bacalao* (de *bakailao*), aunque hay ciertas dudas respecto a su etimología, pues puede que tenga su origen en el neerlandés antiguo *bakeljauw*, variante de *kabeljauw*.

SI ES *CHATARRA*, TIENE POCO VALOR

De acuerdo con el *Diccionario*, el sustantivo *chatarra* (procedente de *txatarra*, 'lo viejo') se utiliza en América 'en aposición, para indicar que lo designado por el sustantivo al que se pospone es de muy baja calidad: *comida chatarra*'. Además, se usa con otros sentidos, como 'conjunto de trozos de metal viejo o de desecho, especialmente de hierro' o, en el lenguaje coloquial, 'máquina o aparato viejos, que ya no funcionan' y 'conjunto de monedas metálicas de poco valor'.

LA *CHISTERA* Y EL CONEJO

Posiblemente, uno de los trucos de magia más conocidos que existen es aquel en el que el mago saca un conejo de la chistera, adaptación de *txistera* (que procede a su vez del latín *cistella*, 'cestilla') y que significa 'cestilla angosta por la boca y ancha por abajo, que llevan los pescadores para echar los peces', 'cesta (pala para jugar a la pelota)'. Se usa coloquialmente en lugar de *sombrero de copa*.

10 PALABRAS DE ORIGEN CATALÁN

El catalán es una lengua romance con más de doce siglos de historia. Según el Institut Ramon Llull, actualmente hay unos diez millones de catalanoparlantes y no solo se habla en España, sino también en otros países: Andorra, Francia e Italia. Muchas de las palabras que llegan al español a través del catalán proceden, a su vez, de otras lenguas, como el latín, el griego o el francés.

¿QUIÉN DICE «NO» A UN ARROZ NEGRO CON *ALIOLI*?

En China, la salsa agridulce; en Argentina y Uruguay, el chimichurri; la besamel o bechamel en Francia; la boloñesa en Italia; en México, el guacamole; en Canarias, el mojo picón, y en Cataluña, el alioli (en catalán, *allioli*, 'ajo y aceite'). Esta salsa tiene otros nombres en español como *ajiaceite*, *ajoaceite* y *ajaceite*.

AL CAMPO, SIEMPRE CON *CANTIMPLORA*

En la mochila de cualquier senderista o aventurero no pueden faltar unas gafas de sol, una gorra, protector solar, una linterna por si se hace de noche, un impermeable, una manta térmica, un buen bocadillo y, por supuesto, para transportar el líquido que vayamos a beber durante la excursión, una *cantimplora*, del catalán *cantimplora*, de *cant i plora*, es decir, 'canta y llora', por el ruido que hace el agua dentro de ella.

LA *ABSENTA* FUE LA MUSA DE ALGUNOS ARTISTAS

Se dice que muchos artistas y escritores tomaban para inspirarse esta bebida alcohólica que tiene dos nombres en español: *absenta* y *ajenjo*. A pesar de que ambos vienen del griego ἄψινθος (*ápsinthos*), han llegado al español por distintas vías: *absenta*, por el catalán *absenta*, que a su vez procede del francés *absinthe*, y *ajenjo* a través del latín *absinthĭum*.

EL 2002 FUE UN AÑO *CAPICÚA*

Un palíndromo es una palabra o frase que se lee igual de izquierda a derecha que de derecha a izquierda. El ejemplo más típico es «dábale arroz a la zorra el abad». Al número al que le ocurre esto mismo se le denomina *capicúa*, del catalán *capicua*, de *cap i cua*, 'cabeza y cola'.

ESPERAR A QUE *AMAINE* LA TORMENTA

Para que llegue la calma después de la tormenta, esta primero tiene que aflojar o perder intensidad, es decir, *amainar*, término que el catalán adoptó del gótico *af-maginôn*, que significaba 'perder fuerza'.

EL *DÁTIL* SE OBTIENE DE LA PALMERA DATILERA

Muchos son los beneficios que se le atribuyen al dátil; por ejemplo, se considera que es un buen sustituto del azúcar refinado en bizcochos, postres, bollos… Pero como este no es un libro de recetas, sino de palabras, cabe destacar que el origen de la palabra *dátil* en realidad es griego (δάκτυλος, *dáktylos*, que significa 'dedo', en alusión a su forma), de aquí pasa al latín (*dactylus*) y llega al español por vía del catalán *dàtil*.

¿ES UN AVIÓN?, ¿ES UN PÁJARO? NO, ES UN *COHETE*

La voz *cohete* no ha caído del cielo, sino del catalán *coet*. Es el medio de transporte de los astronautas y no están exentos de averías, como aquella que tuvo la nave en la que viajaba Jack Swigert, quien popularizó la frase «¡Houston, tenemos un problema!».

LA *BUTIFARRA*, BLANCA O NEGRA, SIEMPRE RICA

Como el fuet o los *calçots*, la butifarra (*botifarra* en catalán) es otro producto típico de Cataluña, pero también de lugares como Valencia, Baleares o Colombia. Es un embutido hecho generalmente con carne de cerdo y condimentado con especias.

UN NOBEL SEGURO QUE HA SIDO *NOVEL*

Alfred Nobel, químico e ingeniero sueco, además de ser la persona que da nombre a los prestigiosos premios, en algún momento tuvo que ser *novel* (de *novell*, 'nuevo'), es decir, alguien sin experiencia que comienza en una actividad o profesión.

EL *TRÉBOL* DE LA SUERTE

El de cuatro hojas se ha convertido en el amuleto por excelencia y dicen que, dada su escasez, da buena suerte al que lo encuentre de manera casual, pues lo habitual es que esta planta solo tenga tres hojas. Y esta característica es la que le dio nombre en griego (τρίφυλλον, *tríphyllon*), a partir del cual el catalán creó *trébol*.

10 CLAVES SOBRE LOS EMOJIS Y LOS EMOTICONOS

Los emoticonos y los emojis surgieron hace más de diez años y cada vez es más frecuente encontrarlos en cualquier contexto. No obstante, su uso no está exento de dudas.

¿EMOTICONO O EMOTICÓN?

A pesar de que el diccionario académico solo recoge *emoticono*, ambas formas se consideran válidas, tal y como se explica en el *Diccionario panhispánico de dudas,* en el que se da preferencia a *emoticono*, aunque *emoticón* es la mayoritaria hoy en Hispanoamérica.

¿EMOTICONO O EMOJI?

Aunque es habitual (y no censurable) emplear *emoticono* para referirse a los *emojis*, en rigor no son lo mismo. Los emoticonos son los símbolos creados con los signos del teclado y suelen leerse inclinando la cabeza: :-), ;-) o :-(. En cambio, los emojis son pequeñas figuras en color con valor simbólico: 🌑.

¿SE DICE /EMÓJI/ O /EMÓYI/?

La palabra *emoji* proviene del japonés, lengua en la que se pronuncia como /emóyi/. En español es posible pronunciarlo al más puro estilo nipón o con el sonido /j/ (/emóji/). Si se opta por la primera forma, hay que tener en cuenta que lo adecuado es escribir *emoji* en cursiva o usar la adaptación *emoyi*. Sin embargo, si se pronuncia /emóji/, se escribe *emoji* en redonda y sin resaltes.

¿HAY QUE DEJAR ESPACIOS ENTRE ELLOS Y LAS PALABRAS?

Los emojis se escriben separados por un espacio de las palabras y pegados o no a los grupos de puntuación en iguales condiciones que una palabra. Los emoticonos se escriben entre espacios siempre que se considere que puede haber problemas en su delimitación. Cuando aparezcan junto a signos de puntuación que se podrían tomar como parte del emoticono, se puede dejar un espacio entre ambos o cambiar el emoticono de lugar.

¿ANTES O DESPUÉS DEL SIGNO DE PUNTUACIÓN?

Si no sustituye a una palabra, el emoticono puede escribirse antes o después del signo de puntuación, aunque, si afecta a todo el enunciado, es preferible escribirlo después para que no se interprete que solo modifica a la última parte.

¿PUEDEN SUSTITUIR AL PUNTO DE CIERRE?

Si se emplea un emoji en sustitución de una palabra, se respeta la puntuación que la frase tendría sin él, salvo que se utilice el emoji para representar el punto final de la oración, caso en el que no es necesario añadir nada más.

¿SE ESCRIBE COMA ENTRE ELLOS?

Cuando se escriben varios emojis o emoticonos seguidos, no es necesario separarlos por comas («¡Nos vamos de vacaciones ▨▧✈!»), excepto si se usan en sustitución de palabras: «En la fiesta que hemos organizado habrá 🍪, 🍩, 🍺 y 🍷».

¿Y LAS MAYÚSCULAS?

La mayúscula se aplica como si estos símbolos no estuvieran. Así, si aparece uno al principio de una frase, y no sustituye a ningún término, la primera palabra se escribirá con mayúscula.

¿SON UNIVERSALES?

A menudo se consideran un lenguaje universal, pero lo cierto es que algunos de ellos no son interpretados de la misma manera por todos, incluso si las personas comparten lengua o país. Así, por ejemplo, las palmas unidas 🙏 pueden ser unas manos que chocan, un saludo de yoga o un rezo en una misma comunidad de hablantes.

PALABRA DEL AÑO DE LA FUNDÉU

En diciembre del 2019, la Fundéu otorgó el título de Palabra del Año no a las palabras *emoticono* y *emoji*, sino a los símbolos que ellas designan. Anteriormente, el diccionario de Oxford ya había concedido, en el 2015, este galardón a uno de estos pictogramas: 😂.

10 ANGLICISMOS DEL MUNDO DEL CINE

Durante el año se graban y estrenan numerosos largometrajes; hay actores, directores, guionistas, etc., deseando conseguir al menos uno de los premios cinematográficos que existen. Y para hablar de todo esto son muchos los extranjerismos que se usan en las informaciones relacionadas. Pero en este artículo, como no caben todos, solo se recogen diez. *And the winners are…* o, lo que es lo mismo, y los ganadores son…

EL *TRAILER* O *AVANCE*

Antes del estreno de una película, los espectadores pueden ver algunos fragmentos, a veces con comentarios del director y los actores, e imágenes del rodaje, en un *trailer*. En español, para referirse a esta breve pieza, es posible emplear la adaptación *tráiler*, con tilde por ser una palabra llana acabada en consonante distinta de ene o ese, o el término *avance*.

EL *MAKING OF* O EL *ASÍ SE HIZO*

Al final de la proyección de una película (y también de una serie o un programa) es habitual que se emita un vídeo documental que muestra cómo fue su producción. En ocasiones también se incluyen las tomas falsas. En español se pueden usar las construcciones *cómo se hizo* o *así se hizo* en lugar del anglicismo *making of.*

EL *BLOCKBUSTER* O EL *BOMBAZO*

Blockbuster, aparte de ser el nombre de una cadena de videoclubs —que tuvo su edad de oro en los noventa, y que posteriormente sucumbiría ante las nuevas formas de consumo—, es el término con el que se alude a una película de mucho éxito. Pero expresiones como *éxito de taquilla* y *éxito de ventas* (u otras más coloquiales como *taquillazo, exitazo* y *bombazo*) son alternativas estupendas en español.

EL *CROSSOVER* O EL *CRUCE*

Cada vez son más frecuentes las películas en las que se une a dos o más personajes que tienen su propio universo en la ficción, sus propios guiones o sagas individuales, para que compartan protagonismo en una narración común. A este tipo de historias se les denomina *crossover* o, en español, *cruce*.

EL *BIOPIC* O LA *PELI BIOGRÁFICA*

Según su contenido, las películas pueden clasificarse en géneros. Las hay románticas, de acción, de ciencia ficción, policiacas… Las que se basan en la vida de una persona o cuentan su biografía se llaman *biopic* o, mejor aún, *película biográfica*.

EL *THRILLER* O UNA DE SUSPENSE

El *Diccionario panhispánico de dudas* define *thriller* como 'obra cinematográfica o literaria que suscita expectación ansiosa por conocer el desenlace'. Está recogido en cursiva por ser un extranjerismo, pero puede traducirse al español como *película de suspense*, o *de suspenso* en algunas zonas de América.

UN *WESTERN* O UNA DEL LEJANO OESTE

Se emplea *western* para referirse tanto al género de películas del Lejano Oeste como a las propias películas de este género. Desde el 2014, está recogida en el *Diccionario* la adaptación *wéstern*, en redonda y con tilde (por ser palabra llana acabada en grupo consonántico).

LA *SOUNDTRACK* O LA *BANDA SONORA*

Desde *Lo que el viento se llevó* a *La La Land*, pasando por *Superman*, *La pantera rosa* o *Parque Jurásico*, no hay película sin *soundtrack* o *banda sonora*. También se suele emplear la sigla *BSO* (*banda sonora original*).

EL *REMAKE* O LA *NUEVA VERSIÓN*

Volver a disfrutar de *El rey león* o de cualquier otra película que se produjo hace muchos años es posible gracias a las *adaptaciones* o (*nuevas*) *versiones*, voces preferibles en español al extranjerismo *remake*.

LA *RED CARPET* O LA *ALFOMBRA ROJA*

Son muchas las personas que sueñan con ser candidatas alguna vez en su vida a ganar un premio cinematográfico, pero hay otras que se conforman con estar en una de las galas en las que se entregan los galardones y tener así la oportunidad de pasear por la *red carpet* o, en español, por la *alfombra roja*, aquella por la que desfilan los invitados.

10 PARES DE ADAPTACIONES Y ALTERNATIVAS A EXTRANJERISMOS

Como las personas, las palabras viajan por el mundo, y desde la llegada de internet lo hacen a más velocidad que Phileas Fogg en la novela de Julio Verne *La vuelta al mundo en ochenta días*. Cuando aterrizan, hay varias maneras de recibirlas: se sustituyen por un término en español, se traducen miembro por miembro, se adaptan fonética o gráficamente, o se dejan tal cual y se escriben en cursiva o entre comillas. No obstante, estos procesos no son excluyentes y, por eso, hay extranjerismos que tienen, por ejemplo, un equivalente en español, pero también una forma adaptada.

EL *SORPASO* O EL *SOBREPASO* EN LAS ELECCIONES

Tanto la adaptación *sorpaso,* con una sola *s* (del italiano *sorpasso*), como sus alternativas (*sobrepaso, adelantamiento, superación...*) hacen referencia al 'fenómeno por el que, en unas elecciones, un grupo político supera sobradamente a otro'. En concreto, suele utilizarse para informar del adelantamiento de un partido a otro, aunque no sea por amplio margen (generalmente entre formaciones de un espectro político cercano), así como para apuntar al adelantamiento o superación económicos o en otros campos.

ESPÓNSOR O PATROCINADOR

Si en cuestiones de dinero un *sponsor* es el que auspicia, en este caso, es el español el que le hace un préstamo al término inglés (una *e* inicial y una tilde) para acomodar este extranjerismo a sus pautas morfológicas (*espónsor*). Si, aunque bien adaptado, no termina de encajar en nuestro texto, otra opción posible es emplear distintas alternativas como *patrocinador* o *auspiciador*.

SER UN FOROFO DEL *BALOMPIÉ* O DEL *FÚTBOL*

Cuando los ingleses inventaron un deporte en el que los jugadores manejaban el balón con el pie, no se complicaron a la hora de darle nombre: *football* (de *foot* 'pie' y *ball* 'balón'). Así que, cuando ese deporte llegó al mundo hispanohablante, se creó el calco *balompié*, que aún hoy se usa, sobre todo en los nombres oficiales de algunos clubes, pero que pronto cedió ante la fuerza arrasadora de las adaptaciones *fútbol* y *futbol*.

JUGAR AL *VOLEIBOL* O *BALONVOLEA*

Es la adaptación de *volleyball*. También es válido emplear *volibol* o el acortamiento *vóley*, pero no la foma híbrida *voleyball*, solo con una ele antes de la e. Como en el caso anterior, existe el calco *balonvolea* (de *volley* 'volea' y *ball* 'balón').

VER UN PARTIDO DE *HANDBOL* O *BALONMANO*

De acuerdo con el *Diccionario de americanismos*, de la Asociación de Academias de la Lengua Española, en países como Nicaragua, Chile y Paraguay, se usa *handbol* como adaptación del inglés *handball*, extranjerismo que cuenta, asimismo, con el calco *balonmano* (de *hand*, 'mano', y *ball*, 'balón').

EL *BÁSQUET* O *BALONCESTO* ES UN DEPORTE «DE ALTURA»

Para referirse a este deporte llamado en inglés *basketball*, se puede usar el calco *baloncesto* (de *basket*, 'cesta', y *ball*, 'balón'), forma mayoritaria en España y que en América alterna con las adaptaciones *básquetbol* o *basquetbol*, y el acortamiento *básquet*.

NO SIEMPRE GUSTAN LAS DECISIONES DEL *RÉFERI* O ÁRBITRO

Para terminar con los términos deportivos, en una competición no puede faltar un *árbitro*, equivalente en español de la voz inglesa *referee*. Para referirse a la persona que cuida de la aplicación del reglamento, en Cuba, Perú, Bolivia, Argentina y Uruguay, es frecuente la adaptación *referí*, mientras que la variante esdrújula *réferi* es la habitual en el resto del español americano.

NO HAY EVENTO PROMOCIONAL SIN UN *ESTAND* O *CASETA*

La Feria Internacional del Libro de Guadalajara (FIL), en México, o la de Fráncfort, en Alemania, están repletas de *stands* o, en español, de *estands*, *casetas* o *puestos*. En función del contexto, el extranjerismo también puede sustituirse por *expositor* o *pabellón* (si se trata de un edificio de un tamaño considerable).

ENVIAR UN *WASAP* O *GUASAP*

WhatsApp es una de las aplicaciones móviles más descargadas. El mensaje que se envía a través de ella es un *wasap* o *guasap*. En este caso, son dos adaptaciones posibles, aunque se prefiere la primera porque mantiene la *w* de la marca.

TRABAJAR CON UNA *COMPUTADORA* U *ORDENADOR*

Mientras que en América lo habitual es usar *computadora* (forma mayoritaria) o *computador*, procedentes del inglés *computer*, en España se emplea el término *ordenador*, tomado del francés *ordinateur*.

10 TÉRMINOS RELACIONADOS CON LAS NOTICIAS FALSAS

El de las noticias falsas es uno de los problemas más preocupantes en las sociedades modernas. Y, como en tantas otras ocasiones, hemos decidido emplear, para referirnos a él, un anglicismo, *fake news*, completamente innecesario: el español tiene decenas de alternativas y palabras relacionadas con ese asunto.

LAS *NOTICIAS FALSAS* Y LAS NOTICIAS FALSEADAS

Son las traducciones más directas del omnipresente *fake news*. Y aportan matices distintos: una noticia falsa puede serlo porque falte a la verdad de forma involuntaria o porque lo haga premeditadamente. En este último caso es más preciso hablar de *noticias falseadas*, que indica inequívocamente que la adulteración se ha producido de forma intencionada.

LA *MENTIRA* Y LO INCIERTO

Es una palabra directa, clara y fácilmente entendible que, quizá precisamente por ello, se evita a menudo en el lenguaje políticamente correcto y se sustituye por la insulsa voz *incierto* («Eso de que yo tuve algo con tu novio es incierto», se oye a menudo en los programas del corazón).

LA *DESINFORMACIÓN* Y LA FALTA DE INFORMACIÓN

Para algunos especialistas esta palabra es preferible a *fake news* y a sus traducciones *noticias falsas* o *falseadas* porque da una idea más cabal del fenómeno. Según el *Diccionario* es la acción de 'dar información intencionadamente manipulada al servicio de ciertos fines' y de 'dar información insuficiente u omitirla'.

LA *POSVERDAD* Y LA MANIPULACIÓN

Una de las últimas voces en incorporarse a esta familia es *posverdad*, traducción del inglés *post-truth*. El *Diccionario* la define como la 'distorsión deliberada de una realidad, que manipula creencias y emociones con el fin de influir en la opinión pública y en actitudes sociales'. El ejemplo de uso que incluye esta obra lo deja claro: «Los demagogos son maestros de la posverdad».

EL *BULO* Y LA NOTICIA FALSA

Es una de las alternativas a *fake news* más extendidas y lo cierto es que su significado encaja como anillo al dedo: 'noticia falsa propalada con algún fin'. Parece que viene del caló *bul* ('porquería').

EL *INFUNDIO* Y LA FILFA

Muy cercanas a *bulo* están *infundio* y las menos usuales *filfa, pajarota* y *andrómina*. Esta última, que apenas se usa ya, se documenta desde antiguo y, vaya usted a saber por qué, parece estar relacionada con el personaje mitológico de Andrómeda.

LA *TROLA* Y LA HADROLLA

Esta forma coloquial tiene un origen antiguo y muy curioso: viene, dice el *Diccionario*, de la antigua voz *hadrolla* o *fadrolla*, y esta a su vez del árabe *al-hatrúk*, que significaba literalmente 'bocazas' y que dio lugar al español *aladroque* ('boquerón').

LA *PAPARRUCHA* Y EL PÁPARO

Las *paparruchas* o *paparruchadas* son, en el registro coloquial, 'noticias falsas y desatinadas de un suceso, esparcidas entre el vulgo'. Lo más curioso es que esta palabra viene de *páparo*, que, a su vez, tiene dos significados: 'de una tribu, ya extinguida, del istmo de Panamá' y 'aldeano u hombre del campo, simple e ignorante, que de cualquier cosa que ve, para él extraordinaria, se queda admirado y pasmado'.

LA *INSIDIA* Y LA CALUMNIA

Algunas mentiras tienen el fin declarado de dañar a alguien: son las *insidias* y las *asechanzas*, las *calumnias* y el *libelo*, entre otras. Algunas de ellas no están solo en las páginas del diccionario académico, sino también en las del Código Penal, pues se consideran conductas punibles.

LA *PATRAÑA* Y LA FÁBULA

En el *Diccionario* de 1780 una *patraña* era 'una noticia fabulosa, ó mentira inventada para divertir, ó entretener', es decir, una ficción, un entretenimiento inocente. Luego el significado fue virando y hoy el uso más común es el de 'invención urdida con propósito de engañar'.

10 TÉRMINOS O EXPRESIONES QUE PROCESIONAN EN SEMANA SANTA

Según el diccionario de la Real Academia Española, *Semana Santa* es el nombre que recibe la 'semana última de la Cuaresma, desde el Domingo de Ramos hasta el de Resurrección'.

No tiene una fecha fija, pues esta depende de la Luna: el primer viernes después de la primera luna llena posterior al equinoccio de primavera será el Viernes Santo.

EMPIEZA TRAS LA *CUARESMA*

La Cuaresma es el período anterior a la Semana Santa, que comienza el Miércoles de Ceniza. La palabra procede de la expresión latina *quadragesĭma dies*, 'día cuadragésimo', por la duración de cuarenta días, tal como indica el *Breve diccionario etimológico de la lengua castellana*, de Corominas.

Y TERMINA CON LA *PASCUA*

Pascua, en singular, es el nombre de la fiesta de la resurrección de Cristo; se celebra el Domingo de Resurrección y marca el final de la Semana Santa. No hay que confundirlo con Pascuas, en plural, que es el tiempo que comprende desde el día de Navidad hasta el día de Reyes inclusive.

LOS PASOS SALEN EN PROCESIÓN

Los pasos son efigies o grupos escultóricos con los que se escenifican diferentes momentos de los últimos días de Cristo y su resurrección, y que se sacan en procesión en estas fechas. Sus nombres se escriben con mayúsculas iniciales y sin cursiva ni comillas: La Borriquita, La Sagrada Cena, El Prendimiento…

DESPIEZANDO UN PASO

Aunque no todos son iguales, algunas de las partes que conforman un paso suelen ser las *andas* (tablero sujeto con dos varas paralelas horizontales sobre el que se ponen las imágenes), el *respiradero* (celosía que rodea el paso para que los costaleros puedan respirar) o las *trabajaderas* (listones de madera bajo los que se colocan los costaleros para levantar).

LAS HERMANDADES Y COFRADÍAS *PROCESIONAN* POR LAS CALLES

El verbo *procesionar* es correcto en español y, a pesar de que otras obras, como los diccionarios de uso de María Moliner y de Seco, Andrés y Ramos, ya lo recogían, no fue incluido en el *Diccionario de la lengua española* hasta la edición del 2014 con los siguientes significados: 'dicho de una imagen religiosa o de quienes la acompañan: salir en procesión' y 'sacar una imagen religiosa en procesión'.

EL VIERNES SANTO SE LLEVA A CABO EL *VIACRUCIS*

Una de estas procesiones es el *viacrucis* o *vía crucis,* un recorrido con catorce paradas o estaciones, en cada una de las cuales se conmemora un episodio de la pasión de Cristo. A menudo el término se usa con el significado figurado de 'sufrimiento intenso y prolongado'.

¡AL CIELO CON ELLA!

Esta expresión es la que utiliza el capataz, jefe de los costaleros y el que los guía en la procesión, para ordenar a estos alzar el paso y reanudar la marcha. Tras pronunciarla, golpea el *llamador* o *martillo* (aldaba de metal situada en la parte delantera de los pasos) para que todos lo suban a la vez.

LOS COFRADES TIENEN UNA VESTIMENTA PARTICULAR

Si hay algo que caracteriza a algunos de los cofrades que salen en procesión, pero no de costaleros, es el *capirote*, un cucurucho de cartón o rejilla cubierto por una tela que se denomina *capuchón* y que deja al descubierto solo los ojos.

TAMBIÉN HAY FLAGELACIONES

Las personas que se disciplinan en las procesiones de Semana Santa, es decir, que se flagelan la espalda como penitencia, son los *disciplinantes, azotados* o *flagelantes.* Antes se les denominaba *disciplinantes de sangre* para diferenciarlos de los *disciplinantes de luz,* que eran los que alumbraban con hachas y cirios a los que se disciplinaban.

OTROS PENITENTES

Se llama *aspado* a quien por penitencia lleva los brazos extendidos en forma de cruz, atados por la espalda a una barra de hierro, espada, madero o algo similar. En algunas localidades estas personas reciben el nombre de *empalaos.*

10 PALABRAS QUE HAN VIAJADO DEL ÁRABE AL ESPAÑOL

La vigesimotercera edición del *Diccionario de la lengua española* recoge más de dos mil términos de origen árabe. Algunos de estos arabismos son fácilmente identificables por empezar por *al*, letras que corresponden al artículo determinado en este idioma y que, en su viaje al español, acabó aglutinándose, en muchos casos, con el sustantivo al que acompañaba.

CONSULTAR CON LA *ALMOHADA*

La *almohada* (del árabe *almuḫádda*) casi siempre suele ser una buena consejera y no son pocos los que meditan con ella antes de tomar una decisión. Pero hay que escogerla bien y por eso muchos hoteles cuentan entre sus servicios con una carta de almohadas para elegir la más conveniente.

DARSE UN BAÑO EN LA *ALBERCA*

Las hay pequeñas, grandes, de hormigón, de plástico, de acero inoxidable, con toboganes, de agua salada, de cloro, desbordantes e incluso infinitas. A pesar de que la forma *piscina* es la más extendida para designar el lugar donde se practica la natación y otros deportes acuáticos, también recibe otros nombres como *pileta* (en Argentina, Bolivia y Uruguay) o *alberca* (en México), del árabe *albírka*.

ESPERAR A *FULANO*

Fulano viene del árabe *fulān* y se utiliza desde la Antigüedad para elidir el nombre real de alguien porque se ignora o no se quiere expresar, como en «Ha venido fulano a verte». De acuerdo con el *Diccionario,* también se emplea para designar a 'una persona indeterminada o imaginaria': «La Justicia debe intervenir para dictaminar si fulano tiene derecho a un tratamiento caro».

SUBIR A LA *AZOTEA*

De un tiempo a esta parte han proliferado los edificios que en su cubierta plana o *azotea* (de *assuṭáyḥa*) albergan un bar o un restaurante en el que la gente puede tomarse algo y disfrutar de las vistas panorámicas, y, de paso, hacerse un selfi para después compartirlo en las redes sociales.

COMER *HUMMUS*

El *hummus* o *humus* (de *ḥummuṣ*) se ha convertido en uno de los alimentos imprescindibles, especialmente en las dietas vegana y vegetariana, e internet está repleto de recetas para poder hacer en casa esta pasta de garbanzos condimentada con ajo, zumo de limón y crema de sésamo.

BEBER *JARABE*

Para combatir la tos se puede recurrir a remedios caseros (y cuestionados por algunos), como dormir cerca de media cebolla o tomar un baño caliente, o bien tomarse una cucharadita de algún *jarabe*, del árabe *šaráb* ('bebida').

ACHACAR LA QUIEBRA A LA MALA GESTIÓN

El verbo *achacar* procede del árabe clásico *tašakkà*, lengua en la que significa 'quejarse', 'denunciar'. En español, no es recomendable usarlo en un sentido positivo, pues según el *Diccionario* es 'atribuir, imputar a alguien o algo un delito, culpa, defecto o desgracia, generalmente con malicia o sin fundamento'.

REFRESCARSE CON UNA RODAJA DE *SANDÍA*

La *sandía* es una de las frutas más consumidas durante el verano para combatir el calor estival, ya sea troceada, en batidos, en helados… Su nombre proviene del árabe *sindiyya* ('perteneciente a la región del Sind', región de Pakistán) y recibe otras denominaciones como *melón de agua* o *patilla* (en países como Colombia, Venezuela, la República Dominicana y Puerto Rico).

PEDIR UN DESEO Y DECIR *OJALÁ*

El árabe no solo ha dejado en el español sustantivos o verbos, sino también preposiciones (*ante* o *hasta*) o la interjección *ojalá* (de *law šá lláh*, 'si Dios quiere'), que se usa para indicar un deseo fuerte de que suceda algo.

ALIÑAR LA ENSALADA CON *ACEITE* Y LIMÓN

De todos es sabido que el *aceite* (de *azzáyt*) y el agua no se llevan bien y se niegan a saber nada el uno del otro. Sin embargo, el aceite se entiende muy bien con el limón y son buenos ingredientes para aliñar una rica ensalada.

10 PALABRAS QUE ESTÁN CAMBIANDO NUESTRO MUNDO

Si hace unas décadas alguien nos hubiera calificado de prosumidores preocupados por los macrodatos, amenazados por el precariado y la posverdad, no habríamos entendido nada.
Muchas de esas palabras designan ideas o tendencias aparecidas en los últimos años y que parecen estar cambiando nuestro mundo o, al menos, nuestra forma de estar en él.

LOS OMNÍMODOS *MACRODATOS*

Raro es el titular sobre tecnologías de la información que no alude al llamado *big data*, que ha entrado en nuestras vidas hace relativamente poco, pero con una fuerza arrasadora. Los *macrodatos*, como la Fundéu propone traducirlo, se emplean para referirse a las tecnologías que trabajan con grandes cantidades de información (los sistemas que la acumulan, los procedimientos que se emplean para identificar en ella patrones recurrentes…). También hay una palabra para la corriente en la que el dato es el rey: *dataísmo*.

DE LA *GLOBALIZACIÓN* A LA *DESGLOBALIZACIÓN*

La primera se popularizó hace unos años para referirse al proceso por el que las economías y los mercados adquirían una dimensión mundial y a la 'difusión mundial de modos, valores o tendencias que fomenta la uniformidad de gustos y costumbres'. Las cosas evolucionan tan rápido que ya se ha acuñado *desglobalización* para aludir a la tendencia contraria.

MOVERSE SIN CONTAMINAR CON LA *ELECTROMOVILIDAD*

La *movilidad eléctrica* o *electromovilidad* es una de las tendencias más presentes en un mundo que busca desesperadamente hacer compatible la movilidad de los ciudadanos con el respeto al medioambiente.

LOS *VIRALES* SIN VIRUS

Las redes sociales y las nuevas formas de comunicación instantánea han revitalizado y «resemantizado» el concepto de lo viral, que ya no remite solo a los virus en sentido estricto, sino que, convertido en un sustantivo, alude al 'mensaje, idea o contenido que se transmite de forma exponencial a través de las redes sociales mediante reenvíos entre los usuarios'.

A VISTA DE *DRON*

En poco tiempo, los *drones* han pasado de la ciencia ficción al día a día de la vigilancia policial, la entrega de paquetes, la filmación de películas o la fumigación de zonas contaminadas. Lingüísticamente, el español ha tomado la voz inglesa *drone* (literalmente 'zángano') y la ha adaptado como *dron*.

LA *RESILIENCIA*, ALGO MÁS QUE LA RESISTENCIA

En un mundo en constante cambio, cada vez se hace más necesario adaptarse al medio, y es precisamente la capacidad de adaptación y recuperación que aparece en las definiciones la que diferencia este sustantivo de la mera *resistencia*, cuya definición es 'acción y efecto de resistir (tolerar, aguantar o sufrir)'.

LOS NUEVOS *PROSUMIDORES*

Formado a partir de *productor* y *consumidor*, este neologismo deja claro que se ha roto la nítida distinción tradicional que antes separaba a estas figuras. Hoy distintas herramientas posibilitan la colaboración entre el productor y el destinatario del producto.

EL *PRECARIADO*, UNA NUEVA CLASE SOCIAL

Con este neologismo se alude al 'sector social que se ve sometido a inestabilidad e incertidumbre laboral prolongadas y que no percibe ingresos o estos son bajos'. Puede considerarse un acrónimo de *precario* y *proletariado* o interpretarse simplemente como un sustantivo derivado de *precario*.

TELETRABAJANDO, QUE ES GERUNDIO

Aunque vivimos con los pies en la tierra, prácticamente, las nuevas tecnologías nos han permitido trabajar en las nubes, en este caso, digitales, y desde cualquier lugar con acceso a internet. El sustantivo *teletrabajo* y su derivado *teletrabajar*, formados a partir del prefijo *tele-* y el nombre *trabajo*, han venido para quedarse en nuestras profesiones.

LA NOVEDOSA *DISRUPCIÓN*

Muchos de los fenómenos que están cambiando nuestro mundo son *disruptivos*, es decir, suponen una rotura o interrupción brusca en la forma de hacer ciertas cosas, que se impone y desbanca a los métodos que venían empleándose. El diccionario académico, que ya incluía desde 1970 el adjetivo *disruptivo*, ha incorporado recientemente el sustantivo *disrupción*, que, aunque ha llegado a nuestra lengua a través del inglés (*disruption*), procedente del latín (*disruptio, -onis*).

10 EXPRESIONES CON PARTES DEL CUERPO (DE CINTURA PARA ARRIBA)

Si con las partes del cuerpo de cintura para abajo existen multitud de expresiones, con las que se encuentran por encima de la cintura hay infinidad. Al fin y al cabo, es en esta mitad donde se alojan los órganos vitales y el cerebro. Está bien tener los pies en el suelo, pero lo característico del ser humano es elevarse.

LA IMPORTANCIA DE TENER *MANO IZQUIERDA* Y *MANO DERECHA*

Un buen jefe ha de ser capaz de liderar con ambas manos: por un lado, conviene que tenga *mano izquierda*, o sea, que demuestre 'habilidad para resolver situaciones complicadas' y, gracias a ello, por ejemplo, pueda sacar el máximo partido de sus empleados; por otro, necesitará delegar, sobre todo en su *mano derecha*, ese colaborador o auxiliar competente y digno de confianza.

HABLAR POR LOS CODOS, ¿POR QUÉ LOS CODOS SE ASOCIAN A LO QUE HACEMOS EN DEMASÍA?

Con el sustantivo *codo* se crean expresiones que denotan demasía, como *hablar por los codos* (afición de quien no se calla ni debajo del agua), pero también *hincar los codos*, que es estudiar mucho y a fondo, o *empinar el codo*, esto es, beber alcohol en exceso.

CALENTARSE LA CABEZA BUSCANDO SOLUCIONES

Enfrentado a un problema, uno puede 'devanarse los sesos en busca de solución'; pero ¿qué ocurre si no la encuentra? Que se fatigará dándoles vueltas y más vueltas a las ideas dentro de la cabeza, como una olla de presión que se va calentando y está a punto de estallar.

ARRIMAR EL HOMBRO SUELE IMPLICAR ARRIMAR LAS MANOS, LA CABEZA

Por potente e individualista que se sea, a menudo hay que contar con la ayuda de los demás para llevar a cabo una tarea. En tales circunstancias, siempre hay quien *arrima el hombro* y coopera, y quien *hurta el hombro* y se escaquea. Si el trabajo acaba siendo un éxito, igual te sacan a hombros.

ES TAN EXPRESIVO QUE *LO LLEVA ESCRITO EN LA FRENTE*

Hay personas tan expresivas que uno puede adivinar sus intenciones con solo mirarlas a la cara. Y no porque frunzan el ceño o se le marquen arrugas, no hace falta. Simplemente, son incapaces de disimular qué están sintiendo o pensando. De quienes son así suele decirse que *llevan* (o *traen*) *escrito en la frente* lo que quieren. Eso o, puestos a escribir, que su rostro se lee como un libro abierto.

PONER EL DEDO EN LA LLAGA HACE PUPA

Cualquiera que haya tenido que lidiar con aftas bucales estará de acuerdo en que hay que ser muy mala gente para *poner el dedo en la llaga* de nadie, con lo que duelen. Pero, claro, tal como señala la Academia, esta expresión se usa justo para 'señalar el verdadero origen de un mal, el punto difícil de una cuestión, aquello que más afecta a la persona de quien se habla'. En definitiva, para hacer pupa.

LOS SERES SUSURRANTES QUE *HABLAN PARA EL CUELLO DE SU CAMISA*

El que quiere quejarse siempre va a encontrar motivo: si no es porque lo molestan con gritos, será porque quien habla lo hace tan bajo que no hay quien lo oiga. Estos seres susurrantes *hablan para el cuello de su camisa*, pues solo llega hasta ahí su torrente de voz. Y esto con independencia de que luzcan camisas, camisetas o bañadores.

PONERSE DE UÑAS, SACAR LAS UÑAS Y HASTA *DEFENDERSE CON UÑAS Y DIENTES*

En los aviones no está permitido introducir cuchillos, pero, a juzgar por la fraseología, las autoridades deberían revisar la longitud de las uñas de los pasajeros. Y es que basta con que una situación huela a pelea para que aparezcan giros como *ponerse de uñas*, *sacar las uñas* o *defenderse con uñas y dientes*.

DESPREOCÚPATE O *ÉCHATE ALGO A LA ESPALDA*

¿Quién iba a decir que *echarse algo a la espalda* no significa lo mismo que *echarse algo sobre las espaldas*? Con la primera expresión se indica que alguien se despreocupa de una cosa, tal vez porque no la ve al hallarse en su espalda; con la segunda, en cambio, ocurre lo contrario: se siente el peso sobre los lomos porque se asume la responsabilidad de un asunto.

TOMARSE A PECHO LO QUE NO ES PARA TANTO

Los hay que tienen una piel tan delicada que parecen a punto de romperse a la más mínima. Son los que todo *se lo toman a pecho*, esto es, los que se ofenden con dos de uvas.

10 EXPRESIONES CON PARTES DEL CUERPO (DE CINTURA PARA ABAJO)

El cuerpo es parte indisociable de las personas. Nos acompaña allá donde vamos, sin que ello signifique que sea un mero medio de transporte. Somos cuerpo. Por tanto, resulta de lo más natural que las partes que lo componen den lugar a innumerables expresiones.

¡QUÉ MARAVILLA ESO DE DORMIR *A PIERNA SUELTA*!

Que nadie se asuste si visita un hotel y los empleados le dicen que esperan que duerma *a pierna suelta*. Nadie desea que aparezca desmembrado a medianoche. Esta expresión significa, simplemente, 'sin preocupación, tranquilamente'.

CUANDO EL PELIGRO SE ACERCA, HAY QUE *SALIR POR PIERNAS*

Cuando se tiene miedo, hay dos reacciones instintivas: quedarse petrificado o marcharse del sitio pitando y 'huir', que es lo que en definitiva significa *salir por piernas*. Esto mismo, por cierto, puede decirse mediante la expresión *poner pies en polvorosa*, decisión que cualquier persona sensata tomará si teme que lo hagan polvo.

LOS MÁS ADULADORES, SIEMPRE *A LOS PIES DE ALGUIEN*

En Japón, no necesitan grandes ocasiones para liarse a hacer reverencias a quien se considera superior. Más exagerado parece doblar y doblar el espinazo hasta hallarse a los pies de alguien: si lo que se pretende es 'ofrecerse para estar al servicio de una persona', ¿no basta con decir «Aquí me tiene, para lo que mande»? Las lumbares lo agradecerán.

QUIEN QUIERA CASARSE QUE SE PONGA *A MEDIA RODILLA*

En este caso, la idea no es que se le rebane a alguien una de las rodillas, sino que tan solo dobla o apoya una, por ejemplo, para pedir matrimonio. Si se pone *de rodillas*, en cambio, no se sigue que intente casarse con dos personas a la vez ni que se entreguen dos anillos de compromiso, sino que ha tocado con ambas el suelo.

PISARLE A ALGUIEN LOS TALONES, FÍSICA O METAFÓRICAMENTE

Nada tan incómodo como ir andando por la calle y sentir en el cogote la proximidad de otros paseantes. En esas situaciones, basta un pequeño frenazo para que la persona de detrás te pise los talones, literalmente. Claro que peor aún será que te los pisen metafóricamente, pues entonces te estarán siguiendo, quizá incluso en avioneta, como le ocurre a Cary Grant en la película de Hitchcock.

EL TALÓN MÁS FAMOSO DE LA HISTORIA: EL *TALÓN DE AQUILES*

Los héroes de ficción, para llegar a emocionar, no han de ser perfectos, sino tener algún punto vulnerable que los humanice. Ese punto débil se llama *talón de Aquiles* en alusión al héroe de la guerra de Troya.

HAY PERSONAS QUE SIEMPRE *ESTÁN AL PIE DEL CAÑÓN*

La frase se relaciona con Agustina de Zaragoza, quien en la guerra de la Independencia española disparó un cañón contra las tropas francesas y logró que estas se batieran en retirada cuando la rendición parecía inminente. Desde entonces, está al pie del cañón quien se mantiene firme en su obligación sin desfallecer.

NO TE PASES O NO *SAQUES LOS PIES DEL PLATO O DEL TIESTO*

Si se está preguntando qué diantres hace una persona, para empezar, con los pies *dentro del plato* o *del tiesto*, la respuesta es que, al parecer, eran pollitos recién nacidos los que eran reunidos allí para alimentarlos juntos; aquel que sacaba los pies de dichos recipientes se arriesgaba a perderse y morir de hambre. Por extensión, la frase se aplica a quien se excede o propasa, a quien se sale de las normas establecidas y asume riesgos no siempre razonables.

METER EN CINTURA NO ADELGAZA, LAMENTABLEMENTE

No se trata de adelgazar ni de ajustar un pantalón o un vestido para que entre. Según la Academia, se mete en cintura a la persona excesivamente rebelde con el fin de 'someterlo a unas normas de conducta acordes con lo que se considera correcto'.

EL QUE SE CANSE QUE *ESTIRE LAS PIERNAS*

Puede que los que vuelan en clase preferente tengan espacio para repantigarse, pero la mayoría de los mortales viajan con las piernas encogidas cualquiera que sea el medio de transporte empleado. Así que nada tan necesario como 'caminar un poco después de un tiempo de inmovilidad o reclusión', aunque sea a la estación de servicio en la que se aprovecha para picar algo e ir al servicio.

10 PALABRAS PROCEDENTES DEL ALEMÁN

Que el español está lleno de palabras procedentes del latín y del griego es una verdad consabida. Y basta leer un periódico, ver la televisión o escuchar las conversaciones por la calle —basta estar vivo— para darse cuenta de que hay más anglicismos que longanizas. Se conoce menos que existe un puñado de sustantivos procedentes del alemán que campan a sus anchas en boca de todo hispanohablante.

UN *BRINDIS* A LA SALUD DE LA ETIMOLOGÍA

Quién iba a decir que, cuando uno levanta la copa para desear suerte a una persona o celebrar el éxito de un proyecto, está empleando un sustantivo de raíces alemanas. Resulta que *brindis* procede de *bring dir es*, que significa 'te lo ofrezco'.

LAS *SAGAS* ADIVINAN LOS DESIGNIOS FAMILIARES

Aunque los más jóvenes relacionen la palabra *saga* con un conjunto de películas o novelas protagonizadas por los mismos personajes, al principio estos personajes debían cumplir el requisito de pertenecer a la misma familia y sus historias eran leyendas poéticas de la antigua Escandinavia. Estas sagas proceden del alemán *Sage*; hay otra *saga*, a partir del latín *sage*, que significa 'pitonisa'.

EL INCIERTO ORIGEN DEL *BIGOTE*

Dice el *Diccionario de la lengua española* que el origen del sustantivo *bigote* quizá pueda rastrearse en el alemán *bei Gott*, esto es, 'por Dios'. Dado que no se afirma con certeza, tal vez quepa apuntar que en francés y en inglés *bigot* equivale a *fanático*.

¿BAILAMOS UN *CHOTIS*?

Ya tiene guasa que el baile más castizo de Madrid se designe con un sustantivo tan alejado de la capital de España. ¿Pues no va la Academia y nos informa de que tal vocablo está emparentado con el germanismo *Schottisch*? ¡Menudo baile de países! ¡Lo practican los madrileños, lo denominan los alemanes y el nombre alude a los escoceses!

MASOQUISMO SIN CHOCOLATE

Es masoca quien disfruta recibiendo humillaciones. Se trata de una perversión sexual cuyo nombre hace honor a Leopold von Sacher-Masoch, escritor austriaco que en *La Venus de las pieles* exploraba deseos como convertirse en esclavo o hacerse atar o azotar. Nada que ver con Franz Sacher, el creador de la famosa tarta.

IR AL CINE DESPUÉS DEL *VERMÚ*

Si este licor está relacionado con el alemán es porque *Wermut* significa 'ajenjo', uno de los ingredientes de este brebaje aperitivesco. No conviene consumirlo en exceso, salvo que uno quiera quedarse dormido en el otro *vermú*, o sea, en la 'función de cine celebrada a primera hora de la tarde', acepción probablemente desconocida para la mayoría.

LA RUEDA DEL *HÁMSTER*

No tiene mucho misterio: en alemán se escribe sin tilde y en español se le añade el acento ortográfico porque es palabra llana y termina en erre. Se supone que es un animal de compañía… ¡Pues su compañero debería contarle que se va a agotar si sigue corriendo dentro de la rueda!

MIS DOS YOES SE PREGUNTAN QUÉ SERÁ LA *ESQUIZOFRENIA*

Esta enfermedad mental se caracteriza por una escisión de la personalidad y la pérdida del contacto con la realidad. El sustantivo remite al griego σχίζειν, *schízein*, 'escindir', y φρήν, φρενός, *phrēn, phrenós*, 'mente'.

LA CAPA DE *OZONO* ES LA OZONOSFERA

Ahora todo el mundo está concienciado de la importancia de combatir el cambio climático. Hace no muchas décadas, en cambio, lo único contra lo que se luchaba era contra el agujero en la capa de ozono, sustantivo que procede del alemán *Ozon*.

UN *NIQUI* ES UNA PRENDA DE PUNTO

Un *niqui* es un *polo*, pero no de los que se lamen, sino de los que uno se pone para vestir. Viene del alemán *Nicki* y cambió la secuencia *-ck-*, ajena a la ortografía española, por el dígrafo *-qu-*, como ocurrió con el anglicismo *ticket*, en español *tique*. No confundir con el grupo musical *Los nikis*.

10 TOPICAZOS QUE SE VEN DE VEZ EN CUANDO EN LAS NOTICIAS

No es que estén necesariamente mal, pero algunas de estas expresiones han acabado convirtiéndose en auténticos topicazos, muletillas que se repiten una y otra vez, y que, la verdad, ya cansan cuando las encontramos agazapadas en los medios de comunicación.

SEGÚN *FUENTES BIEN INFORMADAS...*

Se sabe que la obligación de los periodistas es apoyar sus noticias en fuentes fiables y citarlas con tanta precisión como sea posible. A menudo, y para dejar a salvo su anonimato, se mencionan con fórmulas genéricas, como «fuentes próximas al Gobierno», «fuentes jurídicas»… Pero esta de *fuentes bien informadas*, aunque se ve con frecuencia, es una obviedad porque cabe suponer que, si no lo fueran, no serían las que citase el periodista.

LA *SERPIENTE MULTICOLOR* AVANZA POR LAS CARRETERAS

Seguramente a la persona que usó la primera vez esta metáfora para referirse a la larga fila de los ciclistas que recorren las carreteras en las competiciones de ese deporte le pareció una ocurrencia brillante. Y es posible que lo fuera. Ahora, millones de citas después, se ha convertido en uno de los tópicos más típicos del lenguaje deportivo.

LA *ESCALADA* Y LA *DESESCALADA* INTERMINABLES

El verbo *escalar* y su antónimo *desescalar* están cada vez más presentes en los medios para referirse al aumento de algo, sobre todo cuando es rápido, y a su posterior disminución. Si bien son correctos, en muchos casos hay alternativas más precisas para hablar de estas acciones, como *aumento/disminución*, *incremento/rebaja* o *intensificación/relajación*.

LA *CLIMATOLOGÍA ADVERSA*

Parece que *climatología adversa* es una expresión más elegante que el sencillo *mal tiempo*, pero es que no significan lo mismo. La *climatología* no es el tiempo que hace (soleado, lluvioso o ventoso…), sino el 'estudio del clima'. Así que, para referirse al mal tiempo, lo mejor es hablar de… *mal tiempo*.

EL *EPICENTRO* DE LA NOTICIA

Lo cierto es que este uso metafórico de la palabra *epicentro* (en rigor, 'centro superficial del área de perturbación de un fenómeno sísmico, que cae sobre el hipocentro') no es en sí mismo inadecuado, pero la insistencia en emplearlo resulta cansina.

EN ESTE *MARCO INCOMPARABLE*

Este es uno de los reyes del tópico que comparten, sobre todo, presentadores de todo tipo de actos y conferenciantes ansiosos de congraciarse con su audiencia alabando el lugar en el que hablan. Cuando se combina con otros como *ante este maravilloso público*, se alcanzan cotas sublimes de intensidad tópica.

HIZO *ARDER LAS REDES...*

La frecuente inmoderación de la que se hace gala en las redes sociales ha acuñado un tópico contemporáneo: el de los comentarios que *encienden la polémica* o, mejor aún, que hacen *arder las redes*.

EL DELANTERO SE COLÓ *HASTA LA COCINA*

Un lector poco avisado sobre la creatividad del lenguaje deportivo quizá no entienda que cuando un delantero se ha colado *hasta la cocina* no tiene intención de preparar nada para comer ni de fregar los platos, sino que ha burlado a los defensores (*les ha robado la cartera*, como señala otro tópico futbolístico) y se ha plantado en la mismísima área pequeña del rival para tratar de hacer gol.

EN *RIGUROSO DIRECTO*

Esta coletilla se usa frecuentemente para informar a los espectadores de que lo que ven no es una emisión previamente grabada, sino una producción que se emite a la vez que se realiza. Eso sí, no se sabe muy bien cómo sería un directo *no riguroso*. También se emplea mucho la enfática fórmula *en vivo y en directo*, que une dos expresiones que el *Diccionario* considera sinónimas.

MURIÓ TRAS *UNA LARGA Y PENOSA ENFERMEDAD*

Aunque no tanto como hace unos años, aún cuesta en las noticias llamar a las enfermedades por su nombre. Seguramente por eso este tópico eufemístico es uno de los clásicos de las notas necrológicas.

10 BULOS LINGÜÍSTICOS QUE CONVIENE DESTERRAR

El mundo de la lengua también sufre la maldición de los bulos; esas medias verdades (a veces mentiras completas) que corren de boca en boca como si fueran verdades incontestables.

LAS MAYÚSCULAS NO SE ACENTÚAN

Las letras mayúsculas se acentúan de acuerdo con las mismas reglas que las minúsculas. Es cierto que en las antiguas imprentas y en las primeras máquinas de escribir resultaba técnicamente complicado tildarlas y por eso no se hacía en algunos periódicos y otras publicaciones. Pero con los medios de composición actuales no hay excusa para no hacerlo.

LAS PALABRAS QUE NO ESTÁN EN EL *DICCIONARIO* NO DEBEN EMPLEARSE

Que una palabra no figure en el *Diccionario* no significa que necesariamente sea incorrecta. Ningún diccionario tiene todas las palabras de una lengua: no están todos los derivados que es posible crear a partir de una voz, no recogen jerga especializada ni léxico dialectal, etc.

LA RAE ACEPTA *ALMÓNDIGA* Y *COCRETA*

Lo primero es una media verdad: es cierto que *almóndiga* está recogida en el *Diccionario*, pero con la advertencia de que es un vulgarismo que conviene evitar. Respecto a la forma *cocreta*, y por mucho que cientos de artículos insistan en ello, nunca ha estado en esta obra. Y no parece probable que vaya a entrar.

LA EXPRESIÓN *UN VASO DE AGUA* ES INCORRECTA

Hay quien cree que decir *vaso de agua* es incorrecto porque entienden que con ello se afirma que el vaso está hecho de agua. Es verdad que la preposición *de* sirve para indicar la materia de la que está hecho algo, pero tiene muchos otros usos y uno de ellos es introducir el contenido de algo, que es el que se aplica en estos casos.

ESTA LENGUA NUESTRA SE LLAMA *ESPAÑOL*, NO *CASTELLANO*

Ese viejo debate está zanjado desde hace mucho por la propia Academia: «Para designar la lengua común de España y de muchas naciones de América, y que también se habla como propia en otras partes del mundo, son válidos los términos *castellano* y *español*».

EL SUFIJO *-NTE* NO TIENE FEMENINO

Este bulo está muy vinculado al femenino *presidenta*, que algunos juzgan incorrecto. La *Gramática* recoge femeninos formados sobre este prefijo desde hace siglos: *presidenta*, *regenta*, *tenienta* o *sirvienta* figuraban ya en el *Diccionario* de 1803 e *infanta* está registrado desde 1604.

LA HACHE ES UNA LETRA MUDA

Eso aprendimos en el cole, pero es una afirmación al menos matizable: conservamos la aspiración de la hache como rasgo dialectal en grandes zonas de España y de América, y en algunos extranjerismos que hemos adoptado, como *hámster*, *hachís*, *haiku*, etc.

LAS REDUNDANCIAS SON SIEMPRE INCORRECTAS

Las redundancias son solo repeticiones de una información en un mensaje. En muchas situaciones estas repeticiones no solo no son incorrectas, sino que son necesarias: cuando queremos ser enfáticos o irónicos, cuando deliberadamente queremos exagerar algo, cuando pretendemos cerciorarnos de que nuestro interlocutor nos está entendiendo, etc.

DOS PREPOSICIONES NO PUEDEN IR SEGUIDAS

Hay quienes están convencidos de que no se deben colocar dos preposiciones seguidas como en *ir a por agua* o *los deberes de los padres para con los hijos*... Pues no es cierto: que esas preposiciones vayan juntas no tiene nada de incorrecto.

EL GERUNDIO ES UN TIEMPO PELIGROSO

Muchos manuales de redacción consideran que el gerundio es un tiempo complicado de utilizar y que, para evitar confusiones, lo mejor es prescindir de él. Y no es para tanto: basta con prestar atención para evitar los llamados *gerundios de posterioridad*: en frases como «Estudió en Madrid, yendo después a Buenos Aires» la acción que expresa el gerundio es posterior a la que expresa el verbo principal y sin conexión directa. Y eso, en efecto, es inadecuado.

10 PALABRAS DE LA JERGA DE LOS PERIODISTAS

En la Fundéu trabajamos cada día con y para los periodistas. Por eso conocemos bien algunos términos de su jerga, de esas palabras que se oyen a todas horas en el oficio. Algunas han pasado a la lengua general, pero otras son perfectas desconocidas fuera de las redacciones.

¡ESTOS *PLUMILLAS...*!

Plumilla era el nombre que se daba a quienes se ganaban la vida escribiendo (con pluma, claro). Se aplica hoy, con un tono que va de lo cariñoso a lo peyorativo, a los periodistas que escriben por contraposición a los dedicados a otras tareas (fotografía, radio, televisión…).

A LA SALIDA HACEMOS UN *CANUTAZO*

Un *canutazo* no es más que una breve declaración en la que el protagonista, generalmente de pie, atiende a los periodistas, que le rodean con sus micrófonos (coloquialmente llamados *canutos*).

ALCACHOFAS QUE NO SE COMEN

Otro coloquialismo para referirse a los micrófonos de los periodistas es *alcachofa*. La semejanza entre uno y otra hace innecesaria cualquier explicación detallada.

PRENSA DE COLORES: *ROSA, SALMÓN, NEGRA...*

La adjudicación de colores a la prensa en función de su tema o estilo es bastante conocida: la *prensa rosa* es la que se ocupa de la crónica social y del corazón, la *salmón* (por el color del papel en que suele imprimirse) es la económica y la *crónica negra* es la que se encarga de los asesinatos y sucesos varios.

¿Y LA PRENSA *AMARILLA*?

El uso de *prensa amarilla* para denominar a los medios sensacionalistas parece tener su origen en la batalla legal en la que se enzarzaron dos grandes medios neoyorquinos de ese tipo a finales del siglo XIX por la publicación de las viñetas *The Yellow Kid* (*El chico amarillo*). Pronto empezaron a ser conocidos como *los periódicos amarillos* y a partir de ahí esa denominación se extendió a todos los que adoran los escándalos y huyen de cualquier moderación.

HAN VUELTO A PUBLICAR UN *ROBADO* DE LA ACTRIZ

En el lenguaje de la prensa gráfica, un *robado* es un reportaje que tiene como protagonista a algún famoso y en el que las imágenes se han obtenido sin permiso de este (por eso a menudo muestran aspectos poco favorecedores de su vida). Su contrario es el *posado*, en el que el protagonista pacta las fotos y posa ante la cámara para dar la mejor imagen de sí mismo.

EL ÚTIL *TELEPRÓNTER*

Si alguna vez ha envidiado la formidable memoria de los presentadores de los informativos, capaces de recitar una hora de noticias de memoria, desengáñese: las leen en un dispositivo situado delante de la cámara para que no dejen de mirarla mientras lo hacen. Es el *teleprónter* (adaptación que propone la Fundéu para el anglicismo *teleprompter*), también conocido como *cue* o *autocue* por el nombre de su principal fabricante.

EL TEMIBLE ANGLICISMO *SHARE* (*LA CUOTA DE PANTALLA*)

Quienes trabajan en televisión saben que su futuro depende en mayor o menor medida del *share* que hayan logrado cada día. Este anglicismo tan extendido en el ámbito profesional no es otra cosa que la *cuota de pantalla*, la *cuota de audiencia* o el *porcentaje de audiencia*. No será por falta de alternativas en español…

SACA ESE REPORTAJE DE LA *NEVERA*

En muchos medios, la *nevera* no es solo el electrodoméstico que sirve para tener a punto los refrescos, sino una carpeta (real o virtual) en la que se almacenan los reportajes que no están directamente vinculados con la actualidad y que pueden, por tanto, publicarse en cualquier momento. Si un día es informativamente flojo, se saca algo de la *nevera* para completar las páginas del diario.

LE ENCANTA *CHUPAR CÁMARA*

El afán por salir en todas las fotos y en todos los vídeos para lograr protagonismo es lo que en el argot se llama desde hace tiempo *chupar cámara*, una expresión que se ha popularizado y que ya aparece en el *Diccionario*.

10 EXPRESIONES RELACIONADAS CON LA CRISIS CLIMÁTICA

El medioambiente y la crisis climática es un tema que preocupa cada vez a más gente y genera nuevos términos y usos lingüísticos. Algunos expertos, por ejemplo, han señalado que la expresión *crisis climática* es más adecuada que *cambio climático* para referirse a la magnitud y a las consecuencias del calentamiento global causado por la actividad humana.

GREENWASHING O LAVADO DE IMAGEN DE VERDE

La estrategia publicitaria que utilizan algunas empresas y organizaciones para aparentar ser más respetuosas con el medioambiente de lo que en realidad son se conoce como *greenwashing*, acrónimo inglés formado por *green* ('verde') y *whitewashing* ('encubrimiento' o 'lavado de imagen'), o, en español, *ecoimpostura*, *lavado de imagen verde* o *ecopostureo*.

BASUREAR Y BASUREO, MEJOR QUE *LITTERING*

El extranjerismo *littering* se utiliza sobre todo como término representativo de movimientos y campañas que pretenden concienciar a la sociedad de la necesidad de no abandonar residuos en lugares públicos, por las graves consecuencias medioambientales que conlleva. La Fundéu recomienda sustituir este anglicismo por *basureo* o *basurear*.

DESARROLLO *SUSTENTABLE* O *SOSTENIBLE*

Para referirse al modelo de desarrollo consciente de la necesidad de no agotar los recursos, son válidos los adjetivos *sustentable* (frecuente en América) y *sostenible* (usado principalmente en España). Del mismo modo, es igualmente válido usar los sustantivos derivados *sustentabilidad* y *sostenibilidad*.

RESIDUO CERO ES UNA ALTERNATIVA A *ZERO WASTE*

En los últimos años han surgido nuevas iniciativas y movimientos para concienciar a la población sobre los problemas del cambio climático. Entre ellos, uno que consiste en reducir al máximo la generación de residuos no reciclables, denominado en inglés *zero waste* y cuyo equivalente en español es *residuo cero*.

VERGÜENZA DE VOLAR ES EL EQUIVALENTE DE *FLYGSKAM*

La vergüenza a volar, en sueco *flygskam*, es otro de los movimientos medioambientales que va tomando fuerza, y ha sido difundido sobre todo por la activista Greta Thunberg. Llama a replantearse la necesidad de viajar en avión, dados los altos niveles de dióxido de carbono que este tipo de transporte emite en cada desplazamiento.

DE *SABANA*, *SABANIZACIÓN*

Del sustantivo *sabana* ('llanura, en especial si es muy dilatada y no tiene vegetación arbórea') ha surgido el neologismo *sabanización*, que alude al proceso de degradación de zonas de bosque, en especial selvas o bosques tropicales, consistente en la desaparición de árboles y en la apertura de grandes claros, que son ocupados por hierba y arbustos, una configuración más propia de la sabana.

ECOCIDIO, DAÑO GRAVE PRODUCIDO EN LOS ECOSISTEMAS DE UN TERRITORIO

El neologismo *ecocidio* se ha formado correctamente a partir de la combinación de los elementos compositivos *eco*– y –*cidio*, con el significado de 'ecológico' y 'acción de matar', respectivamente. Su uso está ampliamente extendido y ya lo recogen algunos diccionarios como el *Clave* con el significado de 'daño ecológico muy grave'.

DESCARBONIZAR NO ES LO CONTRARIO DE *CARBONIZAR*

A partir del sustantivo *carbono* se han formado derivados como *descarbonizar* y *descarbonización*, que aluden al proceso mediante el cual los países u otras entidades tratan de lograr una economía con bajas emisiones de carbono, o las personas tratan de reducir su consumo de carbono, de acuerdo con la definición incluida en el glosario del Grupo Intergubernamental de Expertos sobre el Cambio Climático.

¿*MEDIOAMBIENTE* O *MEDIO AMBIENTE*?

Aunque tanto *medioambiente* como *medio ambiente* son formas válidas, de acuerdo con la *Ortografía de la lengua española,* se prefiere la grafía simple porque las palabras que pierden su acento al pronunciarse junto a otras tienden a escribirse unidas, como *arcoíris* y *bocarriba*.

CIUDAD VERDE, EMPLEO VERDE, INDUSTRIA VERDE...

Cuando se emplea el adjetivo *verde* para referirse a todo lo relacionado con la conservación del medioambiente y una economía sostenible, ha de escribirse en redonda, no en cursiva ni entrecomillado, puesto que el *Diccionario de la lengua española* ya lo recoge con el significado de 'ecologista'.

10 DOMINICANISMOS QUE QUIZÁ NO CONOZCAS

Si uno quiere distinguir a un hispanohablante de la República Dominicana puede, además de fijarse en su acento, estar pendiente de si usa alguna de estas diez palabras que son tan dominicanas como la bachata.

EL EXQUISITO *CONCÓN*

Concón es un sustantivo propio del español dominicano que designa la porción de arroz que queda pegada a la cazuela o caldero. Es una palabra con la que se puede distinguir a leguas a un dominicano, ya que el concón, aunque quizás no aparezca en MasterChef, es un alimento que para muchos alcanza la categoría de manjar.

HAY QUE ESTAR *EN EL CAN*

Si un dominicano te invita a un *can*, no hay que pensar en animales, sino prepararse para disfrutar de «un buen can» ('fiesta, actividad de diversión en grupo'), que no de un «desorden» (aunque en ocasiones son sinónimos), o a «estar en el can» ('pasarlo bien'). Es posible que llegue a «gustarte el can» ('estar dispuesto a participar en cualquier cosa') y que, incluso, te animes a «plantar un can» ('empezar una reunión, tertulia o fiesta'). Visto así, ¿a quién no le gusta un *can*?

CUIDADO CON EL *MAROTEO*

Derivado del verbo *marotear* ('recoger o comer frutas de un sembrado ajeno'). Tradicionalmente el maroteo era el pretexto con el que los muchachos organizaban salidas en grupo después de clase o en vacaciones para despojar los árboles vecinos de un botín que más tarde sería compartido por todos.

HAZ LO QUE QUIERAS, ACTÚA *MEDALAGANARIAMENTE*

A muchos les sorprende escuchar en la República Dominicana el término *medalaganario/ria*. Se aplica a la acción o decisión 'arbitraria, sin criterio o sin método' y, como cabe suponer, deriva de la frase «[como a mí] me da la gana» y el sufijo *ario/ria*. Se usa mucho la complicada forma adverbial *medalaganariamente*.

CHINOLAS Y CHINAS

Los dominicanos llaman *chinola* al fruto de la pasionaria, también conocido como *maracuyá*. Poco se sabe, pero se cree que *chinola* puede deberse a una derivación de *china*, que es un dominicanismo empleado para decir *naranja*, quizás porque estas frutas tienen un cierto parecido entre sí.

VOLEMOS UNA *CHICHIGUA*

En el español dominicano una *chichigua* es ese objeto que en el español general se llama *cometa* y en otros países *papalote, barrilete, volantín*…

QUÉ MALO ES HACER LAS COSAS *A LA BRIGANDINA*

Algo hecho *a la brigandina* es una cosa mal ejecutada, generalmente deprisa y sin cuidado. La palabra *brigandina* aparece en el léxico dominicano en la primera mitad del siglo xx. Una de varias teorías plantea que se formó por la derivación del nombre de una compañía norteamericana (Bridge and Dine) que adquirió mala reputación por construir unos puentes que se caían con facilidad.

NO VAYAS A *PLUMEARTE*

Este verbo significa 'huir, salir corriendo' y también 'fracasar en los estudios'. Se usa con la connotación de, ante un reto o en una competición, acobardarse o no estar a la altura; algo parecido al coloquial *rajarse*.

TERIQUITOS Y *TIRIQUITOS*

Este dominicanismo, que admite las formas con *e* (*teriquito*) y con *i* (*tiriquito*), describe una sensación… indescriptible: una forma de estremecimiento, semejante al escalofrío, producido por una emoción intensa, especialmente de terror, pero también de asco, desagrado, susto.

EL OMNIPRESENTE *CHIN*

Este sustantivo es quizás uno de los dominicanismos más conocidos. Alude, entre otras cosas, a la poca cantidad o pequeñez de algo («solo tomaré un chin de ron», «está un chin lejos»). Y no está solo: con *chininín*, *chiningo* y *chiningo* forma una familia léxica que se emplea para expresar una variedad indeterminada de unidades de medida que, en la mayoría de los casos, solamente un dominicano entenderá.

10 DE LAS RECOMENDACIONES MÁS VISTAS DE LA FUNDÉU

La Fundación del Español Urgente (Fundéu) publica al año más de doscientas cincuenta recomendaciones que difunde todos los días en su página web, por las líneas de la Agencia EFE, mediante un boletín diario que llega a una lista de correo y a través de las redes sociales. A continuación se detallan algunas de las que más visitas reciben en la web.

A SÍ MISMO, ASÍ MISMO Y ASIMISMO: NO ES LO MISMO

Encabezan el ranquin estas tres formas que, a pesar de pronunciarse prácticamente igual, significan cosas distintas. *Así mismo* y *asimismo* se emplean indistintamente cuando equivalen a 'también o además', pero solo es válida la escritura en dos palabras cuando tiene sentido modal ('de la misma manera'). Por su parte, *a sí mismo* es la secuencia de la preposición *a*, el pronombre reflexivo *sí* y el adjetivo *mismo,* que, por ser adjetivo, admite variaciones de género y número (*a sí misma, a sí mismos, a sí mismas*).

¿ES *CITA PREVIA* UNA EXPRESIÓN REDUNDANTE?

Pues algo de eso puede haber, pero no la convierte necesariamente en una fórmula incorrecta. Se trata de un giro que se usa desde hace, como poco, un siglo y está asentado para aludir a aquella solicitud de cita que sigue unas determinadas formalidades (como por internet o por teléfono) y que se debe tramitar con cierta antelación. Es decir, la cita previa implica que no se puede concertar una reunión o visita simplemente presentándose en un lugar poco antes del momento en el que se desea llevarla a cabo.

DESPUÉS DE DOS PUNTOS ¿MINÚSCULAS O MAYÚSCULAS?

Las mayúsculas son otro de los quebraderos de cabeza más frecuentes; en este caso, por la combinación con los dos puntos. En la recomendación se recuerda que, como norma general, después de los dos puntos se escribe minúscula, pero hay algunas excepciones, como cuando introducen una cita o un pensamiento en estilo directo.

MIGRANTE ENGLOBA A *EMIGRANTES* E *INMIGRANTES*

También engrosan esta lista las dudas semánticas, es decir, las relacionadas con el significado de las palabras. En este caso, se explica la diferencia entre *emigrante*, que alude a la persona que abandona su hogar, *inmigrante,* que hace referencia a esa misma persona, pero desde la perspectiva de quien ya ha llegado a su nuevo destino para radicarse en él, y *migrante*, que es el término más general con el que es posible designar a todo aquel que se desplaza de un lugar a otro.

SOBRE TODO, NO CONFUNDAS *SOBRE TODO* CON *SOBRETODO*

A pesar de que *sobre todo*, que significa 'principalmente, especialmente', es una locución muy usada, no son pocos los que la escriben erróneamente en una palabra. Sin embargo, *sobretodo* es un sustantivo que designa una 'prenda de vestir, larga y con mangas, que se lleva encima de las demás prendas' y en América se emplea como sinónimo de *abrigo*.

CUÁNDO SE APLICA LA TILDE DIACRÍTICA

La polémica supresión de la tilde en los demostrativos o en el adverbio *solo* genera en ocasiones dudas en cuanto a su posible elisión también en otros pares de palabras, como *té* y *te* o *dé* y *de*, o en los interrogativos y exclamativos, como *cómo, cuándo, cuánto* o *(a)dónde*.

AUN ASÍ Y AÚN ASÍ NO SON LO MISMO

Una vez aclarada la distinción entre *aún* (con tilde) y *aun* (sin tilde), surge una nueva pregunta: ¿se escribe *aún así* o *aun así*? Pues depende. Cuando equivale a *pese a eso, a pesar de eso, con todo* o *sin embargo*, se escribe sin tilde en *aun*, mientras que la secuencia *aún así*, con tilde en *aún*, significa 'todavía así'.

ESAS COMAS QUE NOS HACEN DUDAR...

Los signos de puntuación también plantean dudas, como la coma antes de las conjunciones o locuciones causales *ya que, pues* y *puesto que*. De acuerdo con la *Ortografía*, estas expresiones se separan del predicado principal mediante comas.

CONQUE ESAS TENEMOS CON EL *CON QUE, CON QUÉ* Y *CONQUE*

La confusión entre estas tres formas es otro clásico. *Con que* equivale a *con el cual* o *con la cual* («Esa es el arma con que la mataron»); *con qué* se usa para preguntar o exclamar («¿Con qué apoyos cuenta en la votación?», «¡Con qué cariño lo mira»), y *conque* es átona y tiene valor consecutivo, equivalente a *así que* («Ya se resolvió la situación; conque ahora todos estaremos más tranquilos»).

10 SUSTANTIVOS COMUNES QUE PROCEDEN DE ANTROPÓNIMOS

Cuando se empieza a usar un nombre propio para designar un arquetipo humano, y no para identificar a una persona concreta, se convierte en común y se escribe, por tanto, con minúscula inicial. Esto ha ocurrido con nombres de personajes bíblicos, mitológicos, literarios…

DON JUAN FUE UN *DONJUÁN*

«¿No es cierto, ángel de amor, / que en esta apartada orilla, / más pura la luna brilla / y se respira mejor?». Sin duda, son los versos más conocidos y recitados de la obra *Don Juan Tenorio*, de José Zorrilla, con los que el protagonista cautiva a la dulce e inocente novicia doña Inés; pero unos versos antes el galán detallaba una larga lista de conquistas. Vamos, que nuestro Don Juan era todo un *donjuán*, o sea, un *seductor*.

QUIJOTES: IDEALISTAS Y DEFENSORES DE CAUSAS JUSTAS

Ojalá los *quijotes* actuales y futuros no acaben vapuleados por gigantes o aspas de molino al anteponer sus ideales a su conveniencia y luchar y defender de forma desinteresada causas que, a pesar de no atañerles, consideran justas, como hacía el personaje de la novela de Cervantes.

ES CRUEL, ES UN *NERÓN*

No se sabe a ciencia cierta si Nerón fue el que quemó Roma en el año 64 d. C., pero lo que sí está claro es que muy mal considerados estarán aquellos a los que se les llame con el nombre de este emperador romano, que fue capaz de matar a su madre y a su hermanastro, y de cantar con su lira mientras ardía la Ciudad Eterna.

ESTAR HECHO UN *LÁZARO*

Si *estás hecho un lázaro*, es que pareces un pobre limosnero o un hombre andrajoso, en alusión al mendigo de la parábola evangélica. En cambio, cuando se le añade el diminutivo *-illo,* pasa a referirse a la persona o animal que ayuda, guía o acompaña a un ciego o a una persona necesitada. En este caso, el nombre tiene su origen en la novela anónima *El lazarillo de Tormes,* cuyo protagonista es un niño llamado Lázaro que está al servicio de un ciego.

CELESTINAS, LA VERSIÓN HUMANA DE TINDER

Celestina, uno de los personajes principales de la novela de Fernando de Rojas *Tragicomedia de Calisto y Melibea*, es al siglo xv lo que Tinder, Meetic o Grindr al siglo xxi. En un tiempo en el que aún no se habían inventado las aplicaciones de citas, uno de los protagonistas de esta obra recurre a esta alcahueta para que le consiga un encuentro con la mujer de la que está enamorado. Desde entonces, se usa este nombre para la mujer que concierta una relación amorosa.

SE LLAME COMO SE LLAME, EL MENOR ES EL *BENJAMÍN*

El orden de los factores sí altera el producto, al menos en lo que se refiere al nacimiento. Y, aunque las comparaciones son odiosas, no es lo mismo ser el hermano mayor que el de en medio o el pequeño, es decir, el *benjamín*, por Benjamín, el último hijo de Jacob y Raquel.

JUDAS, EL NOMBRE DE LA TRAICIÓN

Si eres un *judas* es que te pareces a Judas Iscariote, uno de los doce apóstoles que compartió viandas con Jesús en su última cena y a quien traicionó por treinta monedas de oro. Judas recibió este dinero a cambio de identificar a Jesús, dándole un beso, ante los soldados romanos que querían arrestarlo

CRUELES Y MALVADOS *HERODES*

Según san Mateo, Herodes, que temía que un niño le desposeyera del título de rey de los judíos, y enfadado por haber sido ignorado por los Reyes Magos (a quienes pidió que, cuando encontraran a Jesús, le informasen para, supuestamente, ir a darle culto), ordenó matar a todos los niños de Belén y alrededores menores de dos años para evitar ser destronado. Así, de un hombre que es cruel con los niños se dice que es *un herodes*.

NO SE LE ESCAPA UNA AL *CAN CERBERO*

El can Cerbero, el perro de tres cabezas que guardaba la puerta de los infiernos en la mitología griega, ha pasado a las páginas de los diccionarios como *cancerbero/a* con el significado de 'guarda severo o de bruscos modales' o, como bien saben los aficionados al fútbol, como 'portero, guardameta'.

¿ES USTED *UN MECENAS*?

El mecenazgo es un modelo de subvención utilizado desde finales de los años 90 basado en un método casi tan antiguo como el hilo negro. Ya en el siglo I a. C., Cayo Cilnio Mecenas, consejero y amigo del emperador romano Augusto, se encargaba de ayudar y patrocinar a personas relacionadas con las letras y las artes: poetas, escultores, pintores… Hoy en día, si usted es un mecenas es que ampara o impulsa actividades artísticas o intelectuales con su fortuna; ¿altruistamente?, bueno quizá a cambio de algún beneficio fiscal o algo, ¿no?

10 GALICISMOS QUE YA ACEPTAMOS DE BUEN GRADO

De todos es sabido que las cigüeñas traen a los niños de París.
Sin embargo, no son los únicos que proceden de Francia.
El español ha recibido del país del amor muchos galicismos, es decir,
palabras o expresiones de la lengua francesa.

LOS NERVIOS DEL *DEBUT*

El *debut* (adaptación de *début*) es el momento más importante para cualquier actor, cantante, deportista… Es la presentación o la primera actuación de alguien en público. De este sustantivo se han creado los derivados *debutar* y *debutante*.

SOY UN *TRUHAN*, SOY UN SEÑOR

En una de sus populares canciones, Julio Iglesias confesaba que amaba la vida, el amor y que era algo bohemio, soñador, un señor y un truhan, palabra procedente del francés *truand*. Se emplea como sinónimo de *sinvergüenza* y, según el *Diccionario*, alude, además, a una persona 'que con bufonadas, gestos, cuentos o patrañas procura divertir y hacer reír'.

EL *MAILLOT* Y EL *CULOTE*, DOS IMPRESCINDIBLES PARA MONTAR EN BICI

Un buen ciclista debe tener una bici, por supuesto, pero también ha de contar, entre otras cosas, con un casco para protegerse de posibles caídas, un kit de herramientas para arreglar los pinchazos, unas gafas de sol, unas zapatillas, un *maillot* (del francés *maillot*, que significa 'camisa') y un *culote* (de *culotte*), es decir, un pantalón corto ajustado y de tejido elástico.

UN *IMPÁS* ES UN CALLEJÓN SIN SALIDA O UN PUNTO MUERTO

A pesar de que el *Diccionario de la lengua española* solo recoge el galicismo *impasse*, escrito en cursiva por ser un extranjerismo, puede adaptarse al español con las formas *impase*, que en el español americano tiene el significado cercano de 'punto muerto', e *impás*, no incluida aún en los diccionarios, pero que está correctamente formada.

PILLAMOS AL *CHEF* CON LAS MANOS EN LA MASA

Se dice que a los hombres y a las mujeres se los conquista por el estómago, pero no hace falta ser un gran chef para conseguirlo. De acuerdo con el *Diccionario panhispánico de dudas*, *chef* es una voz tomada del francés *chef* ('jefe'), que se emplea en español con los sentidos de 'jefe de cocina de un restaurante' y 'cocinero profesional de grandes dotes y reconocido prestigio'.

UN *CRUASÁN* PARA DESAYUNAR

¿Hay un bollo más típico de Francia que el cruasán? El *cruasán* (en francés *croissant*) es una pasta de hojaldre enrollada en forma de media luna y cocida al horno. En función del país, este dulce recibe otros nombres, como *pan cacho* (en algunas zonas de Colombia), *media luna* o *cachito* (en Chile, Venezuela, Perú o Ecuador), *cuernitos* (en México) o *cangrejos* (en algunos lugares de Costa Rica).

LA *GINEBRA*, ¿SOLA O CON TÓNICA?

El *gin-tonic* se puso de moda hace unos años y, gracias a esta combinación de *ginebra* (del francés *genièvre*, 'enebro') y tónica, las ventas de esta bebida alcohólica obtenida de semillas y aromatizada con las bayas del enebro aumentaron considerablemente.

GLAMUR, SIN *O*, NO PIERDE SU *GLAMOUR*

La voz francesa *glamour*, que procede a su vez del inglés y que significa 'encanto sensual que fascina', se ha adaptado al español como *glamur*, término que refleja su pronunciación aproximada en el primero de estos idiomas, en el que el conjunto vocal *ou* suena como una *u*. Respecto a los adjetivos derivados, si bien en América es más común *glamoroso*, en España se ha formado *glamuroso* a partir directamente de la adaptación *glamur*.

UN VIAJE EN *AUTOBÚS*

El autobús (del francés *autobus*) es, junto con el avión y el tren, uno de los medios de transporte más utilizados. Los hay urbanos, articulados, de dos plantas, turísticos, grandes, pequeños… Pero no en todos los sitios se llaman así. Mientras que *autobús* (o su acortamiento *bus*) es la forma más empleada en la península ibérica, *guagua* es el término que se usa en Canarias, en la República Dominicana o en Puerto Rico, y *colectivo* en países como Argentina, Bolivia o Perú.

LOS *BEBÉS* TRAEN UN PAN BAJO EL BRAZO

La llegada de un *bebé* (en francés, *bébé*) supone toda una revolución en la vida de las personas de su entorno. Esta palabra, que designa al 'niño o niña recién nacido o de muy corta edad', se pronuncia como aguda en España, mientras que en algunas zonas de América, especialmente en el Cono Sur, se pronuncia como llana o grave: *bebe*.

10 MITOS CLÁSICOS QUE SIGUEN MUY VIVOS EN NUESTRO LENGUAJE

Los mitos griegos y romanos están muy presentes todavía en la cultura, en el arte… y en la lengua. Muchas palabras que empleamos cada día para designar realidades a menudo prosaicas y muy alejadas de las tragedias divinas tienen su origen en ellos.

LOS *CEREALES* DE CERES

El sustantivo *cereal* proviene del latín *cereālis* y está relacionado con *Ceres*, la diosa romana de la agricultura. El mito cuenta que su hija Proserpina fue raptada por el dios del inframundo y obligada a permanecer con él la mitad del año. Durante esos meses, que coinciden con el otoño y el invierno, Ceres, desolada por la ausencia de su hija, no hacía fructificar la tierra. Así, se comprende el porqué de la relación entre la palabra *cereal* y la diosa a quien, no por casualidad, se suele representar con una corona de espigas.

MIÉRCOLES, EL DÍA DE MERCURIO

Los días de la semana también están vinculados con los dioses de la Antigüedad clásica. Más concretamente, *miércoles* tiene su origen en el sintagma latino *dies Mercŭri*, que significa 'día de Mercurio'.

LOS SUEÑOS DE MORFEO Y LA *MORFINA*

La palabra *morfina* deriva de *Morfeo*, nombre con el que se conoce a la divinidad de los sueños. La *morfina* es un compuesto que por sus propiedades calma el dolor y produce sopor, razón por la cual se decidió bautizar a dicha sustancia con este nombre vinculado con la mitología.

LAS *BACANALES* DEL DIOS DEL VINO

Una *bacanal* es, según el *Diccionario*, una 'orgía con mucho desorden y tumulto'. Su origen está relacionado con *Baco*, el dios del vino entre los romanos. Se le rendía culto celebrando unas fiestas en las que se bebía mucho (como no podía ser de otra manera) y se cometía toda clase de excesos, así que la asociación está bastante clara.

AFRODISÍACO, DE AFRODITA

Afrodita es la diosa griega del amor (en un sentido más erótico que romántico), así que no es raro que el adjetivo *afrodisíaco* (o *afrodisiaco*, sin tilde en la *i*) se use con el significado de 'que excita o estimula el apetito sexual'.

LA *VIEIRA* DE VENUS

En el nombre de este molusco, indisolublemente asociado al Camino de Santiago y que nos ha llegado a través del gallego, encontramos también la huella de Afrodita, que en Roma adoptó el nombre de Venus. El sustantivo *vieira* proviene del latín *veneria*, que a su vez es un derivado de *Venus, -ĕris* ('Venus'). Tal parentesco obedece a que, cuando se representa el nacimiento de la diosa, siempre se la pinta sobre una concha, como en el famosísimo cuadro de Botticelli.

EL *NARCISISTA* NARCISO

El adjetivo *narcisista* ('persona que cuida en exceso de su aspecto físico o que tiene un alto concepto de sí misma') viene de *Narciso*, el personaje de las *Metamorfosis* de Ovidio que se enamoró de sí mismo al ver su imagen reflejada en el agua de un manantial.

APOLÍNEO COMO EL PERFECTO APOLO

Si había un canon de perfección en la Grecia clásica, ese era el de Apolo, dios de la belleza, de la perfección, de la armonía… Por eso aún hoy se usa el adjetivo *apolíneo* para referirse a quien tiene 'las cualidades de serenidad y elegante equilibrio atribuidas a Apolo' o, más frecuentemente, para calificar a quien posee 'gran perfección corporal'.

EL *MARCIAL* MARTE

La palabra *marcial* proviene de la palabra latina *Martiālis* ('de Marte'). El hecho de que Marte sea el dios de la guerra resulta clave para entender uno de los significados que posee este adjetivo en la actualidad: 'perteneciente o relativo a la guerra, la milicia o los militares'.

EÓLICO POR EOLO, EL SEÑOR DE LOS VIENTOS

El adjetivo *eólico*, que usamos para referirnos a lo que tiene que ver con el viento, está directamente relacionado con el nombre del señor de los vientos en la mitología griega, *Eolo*.

10 CAMBIOS QUE NO HAN GUSTADO A TODO EL MUNDO

La lengua evoluciona y el uso y la norma se van adaptando a los tiempos. Algunos de estos cambios despiertan pasiones a favor y, sobre todo, en contra. Lo que se aprendió con esfuerzo en la escuela cuesta mucho cambiarlo y quizá por eso hay quienes se resisten a los nuevos usos y se agarran con fuerza a los tradicionales.

IDOS, PERO TAMBIÉN *IROS*

Idos es la forma recomendada de la segunda persona del plural del imperativo del verbo *ir(se)*, pero la Academia acepta ya como válida, aunque solo como excepción, la variante *iros*, ampliamente extendida. A los más puristas les parece una traición.

PAPA Y *REY*, EN MINÚSCULA

La última *Ortografía*, editada en 2010, deja meridianamente claro que los cargos y dignidades, por altos e importantes que sean, son sustantivos comunes y, como tales, se escriben con minúscula. Así, palabras como *papa*, *rey*, *presidente* o *director* no tienen por qué ponerse con mayúscula inicial. Pero claro, una cosa es conocer esta norma y otra escribir al presidente de la empresa y no ponerle en su cargo una mayúscula que, por cierto, nunca le aplicaríamos a *becario*.

TAMPOCO LOS TRATAMIENTOS LLEVAN MAYÚSCULA

También los tratamientos (*don*, *señora*, *ilustrísimo*…) se escriben con minúscula inicial, lo que no convence a quienes asocian la mayúscula a la importancia. Eso sí, sus abreviaturas se siguen escribiendo con mayúscula (*D.*, *Sra.*, *Ilmo.*…). Un consuelo…

GUION, NO *GUIÓN*

La palabra *guion* se pronuncia en algunos lugares en dos sílabas y en otros solo en una. Para evitar que en unos sitios se escriba con tilde y en otros sin ella, la nueva *Ortografía* considera que esta voz es un monosílabo a efectos de acentuación gráfica, motivo por el cual no es preciso tildarla. Una norma que algunos (muchos guionistas, por cierto) se resisten a aplicar.

EL ESPACIO COMO SEPARADOR DE CIFRAS

La Academia, haciéndose eco de las normativas internacionales, ha determinado que, en los números de más de cuatro dígitos, los grupos de tres cifras se separen con un espacio (por ejemplo, «12 345») y no con otros marcadores como el punto o la coma. Esta norma ha generado alguna oposición porque implica dificultades en ámbitos como la informática.

EL SÍMBOLO %, SEPARADO DE LA CIFRA

Cuando una cifra se escribe seguida de un símbolo, como el del porcentaje (%), hay que dejar un espacio de separación entre ambos. Por desconocimiento o por descuido, lo cierto es que esta norma tampoco acaba de cuajar.

¿DE VERDAD ES *CATAR* Y NO *QATAR*?

La última edición de la *Ortografía* propone, para disgusto de algunos, la grafía *Catar*, con *c*, para el nombre de este país árabe.

FANES COMO PLURAL DE *FAN*

A veces, aceptar palabras de otras lenguas tiene más complicaciones de lo que parece. Hace ya mucho que el español ha adoptado el anglicismo *fan* con el significado de 'admirador, entusiasta, seguidor de algo o de alguien'. Hasta ahí, ningún problema. Pero igual que en otras voces acabadas en *n*, como *flan, pan* o *yen*, su plural regular se hace en -*es*: *flanes, panes, yenes* y… *fanes*. No obstante, la misma obra reconoce el uso abrumador del plural inglés *fans* en el léxico general (de hecho, solo los muy fanes de la ortodoxia emplean ese plural en sus conversaciones cotidianas).

LA AGRIA POLÉMICA DE LOS *JUEGOS OLÍMPICOS* Y LAS *OLIMPIADAS*

Parece claro que originalmente había una diferencia clara entre las expresiones *juegos olímpicos,* la competición, y *olimpiadas,* el periodo de cuatro años que trancurría entre unos juegos y los siguientes. Desde hace casi doscientos años el *Diccionario* admite el uso de *olimpiada* para referirse a la competición que se celebraba en la Antigüedad en Grecia y, desde 1992, da por bueno el uso de esa palabra también para referirse a los actuales juegos. Los más puristas toman ese uso como un desprecio olímpico que no acaban de perdonar.

YA SE PUEDE *CESAR* A UN MINISTRO

Antes, cuando un presidente decidía prescindir de un ministro, lo *destituía*. Generaciones de periodistas aprendieron que ese era el verbo adecuado, porque *cesar*, que se escapaba a veces, era intransitivo (el ministro *cesaba*, en todo caso). Pero la última edición del diccionario académico ya da como válido el uso de *cesar* como transitivo, una cesión que a algunos, que tenían grabada a fuego la norma anterior, no les ha gustado nada.

10 PALABRAS CON SABOR A NAVIDAD

Los países de habla hispana compartimos en Navidad muchas tradiciones, pero también tenemos en cada uno costumbres diferentes que reciben nombres específicos.

EL *VIEJITO PASCUERO*

Así llaman en Chile a quien en muchos otros lugares del mundo se conoce como *Papá Noel* o *Santa Claus* (a veces pronunciado como *Santa Clos* o *Santi Clo*). En otros lugares es simplemente *Santa* o hasta *Colacho*, como lo llaman los costarricenses, que parecen tener mucha confianza con él.

JUGAR AL *ANGELITO*

Los angelitos son un complemento indispensable en la decoración navideña, pero en la República Dominicana la palabra tiene un significado añadido: allí muchos grupos de amigos o familiares *juegan al angelito*, es decir, intercambian pequeños regalos entre varias personas sin que ninguna sepa de quién los recibió. Es lo que en otros lugares se conoce como *amigo invisible*, *amigo secreto* o *Santa secreto*.

EL *PASITO*

Belén, *nacimiento*, *pesebre* y *portal* son las palabras más habituales para referirse a la representación del nacimiento de Jesús. En Costa Rica emplean también la voz *pasito*, que se aplica al conjunto de las cinco principales figuras: la Virgen María, san José, el Niño Jesús, la mula y el buey.

LAS DELICIOSAS *HALLACAS*

De entre todas las exquisiteces que pueblan las mesas navideñas, cabe destacar la *hallaca*, que, como explica el *Diccionario*, es un 'pastel de harina de maíz, relleno de un guiso elaborado con varias clases de carne o de pescado en trozos pequeños y otros ingredientes, que, envuelto en hojas de plátano o cambur, se hace especialmente por Navidad' en Venezuela.

EL LARGO VIAJE DEL *ALFAJOR*

La palabra *alfajor* —que designa en algunos países un dulce con dos o más galletas unidas por una capa de dulce y en España un dulce típico navideño— hizo un largo camino hasta llegar a nuestra lengua: viene del árabe *fašúr*, este del persa *afšor*, 'jugo', y este del pelvi *afšurdan*, 'exprimir'.

NATILLA Y *NATILLAS*, PRIMAS HERMANAS

También la palabra *natilla* da nombre a dos postres; así, en singular, es un imprescindible en las mesas navideñas colombianas. Parece ser un pariente más o menos cercano de las *natillas*, en plural, un dulce de consistencia cremosa muy popular en España y que se come en todas las épocas de año.

EL CURIOSO ORIGEN DE LA VOZ *MAZAPÁN*

El *mazapán*, ese dulce hecho con almendras molidas y azúcar que se prepara en muchos lugares del mundo, está en España indisolublemente unido a la Navidad. También esta es una palabra que heredamos del árabe: el *Diccionario* apunta que su origen parece ser la voz *pičmáṭ*, a su vez derivada del griego παξαμάδιον, *paxamádion*, 'bizcochito', y que puede haber evolucionado hasta la forma actual influida por las palabras *masa* y *pan*.

BRINDEMOS CON *COLA DE MONO*

En Chile es costumbre brindar en las fiestas de Navidad con un cóctel hecho con aguardiente, leche, café, azúcar y especias que recibe el curioso nombre de *cola de mono* (o *colemono*).

LOS MUCHOS SIGNIFICADOS NAVIDEÑOS DE *AGUINALDO*

Aguinaldo es una palabra con muchos significados, casi todos ellos asociados a la Navidad: es, según los países, un regalo de Navidad, la paga extraordinaria o la bonificación de fin de año que cobran algunos trabajadores, un canto propio de esas fiestas, una celebración religiosa y hasta una planta tropical frecuente en Cuba y que florece… en Navidad.

NOCHEBUENA Y *NOCHEBUENO*

Poca gente sabe que en el diccionario académico, además de la palabra *nochebuena*, figura *nochebueno*, que es 'una torta grande amasada con aceite, almendras, piñones y otras cosas, para la colación de Nochebuena' y también un 'tronco grande de leña que ponen en el fuego la noche de Navidad'.

10 PALABRAS DEL ESPAÑOL RECOGIDAS EN DICCIONARIOS INGLESES

La cantinela habitual es que los anglicismos desembarcan en el español con fiereza de bucaneros. Siendo esto cierto, valga esta lista para dejar constancia de un grupo de irreductibles palabras en castellano que, avanzando a contracorriente, se han infiltrado entre las páginas de los diccionarios ingleses.

¡FIESTA, FIESTA!

La primera en la frente: el amante de los tópicos se alegrará de saber que *fiesta* es una de las pocas voces españolas registradas en el diccionario de Oxford. Más que a una fiesta de cumpleaños, los ingleses restringen el significado a aquellas celebraciones públicas con música y baile, por lo común en el contexto de una festividad religiosa.

DE LOS CREADORES DE *BARRIO SÉSAMO...*

En inglés, como en español, un *barrio* es 'cada una de las partes en que se divide un pueblo, ciudad o distrito'. De manera más específica, en inglés se utiliza esta voz para referirse a aquellos barrios de Estados Unidos donde viven muchos hispanohablantes.

... A LOS PRODUCTORES DE *LOS VIGILANTES DE LA PLAYA*

Este término no lo utilizan para referirse a personas de buen ver que velan por la seguridad de los bañistas en la playa, sino para designar a quienes intentan evitar delitos o castigar delincuentes cuando consideran que la policía no está poniendo los medios para proteger a su comunidad.

BONANZA, Y NO ES LA SERIE

Dice el *Diccionario de la lengua española* que *bonanza* procede del latín vulgar *bonacia*, alteración de *malacia*, 'calma chicha'. Los diccionarios ingleses utilizan las otras dos acepciones: aquella que hace referencia a una 'etapa o situación de prosperidad' o a la 'abundancia de mineral en las minas de ultramar' y, en general, a la 'abundancia de cualquier cosa agradable'.

LAS *GUERRILLAS* ASUSTAN MÁS EN ESPAÑOL

En ambos idiomas alude a un 'grupo de soldados poco numeroso e independiente que lucha contra el Ejército, por lo general para cambiar el Gobierno', pero está claro que, pronunciado a la inglesa, el sustantivo *guerrilla* pierde fuerza: /gueríla/.

LA FAMA DEL *POLÍTICO*

Por si los políticos de España e Hispanoamérica no tienen ya suficiente mala reputación entre sus ciudadanos, llegan los ingleses y deciden distinguir entre *politician*, que es el 'que se dedica a la política', y *politico*, sin tilde, que es lo mismo, pero se utiliza de manera peyorativa.

SUAVE, PERO NO TE FÍES

Si a la población anglohablante se le pregunta a qué asocian la palabra *suave*, raro será que alguno diga que al osito de Mimosín. No, el diccionario de Oxford señala que en inglés se utiliza *suave* para referirse a una persona —especialmente a un hombre— con confianza y con atractivo que en ocasiones no parece sincera.

SIN PROPINA EN LA *CAFETERÍA*

Como sucedía con *político*, también a *cafetería* le han quitado la tilde. Quizá porque la adaptación les supone un recorte (de acento gráfico), en Inglaterra y en Estados Unidos las *cafeterias*, así, sin tilde, meten tijera a sus servicios y designan específicamente aquellos restaurantes en los que el cliente elige y paga la comida antes de llevársela a su mesa.

LA *SANGRÍA* TRIUNFA EN EL MUNDO

Cualquier lector sabe que en inglés se ha abrazado *sangría* con el sentido de 'parte de la articulación del brazo opuesta al codo'... Bien, ironías al margen, lo que moja el gaznate allá donde se prueba es la 'bebida refrescante que se compone de agua y vino con azúcar y limón u otros aditamentos'.

DE *AFICIONADOS* Y FANÁTICOS

En español es fácil ser *aficionado* a algo, póngase al fútbol. Basta con disfrutar de un partido televisado o echar unas patadas con los amigos de vez en cuando. En inglés, en cambio, *aficionado* indica una pasión y entrega superiores: esa etiqueta solo se la gana quien, siendo ferviente seguidor del Real Madrid, duda entre asistir a un clásico en el Bernabéu o al nacimiento de su primera hija, a la cual, cómo no, llamará Victoria Blanca.

10 PALABRAS U ORACIONES PALINDRÓMICAS

Se llama *palíndromo* a una expresión que se lee igual de izquierda a derecha que de derecha a izquierda. Un ejemplo sencillo es el nombre *Ana* y otro ya más complejo es el de la bailaora flamenca *Sara Baras*. Si esto parece un reto, las siguientes frases lo superan:

SÉ VERLAS AL REVÉS

Nada mejor que empezar esta lista con una oración que parece un intento de definición: en efecto, vista del revés, el resultado es el mismo. Queda en secreto qué será lo que se ve: tal vez palabras, quizá naipes del tarot.

LÍDER O REDIL

Una máxima para la vida cotidiana: o toma uno la iniciativa y trata de inspirar a los demás o permanece en los confines seguros del vallado junto a todas las personas sin iniciativa. Como suele suceder, esta clase de dilemas dejan fuera terceras oraciones. Que se lo digan a quienes van por libre o a las ovejas negras.

SACUDE Y EDUCAS

He aquí un sistema pedagógico primitivo que recuerda aquello de «La letra con sangre entra». El problema, claro, es que se aprende ante todo por imitación, de manera que uno saca la conclusión de que las dificultades se solucionan a mamporros.

AÑORA LA ROÑA

Érase una vez un niño muy cochino, muy cochino. Desde su nacimiento, jamás se había acercado a una ducha o un lavabo a menos de diez metros. En invierno, la mugre lo abrigaba; en verano, la suciedad lo protegía de los rayos del sol. Pero sucedió que un día unos desalmados lo arrojaron en una bañera con jabón. Cuando su padre lo vio llorar, le preguntó a la mamá: «¿Por qué llora?». Y esta dijo: «Añora la roña».

YO HAGO YOGA HOY

El creador de este palíndromo debía de ser partidario de aquello de «Mens sana in corpore sano». La mente la cultiva inventando palíndromos y el cuerpo lo cuida con ejercicios de yoga. En realidad, esta disciplina entrena tanto mente como cuerpo; no en vano, *yoga* significa 'unión'.

SOMETAMOS O MATEMOS

Esta barbaridad podría salir de los labios de quien fue criado bajo los preceptos del citado *sacude y educas*. Esa criatura ha crecido y ahora se ha convertido en un depredador: todo ha de cumplirse según sus deseos; de lo contrario, quebrará la voluntad de quien se rebele y, llegado el caso, no dudará en arrebatarle la vida. La misma actitud encarnada en una potencia mundial provocaría tensiones internacionales, abyectas guerras.

NO DESEO ESE DON

Recuerda a la famosa sentencia de Franklin Roosevelt: «Un gran poder conlleva una gran responsabilidad». Solo que en este caso parece pronunciado por un personaje de dibujos animados al que le ofrecen un poder mágico y prefiere rechazarlo para no complicarse la vida y tener que luchar contra los malos.

ADÁN NO CEDE CON EVA Y YAVÉ NO CEDE CON NADA

Oración inquietante donde las haya: ¿en qué sentido no cede Adán?, ¿ronda a Eva hasta molestarla y entonces el acoso sexual ha sucedido desde el principio de los tiempos? ¿Y qué noción de Dios sugiere este Yavé inflexible que no cede con nada? Por otra parte, dados los personajes implicados, ¿estamos ante el primer palíndromo de la creación? ¿O será aquel otro, en inglés, en el que Adán se presenta a Eva con el saludo de «Madam, I'm Adam»?

¡ARRIBA LA BIRRA!

Nada tan natural como que una persona con beodez cante hurras a la cerveza. Ya vea doble o del revés, el auténtico problema de esta exclamación, teniendo en cuenta la embriaguez, es atinar con la dicción y pronunciar correctamente las erres dobles.

SOBORNOS SON ROBOS

El mérito de este palíndromo, más allá de resumir una verdad como un templo, es que se trata de una oración monovocálica, es decir, escrita con una sola vocal. Los monovocalismos, junto con los palíndromos, son dos muestras de los desafíos a los que se enfrentan los amantes de la ludolingüística.

10 PALABRAS QUE SE PUEDEN ESCRIBIR JUNTAS O SEPARADAS

¿Junto o separado? Algunas veces ambas opciones son válidas.
En la siguiente lista, la escritura recomendada es en una sola palabra,
aunque la variante en dos también se considera válida.
La preferencia obedece a que el primer elemento ha perdido su
tonicidad. Y es que, así como en la lengua popular se dice que
el que no llora no mama, en la lengua suele cumplirse la máxima
de que la voz que no se pronuncia no va suelta.

NO ME SEAS ¿*TIQUISMIQUIS* O *TIQUIS MIQUIS*?

Las palabras *caravana*, *mequetrefe*, *tiquismiquis*, *horóscopo* y *tuturutú* tienen en
común que son monovocálicas: solo constan de una vocal, esto sí, repetida
cuatro veces. Que nadie salga con que *tuturutú* no es un sustantivo, sino una
onomatopeya, porque no por eso deja de ser una palabra. ¡Ya está bien de
'personas con reparos sin importancia', o sea, de *tiquismiquis*!

RÁPIDO RÁPIDO ¿*A MATACABALLO* O *MATA CABALLO*?

No sufran los animalistas, pues esta locución no da muerte a ningún équido.
En realidad, da la idea de que algo se hace a todo tren y, más en concreto,
con caballos de vapor desbocados, pues se actúa atropelladamente y sin
cuidado.

PONTE ¿*BOCABAJO* O *BOCA ABAJO*?

Esta suele sorprender. El uso mayoritario suele ser en dos palabras, ya se duerma mirando al suelo (*boca abajo*) o se pierda la vista en el techo (*boca arriba*).
Pero el primer componente no suena, no dice esta boca es mía, así que acaba
fusionándose y da lugar a la grafía univerbal *bocabajo* (o *bocarriba*).

QUE BIEN HUELE ¿LA *HIERBA BUENA* O LA *HIERBABUENA*?

Aunque muchos asegurarían que la *hierbabuena* es agradable como condimen-
to y una *hierba buena* se fuma, lo cierto es que ambas grafías hacen referencia
a la hierba aromática de las infusiones. Aún hay más: por si esto fuera poco,
también se acepta la variante *yerbabuena*.

VAMOS, ¿*DEPRISA* O *DE PRISA*?

Dice el refranero aquello de vísteme deprisa, que me sobra el tiempo. ¿O era
al revés? Para no equivocarse, nada como hacer las cosas con calma. Cuando
se va *deprisa* o *de prisa*, lo normal es tropezarse.

HAY QUE HACERLO ¿LA *RAJATABLA* O A *RAJA TABLA*?

Hay normas con las que se es flexible (hacer ejercicio de elasticidad), otras
que deben cumplirse sí o sí (beber a diario —en concreto, agua—) y aún
otras que uno se salta a la torera (cada vez más, poner el intermitente). De las

normas de estricto cumplimiento se dice que hay que respetarlas *a rajatabla*, pues las rajas de las tablas se caracterizan por ir en línea recta, sin desvíos.

LO TIENE ¿*ENFRENTE* O *EN FRENTE*?

Dos personas pueden hallarse en extremos opuestos en un sentido físico o figurado. De un modo u otro estarán enfrentados, o sea, sus posturas están la una *enfrente* (o *en frente*) de la otra. En tales casos, lo aconsejable es debatir o, cuando menos, escuchar la opinión ajena. Es lo que haría cualquier persona con dos dedos de frente.

ES ¿LA *QUINTAESENCIA* O LA *QUINTA ESENCIA*?

Si uno lee esta página el Día de San Valentín, quizá se ponga ñoño y declare que la *quintaesencia* de la vida es el amor. Claro que el amor no tiene por qué suponer una fusión continua, como lo demuestra que también sea adecuado separar esta palabra en *quinta esencia*. ¿Y las cuatro primeras esencias? Se trata, ni más ni menos, que de los cuatro elementos clásicos: tierra, agua, fuego y aire.

PAGAMOS ¿A *TOCATEJA* O A *TOCA TEJA*?

A tocateja solo se hace una cosa y esa cosa es pagar. Al contado, nada de con tarjeta o a plazos. Al parecer, esta locución hace referencia a una moneda empleada en tiempos de Felipe III, Felipe IV y Carlos II, a la que se llamaba *teja* y que se utilizaba para pagos con dinero en mano, tocando la moneda.

Y ¿*SANSEACABÓ* O *SAN SE ACABÓ*?

Qué mejor palabra que esta para poner fin a una lista. En esta ocasión, se funden tres palabras, de modo que *san se acabó* se convierte en *sanseacabó*. Con esta expresión se pone fin a un asunto, como quien dice *amén* al final de un rezo o *y punto* al zanjar una discusión.

10 PALABRAS CON TRASTORNO DE PERSONALIDAD

Vale que muchas palabras encierran distintas acepciones, pero que algunas signifiquen una cosa y justamente la contraria supone ya, aparte de un riesgo elevado de ambigüedad, una clara invitación para visitar a un psiquiatra. Estas voces con trastorno de personalidad se conocen como *autoantónimos* y al fenómeno lingüístico como *enantiosemia*.

DAR CLASE: ¿ENSEÑAR O APRENDER?

¿En cuántos diálogos se habrá producido esta confusión? Alguien dice que los lunes da clase de inglés, guitarra o dibujo; a continuación, el interlocutor pregunta: «¿Las impartes o las recibes?». Y es que *dar clase* puede aplicarse tanto al profesor como al alumno. Para evitar posibles ambigüedades, habría que precisar mediante los verbos antedichos: *impartir* o *recibir*.

NICTÁLOPES, EL RETO DEL OFTALMÓLOGO

Convendría ponerse de acuerdo a este respecto, pues resulta que *nictálope* es una 'persona que ve mejor de noche que de día' y, al mismo tiempo, una 'persona que tiene dificultad para ver de noche o con luz escasa'. Desde luego, no es la mejor receta para encargar unas gafas.

UN *CARAJO* PUEDE SER MUCHO O MUY POCO

Este sustantivo puede utilizarse de forma aislada, aunque se usa más comúnmente como parte de algunas locuciones malsonantes. Pues bien: si algo no vale *un carajo*, significa que no vale nada; pero, si hace un frío *del carajo*, no es que no haga nada de frío, sino que este es muy intenso.

ENERVAR ES 'PONERSE NERVIOSO'... O NO

Por lo general, cuando se dice que algo o alguien enerva a otra persona, se da a entender que la saca de quicio, que la irrita o la pone de los nervios, que la coloca en un estado de sobreexcitación. En el lenguaje médico, en cambio, *enervar* equivale a debilitar o quitar fuerzas, o sea, antes que a excitarse, a quedarse más suave que una malva.

BATACAZO, LA LEVE DISTANCIA ENTRE EL FRACASO Y EL ÉXITO

Si algo anuncia este sustantivo es que se ha producido un resultado sorprendente. Ahora bien, mientras que en el español europeo un *batacazo* es negativo, sinónimo de *fracaso*, en algunos países de América es un 'triunfo inesperado'. ¿La diferencia? En España se habla de *darse el batacazo*, con el verbo en forma pronominal, mientras que en América *alguien da el batacazo*, con uso transitivo.

ALQUILAR: ¿ESTO QUIÉN LO PAGA?

El propietario de una vivienda, con el fin de sacarle rendimiento, puede optar por venderla, en cuyo caso firmará un contrato de compraventa, pues una parte adquiere el piso y otra lo pone en venta. Pero también puede decidir alquilarlo, y entonces el contrato es simplemente de alquiler, pues lo mismo alquila quien pone en alquiler que quien toma en arrendamiento.

PASAR A LA HISTORIA: LA GLORIA Y EL OLVIDO

Con esta expresión se puede aludir a un hecho que adquiere tremenda importancia o trascendencia, como la adición de las ruedas a las maletas, invento que ya se le podía haber ocurrido a la humanidad siglos atrás; pero también es posible dar a entender que algo ha perdido todo su interés y ya no está de actualidad, como las promesas de Año Nuevo en cuanto acaba el mes de enero.

SOFISTICADO ES REFINADO Y... ¿FALSO?

De toda la vida, *sofisticado* ha tenido una connotación negativa. No en vano, este adjetivo comparte familia léxica con *sofisticar* y *sofisma*, esto es, voces que aluden a lo falsificado o corrupto. Así pues, *sofisticado* era tradicionalmente lo 'falto de naturalidad, afectadamente refinado'. Por influencia del inglés, sin embargo, *sofisticado* ha llegado a significar también 'elegante, refinado', en esta ocasión sin afectación alguna.

NIMIO, GRANDE Y PEQUEÑO A LA VEZ

Este adjetivo significa en la actualidad 'insignificante, sin importancia'. Sin embargo, junto a esta acepción, el *Diccionario de la lengua española* recoge otra que reza así: 'excesivo, exagerado'. Procedente de *nimius* ('abundante'), el segundo sentido, hoy imperante, quizá obedezca al parecido con el adjetivo *minĭmus* ('sumamente pequeño').

ENCAJAR: DONDE LAS DAN, LAS TOMAN

Si uno locuta un combate de boxeo y detalla los intercambios de mandobles que se reparten sobre el cuadrilátero, antes o después acabará empleando el verbo *encajar*. Hará falta, no obstante, aportar información precisa, ya que esta acción se corresponde con la de golpear, pero también con la de recibir un golpe. En una película de Rocky, si oímos este verbo al principio, será que lo están zumbando; como al final siempre remonta y contraataca, en los últimos asaltos significa que es él quien está zurrando al púgil rival.

10 SIGLAS QUE HAN ENTRADO EN EL *DICCIONARIO*

Se llama *sigla* tanto a la abreviación creada a partir de las iniciales de una expresión compleja como a cada una de las letras que componen dicho vocablo. Estas palabras no tienen plural gráfico, se escriben sin cursiva ni comillas, aunque procedan de otro idioma, y se emplean desde hace siglos.

ABS, FRENA HASTA LOS CONSTIPADOS

El ABS forma parte del abecé de la seguridad. Y es que las ruedas de un vehículo no pueden bloquearse por mucho que se pise el freno. Tienen que funcionar siempre, no solo a veces. De ahí esta sigla creada a partir de *Antiblockiersystem*.

ONG, AYUDA EN MOVIMIENTO

Podría pronunciarse como una palabra normal, en vez de deletrearse, pero entonces sonaría demasiado parecido a *gong* y quizá perdería parte de la importancia que tiene una *organización no gubernamental*.

MEMORIA *USB*, LA ENVIDIA DE LOS ELEFANTES

Con esta sigla se hace referencia a un tipo de puerto no marítimo, sino del ordenador; en concreto, al *universal serial bus* (o *bus universal en serie*). También designa un dispositivo de memoria y aquellos que conserven esta en buenas condiciones recordarán que lo que ahora se almacena en un USB antes se grababa en disquetes de mucha menos capacidad.

ATS, ASISTENCIA CON MIMO

¡Qué importante, cuando uno está enfermo o necesita ir a una consulta médica, que el doctor dé con el diagnóstico! Pero también hay que reivindicar la necesidad de que el *asistente técnico sanitario* que se ocupa de limpiar heridas, poner sondas o suministrar medicamentos sea profesional y demuestre trato humano con el paciente.

LSD, AGENCIA DE VIAJES

Si alguien afirmase que la sigla *LSD* se desarrolla como *leones, saltamontes y delfines*, cabría pensar que ha tomado alguna sustancia alucinógena y se ha embarcado en un safari sin moverse de su casa. En realidad, *LSD* es abreviación de *Lysergsäurediäthylamid*, voz alemana de lo que en español se conoce como *dietilamida de ácido lisérgico*.

ADN, UN MANUAL DE INSTRUCCIONES GENÉTICAS

Entre las grandes preguntas de la humanidad se cuenta la que se interroga por el origen de las especies: ¿de dónde venimos? Hoy se sabe que el ácido desoxirribonucleico codifica la información genética de los seres vivos. En ocasiones se emplea de manera metafórica para referirse a un rasgo que se posee de forma natural, como cuando se dice que un equipo deportivo tiene ADN ganador. El equipo no tiene genes, pero el peso de la historia influye.

NIF, CADA CUAL CON SU LETRITA

Dado que se lee como una palabra cualquiera y no letra a letra (no se dice *ene i efe*, sino *nif*), estamos ante una sigla de las que se consideran acrónimos y se escribe enteramente en mayúsculas porque solo tiene tres letras. Es el famoso *número de identificación fiscal*, rematado por una letra, y en el caso de los extranjeros se convierte en *NIE* (*número de identificación de extranjero*).

DIN, LA LEY DE LAS PAPELERÍAS

Si antes se hablaba del NIF, podría pensarse en la sigla *DIN* como el documento de identificación del papel de escritura. Es el acrónimo de *Deutsches Institut für Normung*, esto es, *Instituto Alemán de Normalización*, y una de sus normas, la DIN 476, es la que establece los formatos de papel, ¿o es que no se acuerdan del DIN A4?

LP, EL HERMANO MAYOR DEL SENCILLO

Parecía que se habían convertido en objetos de museo y, sin embargo, los *LP* han regresado con furia para alborozo de nostálgicos de la música en vinilo. Es la sigla de *long play* (*larga duración*), aunque también se valoran los sencillos, equivalente español del omnipresente *single*.

CD, SE ACABÓ REBOBINAR CON BOLIS

¡Que no pare la música! Los CD fueron precisamente los que relegaron al fondo del armario los discos de vinilo, además de a las cintas de casete. Debido a su expansión fulgurante, la sigla llegó a lexicalizarse y se utilizaba la palabra *cedé*, pero los avances en la tecnología de la información, entre ellos el USB, han marginado igualmente al *compact disc* (*disco compacto*).

10 DISTINCIONES QUE SON ALGO MÁS QUE UN MATIZ

Hay parejas de palabras y expresiones que suenan de forma parecida, que se distinguen por un espacio, por apenas una letra o una palabra, pero que significan cosas distintas y, por tanto, se emplean en diferentes situaciones.

PULLAS Y PUYAS HIEREN, PERO NO IGUAL

Una *puya* es una punta de acero como la que se usa para castigar a las reses, mientras que una *pulla* es una expresión verbal ingeniosa o hiriente. Como se ve, ambas tienen la capacidad de hacer daño; una físicamente y la otra en el ánimo. Quizá por eso, y porque se prestan a interpretaciones figuradas (hay pullas que duelen como puyas), sus usos se mezclan con frecuencia.

LO *DESECHO* PORQUE ESTÁ *DESHECHO*

Desecho es un sustantivo que significa 'residuo', 'basura', y *deshecho* un participio que remite a lo descompuesto, lo desgastado, lo roto, etc. El primero procede del verbo *desechar*, el segundo de *deshacer*. Aunque muy frecuentemente se deseche lo deshecho y lo deshecho sea un desecho, conviene recordar que son palabras distintas.

A PARTE DE LOS INVITADOS LOS DEJARON *APARTE*

Aparte es un adjetivo («Es un caso aparte»), un sustantivo («El actor está repasando los apartes de la comedia») o un adverbio («Deja esa caja aparte»); *a parte* es la suma de la preposición *a* y el sustantivo *parte*: «No pudo saludar a parte de los invitados». Suenan casi igual y la diferencia apenas parece «un quítame allá ese pequeño espacio», pero es que son cosas distintas.

HOY SE HABLA *A CERCA DE* MIL EMPLEADOS *ACERCA DE* LA SEGURIDAD

Acerca de esto, lo que debe quedar claro es que solo la locución preposicional de dos palabras *acerca de* sirve para introducir un tema en un discurso; está formada por el adverbio *acerca* y la preposición *de*. En *a cerca de*, en tres palabras, lo que hay son dos preposiciones y el adverbio de proximidad *cerca*, y se usa con el significado de 'aproximadamente' o 'casi': «El centro atendió a cerca de dos mil personas».

QUIÉN ES QUIEN DICE *QUIÉN ES QUIÉN*

Aunque puedan parecer expresiones similares, la tilde marca la diferencia. La expresión *quién es quién*, que se utiliza en los medios para explicar la relación de determinadas personas con una situación o su papel en ella, y también para referirse al grupo de personas destacadas en un determinado ámbito, se escribe con tilde en *quién* las dos veces, mientras que la secuencia *quién es quien*, que va seguida de un verbo y equivale a 'quién es la persona que', solo lleva tilde en el primer *quién*.

VEA COMO *SE VISUALIZA* LA IMAGEN

El verbo *visualizar* no es un mero sinónimo de *ver*, por más que muchas veces tiende a emplease como tal. *Ver* es 'mirar', 'observar'; *visualizar* implica algo más, 'hacer que algo sea visible' o 'representar algo con imágenes'. Casi se podría decir que, para ver algo, primero ha tenido que visualizarlo alguien.

NO LLEGÓ *EN LOOR*, SINO *EN OLOR DE MULTITUD*

Aunque pueda parecer que esta última es incorrecta, lo cierto es que, con el *Diccionario* en la mano, es la expresión adecuada para indicar 'con la admiración y aclamación de muchas personas'. *En loor de multitud* se emplea para alabar o elogiar algo o a alguien.

DE PRIMERA Y DE PRIMERAS

Una pequeña ese cambia radicalmente el significado de estas locuciones. *De primera*, sin la ese, significa 'sobresaliente en su línea'; mientras que con ese, *de primeras*, equivale a 'de un golpe, según viene'.

DAR ABASTO, NO DAR A BASTO

Para indicar que algo basta o que rinde lo suficiente, lo adecuado es emplear la forma en dos palabras *dar abasto*. *Dar a basto*, en tres palabras, es una forma que la Academia considera incorrecta, así que en este caso es más fácil de recordar: *dar abasto* se emplea para 'bastar' y *dar a basto* no se usa para nada.

CONTONEAR Y CONTORNEAR

Que Shakira es capaz de *contonear* las caderas como nadie ('mover alguna parte del cuerpo de manera afectada') es un hecho, y eso no implica que algún fan tenga que *contornear* ('dar vueltas alrededor o en contorno de un paraje o de un sitio') más de una hora hasta encontrar aparcamiento para poder disfrutar de los contoneos de la cantante.

10 PALABRAS QUE CAMBIAN DE SIGNIFICADO SEGÚN SU GÉNERO

Hay palabras que puede emplearse en masculino y en femenino indistintamente sin que ello suponga un cambio de significado (nombres ambiguos) y otras que en función del género con el que se usen pasan a significar una cosa u otra.

EL EDITORIAL Y LA EDITORIAL

Las editoriales son las empresas encargadas de editar y publicar libros, revistas y periódicos, y en estos últimos se pueden leer *los editoriales*, es decir, los artículos de fondo no firmados, normalmente relacionados con la actualidad, que reflejan el punto de vista del periódico.

LA COMETA CHOCÓ CON UN COMETA

Ambos vuelan, pero no a la misma altura. Con *la cometa* se puede jugar mientras se la lleva sujeta por la cuerda, haciendo que el viento la mantenga volando, pero, si se suelta, subirá y subirá, y quién sabe si se encontrará con *un cometa* que viaje veloz en su órbita alrededor del Sol rodeado de su luminosa atmósfera.

EN LA CAPITAL HAY MUCHO CAPITAL

Una capital es la población principal de un país, provincia, autonomía o distrito, pero también aquella que destaca en alguna actividad (la capital de la moda, por ejemplo). También es el nombre de la letra mayúscula. Sin embargo, *el capital* es el dinero o el conjunto de bienes que posee una persona.

ENTRÓ EN COMA POR PONER UNA COMA

Escribir *una coma* entre el sujeto y el verbo es grave, pero, como todo en esta vida es relativo, no reviste tanta gravedad como *el coma*, del griego κῶμα, *kôma* ('sueño profundo'), que es el 'estado patológico que se caracteriza por la pérdida de la conciencia, la sensibilidad y la capacidad motora voluntaria'.

¿HAY CURA PARA EL CURA?

El cura es el sacerdote de la Iglesia católica, pero *la cura* no es la sacerdotisa, sino la *curación* ('hecho o efecto de curar o curarse un enfermo o una enfermedad') o la *curativa* ('tratamiento o método que sirve para curar').

UNA PARTE DEL PARTE

Mientras que *un parte* es un escrito o notificación, normalmente breve, que se envía a alguien para comunicarle algo, así como una información que se transmite, por ejemplo, por teléfono, radio o televisión, *una parte* es un fragmento o porción de un todo. Así, los partes meteorológicos se pueden dividir en varias partes: previsión de precipitaciones, de viento, de temperaturas…

AL PAPA LE GUSTAN *LAS PAPAS*

El papa es, para los católicos, la máxima autoridad y cabeza visible de la Iglesia católica, y suele vivir en el Vaticano, donde posiblemente coma alguna que otra *papa*, ese tubérculo carnoso también conocido con el nombre de *patata*.

POR *LA MAÑANA* HABLAREMOS *DEL MAÑANA*

Es decir, en la 'parte del día que transcurre desde el amanecer hasta el mediodía' hablaremos del 'tiempo futuro'.

UN *PENDIENTE* CAYÓ POR *LA PENDIENTE*

Un pendiente es un adorno que se suele poner en el lóbulo de la oreja, pero también en otras partes del cuerpo, como la nariz, el ombligo, la ceja, la lengua e incluso en las uñas. Pero hay que tener cuidado y procurar que no se caiga por *una pendiente*, es decir, por un terreno que está en cuesta, si no queremos perderlo.

EN *EL FRENTE*, CUBIERTA *LA FRENTE*

Si a alguien le mandan estar en *el frente*, esa zona de combate en la que luchan los ejércitos, más le vale cubrirse *la frente*; en realidad, habría de protegerse esta parte de la cara que abarca desde las cejas hasta el inicio del cuero cabelludo y toda la cabeza en general para evitar ser herido.

10 OCASIONES EN LAS QUE NO ES ACONSEJABLE OLVIDAR EL ARTÍCULO

Para evitar que el español se convierta en un idioma atarzanado, conviene emplear el artículo en determinadas expresiones en las que, en ocasiones, no es raro que se omita.

CON LOS NOMBRES DE LOS RÍOS

«¿Cuál es el río más largo del mundo?» es una cuestión que no falla en cualquier juego de mesa o concurso de preguntas y respuestas que se precie. Sin embargo, también se podría incluir otra como «¿Es obligatorio escribir el artículo delante del nombre de los ríos?». La respuesta a la primera pregunta es «el Amazonas», y a la segunda, obviamente, es «sí».

CON LOS MONTES, LOS PICOS, LAS CORDILLERAS

De acuerdo con la *Nueva gramática de la lengua española*, «los nombres propios de montes o cordilleras suelen llevar artículo». La *Ortografía* añade que dicho artículo se escribe en minúscula debido a que el elemento que se ha elidido es un sustantivo común: *los (montes) Pirineos* o *el (pico) Everest*.

AL NOMBRAR MARES Y OCÉANOS

La Tierra es conocida por todos como *el planeta azul* por la cantidad de agua que contiene. Esta se encuentra en océanos, mares, lagos, pantanos, ríos, glaciares, polos… Hay que recordar que lo apropiado es escribir el artículo determinado también delante de los nombres de estos accidentes geográficos: *el (mar) Mediterráneo, el (océano) Atlántico, el (océano) Pacífico…*

AL ALUDIR A RESIDENCIAS Y PALACIOS

El nombre de los edificios que albergan las sedes de instituciones u organismos de Estado de los países se escribe precedido del artículo: *el Elíseo* (por *el Palacio del Elíseo*), *la Moneda* (por *el Palacio de la Moneda*), *la Moncloa* (por *el Palacio de la Moncloa*) o *la Zarzuela* (por *el Palacio de la Zarzuela*).

AL CITAR LA DENOMINACIÓN DE LOS PARTIDOS POLÍTICOS

Lo adecuado es escribir el artículo antes de las siglas de los partidos cuyo nombre comienza por *liga, agrupación, partido, frente, movimiento*, etc.: *el MAS* (Movimiento al Socialismo), *el PAN* (Partido de Acción Nacional), *el FA* (Frente Amplio), *el PSOE* (Partido Socialista Obrero Español), *el PP* (Partido Popular)…

EN LAS INFORMACIONES DEPORTIVAS

En las informaciones deportivas es habitual omitir injustificadamente el artículo en algunas frases como *Se fue por línea de fondo* o *Controló con pierna derecha*, en lugar de *Se fue por la línea de fondo* y *Controló con la pierna derecha*.

CON LOS NOMBRES DE LOS HURACANES, CICLONES Y TIFONES

Cuando se mencionan los huracanes, tifones o ciclones por su nombre propio, se recomienda mantener el artículo (*el Yolanda*, mejor que *Yolanda*, *el Gustav*, mejor que *Gustav*); de este modo se evita dar la impresión de estar hablando de una persona.

CON ALGUNOS TOPÓNIMOS

Hay topónimos que empiezan por una palabra que indica un tipo de división política (país, estado…) o su forma de organización política (reino, república…). En estos casos, lo aconsejable es escribir el artículo delante y en minúscula: *los Países Bajos* o *el Reino Unido*.

El uso del artículo es opcional, en cambio, en los nombres de muchos países y de algunos continentes: *(el) África, (la) India, (el) Perú…*, y obligatorio en los que el artículo forma parte del nombre propio y, por ello, se escribe con mayúscula inicial: *La Habana, La Haya, El Salvador*.

AL EMPLEAR UNA CONSTRUCCIÓN PARTITIVA

En expresiones en las que se menciona una parte de un conjunto, lo adecuado es mantener el artículo después de la preposición *de*. Así, lo apropiado es escribir *la mayoría de las personas, la mitad de los animales* y no *la mayoría de personas* ni *la mitad de animales*.

CON LOS NOMBRES DE LOS EQUIPOS DE FÚTBOL

El uso del artículo delante del nombre de los equipos de fútbol varía en función del país. Mientras que en España lo habitual, y recomendable, es mantenerlo (*El Sevilla y el Barcelona se enfrentan*), en otros países como Argentina se prescinde de él, y no se considera incorrecto (*Superclásico entre River y Boca*), quizá porque se perciben los nombres de los clubs como los nombres de pila, en los que es incorrecto anteponer el artículo.

10 ERRORES LINGÜÍSTICOS EN CANCIONES

En esta lista se recoge un ramillete de canciones en las que los autores se permitieron ciertas licencias lingüísticas y, por supuesto, dieron la nota.

MECANO Y LA ESE DE *CONTESTASTE*

Es un error frecuente, pero escucharlo en la voz de Ana Torroja en *La fuerza del destino*, incluso tantos años después, sigue dando una especie de escalofrío: «Te dije, nena, dame un beso / tú contestastes que no», así, con esa *s* que chirría en los oídos. Porque, en efecto, la segunda persona del singular del pretérito perfecto simple es, se ponga como se ponga Mecano, *contestaste*, sin ese.

EL ROCK (SIN CONCORDANCIA) DE LA CÁRCEL

No se sabe muy bien por qué razón estaban presos los protagonistas de *El rock de la cárcel*, la versión en español del celebérrimo tema *Jailhouse Rock*. Algún purista de la lengua podría pensar que su condena era el justo castigo a una flagrante falta de concordancia en su letra: «Todo el mundo en la prisión corrieron a bailar el rock».

JULIETA VENEGAS, SÍ QUE LO MERECÍAS

En la conocida canción *Me voy*, Venegas utilizó erróneamente el presente de indicativo *merezco*, cuando debió usar el de subjuntivo *merezca* en la frase «Es probable que lo merezco, pero no lo quiero, por eso me voy».

LA CHICA YEYÉ TAMBIÉN ERA QUEÍSTA

A veces no queda más remedio que comprender a los autores de las letras y mirar para otro lado ante pecadillos como el queísmo de *La chica yeyé* que popularizó Concha Velasco: «No te quieres enterar que te quiero de verdad». Es imposible cantarla con el *de* que le corresponde y no echarse a llorar: «No te quieres enterar de que te quiero de verdad».

«SI LA LUNA ¿SERÍA? TU PREMIO»

Utilizar el condicional donde en realidad debe emplearse un subjuntivo es un error frecuente en algunas zonas. Juan Luis Guerra y Enrique Iglesias lo colocan con mucho ritmo en *Cuando me enamoro*: «Si la luna sería tu premio, yo juraría hacer cualquier cosa por ser su dueño». Quizá rimase peor, pero habría debido decir «Si la luna fuese tu premio…».

LA NIÑA IMANTADA DE LOVE OF LESBIAN Y EL VERBO *ANDAR*

Otra de conjugaciones «poco convencionales». Algún imán descontrolado ha llevado a *La niña imantada* de Love of Lesbian hacia un tiempo verbal que no existe: «Como si andara en espiral». Lo apropiado habría sido usar el pretérito imperfecto de subjuntivo: «Como si anduviese en espiral».

EL ALMA MASCULINA DE LA OREJA DE VAN GOGH

En *Paloma blanca*, La Oreja de Van Gogh canta: «Que revolviste todo con tus alas, me despeinaste entera todo el alma». *Alma* es un sustantivo femenino, por mucho que, cuando le antecede un artículo determinado, se emplee el masculino *el*. Así, lo correcto habría sido decir «toda el alma».

EL FARY APATRULLANDO LA CIUDAD

Apatrullando la ciudad, del Fary, es un himno a la labor policial y a la morfología alternativa. Que *patrullando* no encaja bien…, pues *apatrullando* y ya está.

EL RAMITO DE VIOLETAS LAÍSTA

Cecilia grabó en los años setenta su famoso *Ramito de violetas*, en el que había un par de laísmos de manual: «¿Quién la escribía versos? ¿Dime quién era? ¿Quién la mandaba flores por primavera?». La canción se ha convertido en un clásico, pero lo correcto desde el punto de vista lingüístico habría sido utilizar *le*.

BAUTE, SÁNCHEZ Y LA AMBIGÜEDAD DE LAS FOTOS DE MARBELLA

En este caso no se trata de un error, sino de una curiosa ambigüedad. Carlos Baute y Marta Sánchez cantan lo siguiente en *Colgando en tus manos*: «Te envío las fotos cenando en Marbella». ¿Le envía las fotos mientras están cenando en Marbella o le envía las fotos que se hicieron cuando estuvieron cenando en Marbella?

10 EXPRESIONES OÍDAS EN UN TEATRO

El término *teatro* puede designar tanto el género literario al que pertenecen las obras destinadas a ser representadas en un escenario como el lugar en el que se representan dichas obras u otros espectáculos de carácter escénico, o, también, el conjunto de todas las producciones dramáticas con alguna característica en común (una época, un autor, un pueblo…).

MUCHA MIERDA, CON PERDÓN

Esta frase, que se usa en el mundo del espectáculo para desear éxito, parece tener su origen en la época en la que las personas iban al teatro en coches de caballo. Los equinos defecaban en la puerta del recinto, y cuantos más excrementos hubiera, mayor sería la recaudación porque mayor habría sido la cantidad de gente que había asistido a ver la obra.

¡AQUÍ MUERE HASTA EL *APUNTADOR*!

El apuntador es la persona que ayuda a los actores cuando se les olvida el texto o vacilan apuntándoselo en voz baja desde un lugar en el que no puede ser visto por los espectadores. En los teatros clásicos se situaba en el centro del proscenio, oculto en un cubículo llamado *concha*, *tornavoz* o *caja del apuntador*.

HACER MUTIS POR EL FORO

En un texto teatral, cuando en una intervención de un personaje hay una acotación en la que aparece la frase *hace mutis*, quiere decir que este ha de salir de escena. A menudo va acompañada del sintagma preposicional *por el foro*, que es la parte del escenario del fondo por la que debe salir el actor.

DEL *ATREZO* SE OCUPA EL *ATRECISTA*

Un elemento fundamental en muchas obras de teatro es el atrezo (adaptación del italianismo *atrezzo*), es decir, el conjunto de enseres y objetos que se emplean en escena. La persona que se encarga de que no falte nada y de que todo esté en su sitio es el *atrecista*. También se emplean para estos conceptos, sobre todo en el español de América, las voces españolas *utilería* y *utilero*, respectivamente.

SEGUIR EL *MÉTODO DE STANISLAVSKI*

El método Stanislavski es una técnica actoral que ayuda al intérprete a ponerse en el lugar del personaje. También es correcta la construcción *método stanislavskiano*, con minúscula y en redonda, pues los sustantivos y adjetivos derivados de nombres propios conservan la grafía del nombre del que proceden y se escriben con minúscula y sin resalte tipográfico.

ESTAR *ENTRE BAMBALINAS*

Aunque, en rigor, las bambalinas son las telas colgadas a lo ancho del escenario, que forman la parte superior de este y establecen la altura de la escena, en la expresión *entre bambalinas* se usa el sustantivo como equivalente de *bastidores*, que son las telas sostenidas por un armazón que están a los lados y detrás del escenario, y tras las que se sitúan los actores para no ser vistos por el público.

EL TEATRO LLEVA *CORBATA*

Aunque el teatro tenga corbata, no suele ser obligatorio ir a ver una representación con una de las de tela puesta. Se usa muchas veces como sinónimo de *proscenio* para referirse a la parte del escenario comprendida entre el borde de este y la línea donde cae el telón.

CANDILEJAS SIN CANDILES

Por muy tenebrosa que sea la obra, siempre tiene que haber un mínimo de luz para poder ver algo. En algunos escenarios, hay una fila de lámparas situadas en el borde del proscenio que se llama *candilejas* o *batería*.

EL *LEITMOTIV* DE UNA OBRA

En el teatro del absurdo es muy habitual recurrir a *leitmotivs*, esto es, a temas, expresiones o ideas que se repiten a intervalos en un texto. Este germanismo puede sustituirse por las voces españolas *motivo* o *tema*, a menudo acompañadas de los adjetivos *dominante, central, principal* o *recurrente*. A pesar de que su plural alemán es *leitmotive*, la forma más utilizada en textos españoles es *leitmotivs*.

EL SALUDO DE LOS ACTORES Y LA *GLORIA*

Al terminar la representación, los intérpretes y el director salen al escenario y con una reverencia agradecen al público su asistencia y sus aplausos. Durante este saludo se baja y se sube o se abre y se cierra el telón varias veces; a cada una de esas veces se la denomina *gloria*.

10 ANGLICISMOS QUE ES UNA PENA EMPLEAR

Gran parte de los anglicismos que se emplean en español cada día tienen una traducción en nuestra lengua. En el repaso a la actualidad de los medios que hace la Fundéu a diario, nos topamos a menudo con un subconjunto que nos gusta llamar «de al pan, pan». Son anglicismos particularmente gratuitos, porque el español dispone de equivalentes directos y claros con los que se expresa exactamente lo mismo. Llamemos a las cosas por su nombre, al pan, pan, y al vino, vino.

ORGANIZANDO UNA BODA...

Cada vez es más frecuente que, sobrepasados por todo lo que hay que decidir y tener en cuenta en una boda, los novios acaben contratando a un *wedding planner*. Quizá porque estos profesionales se ponen este nombre, quizá porque parece aumentar el caché del evento cuando se dice en inglés, el caso es que abundan los *wedding planners*, pero ni un sencillo *organizador de bodas*.

LA VIDA *SANA*

En las publicaciones sobre vida sana y saludable, y en las cartas y decoraciones de los restaurantes, se ha puesto de moda referirse a los productos con el adjetivo *healthy*. La tendencia es, claro está, bienvenida, pero anglicismos ya tenemos muchos en la carta, y más como este, que no aporta nada que no tengan ya los equivalentes castellanos. *Healthy* significa 'bueno para la salud', lo mismo que *saludable* y *sano*.

HASTA *LA PISCINA INFINITA* Y MÁS ALLÁ

Puede que el restaurante o el hotel que nos ofrece esta dieta *healthy* sea tan tan *cool* que, además, tenga en su azotea una *infinity pool*. Esto es, una de esas piscinas que producen el efecto visual de no tener límite o de que este se extiende hacia el horizonte, que es a lo que alude el nombre inglés. Esa misma idea puede expresarse en español con la voz *infinita*. Respecto al sustantivo, la forma mayoritaria en el ámbito hispanohablante es *piscina*, si bien en México se emplea *alberca* y en otros países, como Argentina, Bolivia, Paraguay y Uruguay, *pileta*.

USAR UNA BUENA *MAT* ES UN BUEN *TIP*

Puede que algunos de estos anglicismos que tienen fácil traducción se acaben empleando porque son más breves, más cortos que el equivalente de las otras lenguas. Quizá sea el caso de *mat*, la *esterilla* o tapete rectangular que se coloca en el suelo para realizar actividades físicas como el yoga, o el de *tip*, que equivale a nuestro tradicional *consejo*.

EL *CORREDOR* QUE CORRIÓ MENOS QUE EL INGLÉS

El mundo del deporte nos da no pocos casos de este tipo de recomendaciones de al pan, pan. Un clásico entre ellas es la pareja *runner* y *corredor*. Ambas voces son equivalentes y, de hecho, la forma más frecuente hasta hace no mucho en español era *corredor*. Ahora, la influencia del mundo anglosajón y las fuertes campañas publicitarias de algunas marcas han casi desplazado por completo a todas las alternativas.

LA *CALL* QUE COMUNICABA COMO UNA *LLAMADA*

Otro de los extranjerismos que campa a sus anchas por los despachos y oficinas es *call*, que en español puede traducirse por alternativas como *llamada, conversación telefónica, teleconferencia* o *videoconferencia*, según el caso.

SILENCIA LOS HÍBRIDOS

¿Quién no ha tenido que silenciar un momento el televisor, aunque en la opción figurara *mute*? *Mutear* es uno de esos híbridos formados a partir del verbo inglés, en este caso *to mute*, y la desinencia *-ear* que conviene tener silenciados en nuestros textos.

LA *PALABRA CLAVE* ES TRADUCCIÓN

La informática y las tecnologías también pueden aportar su granito de arena a esta colección. Una buena candidata para este listado es *keyword*, término significativo que ayuda a posicionar un contenido para que los buscadores lo localicen. El diccionario académico recoge la expresión *palabra clave* y la define como 'palabra significativa o informativa sobre el contenido de un documento, que se utiliza habitualmente para su localización y recuperación en una base de datos', es decir, exactamente el significado que se da en inglés a *keyword*.

CONTRASEÑA, CÓDIGO, CLAVE..., PERO NO *PASSWORD*

Otra de las candidatas al anglicismo gratuito del año del mundo de la informática es *password*, que tiene como equivalentes en español *contraseña, clave* o *código de acceso*, con el mismo significado.

LA *MASTER CLASS* NADA *MAGISTRAL*

Desde que en los programas de televisión los concursantes aprenden a hacer cosas con distintos expertos de reconocido prestigio, la expresión *master class* está por todas partes. El diccionario de Oxford indica que este giro inglés se refiere a una clase, a un taller o a un seminario dictado por expertos en un área o una materia, esto es, lo que en español se venía llamando *clase magistral*.

9 TILDES DIACRÍTICAS MÁS 1 QUE YA NO ES TAL

La *Ortografía de la lengua española* señala que la tilde diacrítica es el signo que permite «diferenciar en la escritura ciertas palabras de igual forma, pero distinto significado, que se oponen entre sí por ser una de ellas tónica y la otra átona» y que generalmente pertenecen a categorías gramaticales distintas.

TÚ/TU

Esta tilde opone el *tú*, pronombre personal, frente al *tu*, adjetivo posesivo: «Tú tienes muy claro cómo planear tu futuro».

ÉL/EL

El pronombre personal *él* se escribe con tilde, mientras que el artículo definido *el* se escribe sin ella: «Él siempre elige el camino más corto».

MÍ/MI

Mí, con tilde, es el pronombre personal, y *mi*, sin ella, el adjetivo posesivo: «Para mí es importante que te acuerdes de que es mi cumpleaños».

SÍ/SI

El pronombre personal, el adverbio afirmativo y el sustantivo *sí* se escriben con tilde, pero la conjunción y la nota musical *si* no: «Sí, el otro día se me olvidó comprobar si había apagado la televisión».

TÉ/TE

El sustantivo con el que nos referimos a la infusión lleva tilde, *té*, pero el pronombre y el nombre de la letra *t* no se tildan, *te*: «Por lo que veo, el té rojo es el que más te gusta».

DÉ/DE

Dé, con tilde, es la forma del verbo *dar*, y *de*, sin ella, es la preposición y el nombre de la letra *d*: «Me encanta que el hijo de mi hermana me dé besos de esquimal».

SÉ/SE

Sé es la forma del verbo *ser* y también del verbo *saber*, y se escriben ambas con tilde. Mientras que el pronombre impersonal o reflexivo se escribe sin ella: «Sé muy bien que no se rinde a la primera de cambio».

MÁS/MAS

Más, tildado, puede ser el adverbio, el adjetivo, el pronombre, una conjunción con valor de suma y un sustantivo, pero su forma sin tilde solo puede ser la conjunción adversativa equivalente a *pero*: «Hoy he trabajado más horas, mas me siento con energía».

CUÁN/CUAN

Cuán es la forma apocopada de *cuánto*, la cual se acentúa cuando tiene un valor ponderativo, tal y como sucede en «¡Cuán gritan esos malditos!». Por el contrario, *cuan* (sin tilde) se emplea para sustituir al relativo *cuanto*, como se muestra en «*Aparece tumbado cuan largo es sobre la moqueta*».

SOLO

Según la última ortografía académica, la que se publicó en el año 2010, ya no es necesario tildar la palabra *solo*, ni cuando es adverbio ni cuando es adjetivo, ni siquiera en aquellos casos, como se venía indicando en las anteriores obras de la RAE, en los que pueda existir riesgo de ambigüedad.

10 ACRÓNIMOS DE TRES LETRAS

Otra clase de acrónimos son las siglas que pueden leerse como cualquier palabra normal. Los siguientes se usan tanto que el *Diccionario de la lengua española* los recoge en minúscula como sustantivos comunes.

OPA

Hermana minúscula de la menos conocida *OPV* ('oferta pública de venta'), la *opa* es una 'oferta pública de adquisición'. Este acrónimo está tan asentado que ha dado lugar al verbo *opar*, al adjetivo *opable* y al sustantivo *contraopa*. No solo eso: algunas se pactan y se conocen como *opas amistosas*, mientras que las que se hacen sin acuerdo son *opas hostiles*.

BIT

El término *bit* procede del inglés bi*nary digit*, esto es, 'dígito binario'. Se trata de la unidad mínima de información y solo puede adquirir dos valores: cero o uno. Ahora que se habla de la supremacía cuántica, empieza a extenderse el sustantivo *cúbit*, que designa un bit que puede ser tanto uno como cero al mismo tiempo.

TAC

A nadie le agrada someterse a un tac, pero, si tuviese que pasar por esta prueba, podría entretenerse unos segundos respondiendo a esta pregunta: ¿es *el tac* o *la tac*? Si es usted español, probablemente diga *el tac*; en Hispanoamérica, en cambio, se ha impuesto *la tac*, que tiene mucha más lógica, ya que el desarrollo de este acrónimo es *(la) tomografía axial computerizada*.

UCI

Si alguna vez duda de si lo adecuado es *uci* o *uvi*, conviene que sepa que el primer acrónimo equivale a *unidad de cuidados intensivos* y el segundo a *unidad de vigilancia intensiva*. No hay, por tanto, diferencia. Descanse: el personal que atiende no se dedica a discutir cuál es la consonante correcta, sino que centra sus esfuerzos en tratar de la mejor manera a los enfermos muy graves.

GEO

Aunque un teleco es un experto en telecomunicaciones, un *geo* no es especialista en geografía, sino un miembro del *Grupo Especial de Operaciones* de la Policía española. Para referirse a la unidad policial, lo apropiado es emplear mayúsculas y el artículo en singular: *el GEO*; cuando se alude a cada uno de sus miembros, la ge se escribe en minúscula: *un geo*.

PIN

Cuando solo existían los teléfonos fijos, las conversaciones se desarrollaban en medio del salón ante la presencia vigilante de los padres. Luego llegaron los móviles y la privacidad aumentó. Tanto que los aparatos solo podía utilizarlos quien supiera su *pin* (de *personal identification number)*, una versión reducida de lo que siempre se llamó *contraseña*.

VIP

Si se oye este acrónimo con el estómago vacío, habrá quien piense en uno de esos establecimientos de una cadena que sirve tortitas con nata. Pero no: *vip* no está relacionado con las tortitas, solo con la nata: en concreto, con la flor y nata, pues esta palabra significa *persona muy importante*, a partir del inglés *very important person*.

ERE

Este acrónimo afecta a aquellos trabajadores que pierden su empleo en un despido colectivo. Se trata de un *expediente de regulación de empleo* y acostumbra a crear quebraderos de cabeza, motivo por el cual algunos de los verbos que suelen acompañar al sustantivo *ere* son *negociar, pactar, ejecutar, forzar* y *sufrir*.

MIR

Dice la Academia que estamos ante un españolismo, de modo que no es esperable encontrar *médicos internos residentes* al otro lado del charco. *Mir* es el médico en prácticas que aspira a especializarse y también da nombre al examen que otorga tal condición. Su plural asentado es invariable (*los mir*), aunque también es válido el plural regular: *los mires*.

PYME

A simple vista se advierte que *pyme* se ha colado en esta lista dedicada a acrónimos formados por tres letras. Pero habría sido una lástima excluir a la *pequeña y mediana empresa*, pues resulta que *pyme* es la única palabra en el *Diccionario de la lengua española* en la que la ye tiene valor vocálico hallándose después de consonante. Compuestos como *correveidile, vaivén* o *dieciocho* adoptaron la i latina, pero *pyme* conserva la conjunción copulativa de su desarrollo.

10 ANGLICISMOS DEL MUNDO DE LA MODA

El préstamo lingüístico es una vía de enriquecimiento del caudal léxico de una lengua; los idiomas siempre se han prestado palabras y, con el paso del tiempo, las voces extranjeras se van acomodando a la fonética y la morfología de la lengua receptora. En el ámbito de la moda, por ejemplo, están ya asentadas voces como *babuchas*, que procede del francés; *brocado*, del italiano, o *charol*, del portugués; pero sigue siendo un lenguaje que abusa de los anglicismos, incluso cuando tienen un impecable equivalente en español.

LOS NERVIOS DEL *BACKSTAGE*

Es la parte de atrás de un escenario o de una pasarela y se usa tanto en el mundo de la moda como en el de los conciertos de música. Aunque en español no hay una palabra equivalente a *backstage*, existen otras expresiones para referirse exactamente a lo mismo: *entre bastidores, entre bambalinas* y *tras el telón*.

EL *LOOK* DE LA TEMPORADA

El diccionario de Oxford define *look* como 'la apariencia de algo o alguien, especialmente una cualidad que le es particular'. Aplicado al aspecto físico, es la 'apariencia estética de una persona' y, en el mundo de la moda, 'un estilo'. En español existen diversas alternativas como *imagen, estilo, aire, apariencia, aspecto, conjunto, vestimenta* o *pinta*, que, según el contexto, pueden servir para evitar el extranjerismo.

LOS *COOLHUNTERS* SIEMPRE ESTÁN AL ACECHO

Es un término del mundo del márquetin y de la publicidad, su traducción literal vendría a ser *cazador de tendencias* y es que eso es lo que hace el *coolhunter*: predecir cambios relativos a las tendencias del consumismo y la moda, y anticiparlas para que la industria se beneficie de ello. En español, resulta preferible optar por los equivalentes *cazatendencias* o *buscatendencias*.

UN *OUTFIT* PARA CADA OCASIÓN

El diccionario de Merriam-Webster lo define como 'combinación de prendas de vestir, especialmente en ocasiones especiales', aunque en el uso actual este último matiz apenas se encuentra: tanto en español como en inglés se emplean expresiones como *daily outfits* o alusiones a los *outfits* que llevar en situaciones cotidianas, como en «los mejores outfits para ir a la oficina este otoño». Puesto que se hace referencia a una mera combinación de prendas de vestir, el sustantivo español *conjunto* es una alternativa preferible en español.

EL *MUST O MUST HAVE* QUE NO PUEDE FALTAR EN EL ARMARIO

Las revistas de moda y de tendencias llenan páginas y páginas con apenas estas dos palabras, los *must have* de la temporada, los *must have* de las rebajas, del verano, los accesorios *must have*, etc. Se trata, simplemente, de lo que en español podríamos llamar *los imprescindibles*, aquello que no nos puede faltar.

HAY *PRINTS* DE LEOPARDO, DE SERPIENTE, DE FLORES...

En cuanto a los motivos de los tejidos, el anglicismo favorito está claro, *print*, que no es otra cosa que el *estampado*. Estampados, o sea, *prints*, hay muchos: el *animal print*, estampado con motivos animales, de leopardo o de serpiente; los *flowers prints*, estampados de flores típicos de la temporada estival; *prints pétreos*, con diseños inspirados en el mármol, y hasta *mixed-print*, que son combinaciones variadas y diseños más audaces.

EN EL *CLUTCH* SOLO CABE LO IMPRESCINDIBLE

Tipos de bolsos hay muchos, pero el que tradicionalmente veníamos conociendo como *bolso de mano*, *bolso de fiesta* o *cartera* hoy se llama casi por unanimidad en esta jerga *clutch*. Sobre este pequeño complemento se escribe mucho, cuáles son las tendencias, los modelos más icónicos y hasta una lista de los imprescindibles o *must have* que se deben guardar dentro de él.

NO OLVIDES PREGUNTAR POR EL *DRESS CODE* DE LA FIESTA

Si se quiere ser el invitado perfecto de un evento o una reunión, lo primero que se debe saber es cuál va a ser el *dress code*, esto es, el *código de vestimenta*, lo que siempre hemos llamado *etiqueta*. Hoy existen *dress codes* para todo, desde una boda hasta una mera reunión de trabajo, pasando por un bautizo; en cualquier caso siempre se trata de saber cómo hay que ir vestido, de no desentonar, a no ser que ese sea justo el propósito.

PARA NO PERDERSE DETALLE DEL DESFILE, SIÉNTESE EN EL *FRONT ROW*

En los desfiles de moda, todo el mundo quiere sentarse en la *front row*, que es desde donde mejor se ve la *catwalk* y donde están todas las *celebrities*. Vaya, que los mejores sitios están en la *primera fila*, porque desde ahí se ve muy bien la *pasarela* y porque ahí se sientan los *famosos*.

LA ROPA DEPORTIVA AHORA ES *SPORT WEAR*

La ropa ya no se usa para hacer deporte o para estar por casa; esto, dicho así, ya no existe... Ahora la ropa es *sport wear*, *home wear*, *beach wear*, etc. Un simple *corredor* puede llevar un *chándal*, pero un verdadero *runner* compra en la sección de *sport wear*, donde ya no se venden *deportivas*, sino *sneakers*, y así con todo...

10 EXPRESIONES QUE YA NO PARECEN TENER SENTIDO

Vivimos en un mundo cambiante: la tecnología avanza rauda, pero también lo hacen las costumbres, las tendencias y hasta las monedas. En ocasiones, ese mundo que fue, que existió, pero que ya no es, nos deja expresiones o palabras que se fijan en el uso, como ventanas a las que asomarnos para ver cómo eran las cosas antes.

COLGAR EL TELÉFONO, PERO NO AL CUELLO

Cuanto más antiguo es el teléfono, el aparato en sí, más literal es esta acción de colgar. En sus orígenes, en los primeros que se tenían en algunas casas, sí que se colgaban las dos partes con las que se escuchaba y se hablaba. Con los teléfonos analógicos, el concepto aún pervivía a medias, en el sentido de que el auricular todavía se levantaba del resto del aparato y se volvía a colocar en su posición, pero desde luego con los teléfonos móviles o celulares *colgar*, lo que se dice colgar, ya no se hace.

PONER AL FUEGO, SOLO SI ESTÁ DE BARBACOA

Hubo un tiempo en que cocinar equivalía a poner los alimentos sobre el fuego, en pequeñas hogueras, en chimeneas, en cocinas de leña y hasta en las de gas. Hoy en día casi se podría decir que en gran parte del mundo los alimentos se ponen al calor, porque fuego ya no hay. Cocinamos con el calor que genera una placa vitrocerámica, de inducción, eléctrica, etc., y lo del fuego lo dejamos para los fines de semana y las barbacoas.

NO SE NECESITAN CARRETES PARA *REBOBINAR*

Rebobinar es 'hacer que un hilo o cinta se desenrolle de un carrete para enrollarse en otro'. Si estudiaste EGB, es fácil que hayas rebobinado muchas cintas de música con un boli para no gastar las pilas del *walkman*. Sin embargo, hoy en día, aunque perviva la palabra, avanzamos y retrocedemos en cualquier grabación digitalmente, sin tener que cambiar la cinta de un carrete a otro.

IMPRIMIR EN PANTALLA SIN NECESIDAD DE PAPEL

Imprimir en pantalla es lo que pone en la tecla que pulsamos en los ordenadores cuando queremos hacer lo que coloquialmente se conoce como un *pantallazo*, una captura de pantalla. Es una forma de capturar la imagen que se muestra, de poder conservarla como se puede conservar lo que está impreso. Quizá por eso la tecla se llama así, *impresión de pantalla*, aunque no sirva para imprimir nada.

AFORTUNADAMENTE, DE *HACER LA COLADA* SOLO QUEDA LA EXPRESIÓN

Antiguamente, la ropa se lavaba con jabón en un lavadero frotándola contra la superficie de una tabla, después se colocaba en un barreño que tenía un orificio en la parte de abajo y se le añadía una especie de ceniza para blanquearla, al agujero del barreño se le colocaba una tela que actuaba como filtro y se le añadía agua hirviendo. De este *colar* la ropa solo nos queda hoy la expresión a la que dio origen: *hacer la colada*.

ESCRIBIR CON *PLUMA*, SIN SER ESTA DE ORIGEN ANIMAL

Las primera plumas estilográficas fueron, en efecto, plumas, plumas de ave que, convenientemente cortadas en la extremidad del cañón, servían para escribir. Hoy apenas se conservan en reproducciones e imitaciones, pero la pluma estilográfica que frecuentemente manejamos es, digamos, heredera de aquellas en forma y nombre.

AHORA, LITERALMENTE, NADIE *TIENE UN DURO*

En España es una expresión frecuente para indicar que alguien no tiene dinero, no tiene un céntimo, un peso, un euro. El duro era una moneda que equivalía a cinco pesetas y, como hace años que la peseta no es más que un recuerdo, pues al final resulta que nadie tiene un duro. Literalmente.

EN POCAS CISTERNAS YA SE *TIRA DE LA CADENA*

Con esta expresión seguimos aludiendo al cotidiano acto de descargar la cisterna del inodoro, pero, en realidad, en muy pocos servicios *tiramos*, en rigor, *de una cadena*. Más bien, apretamos un botón, en algunos incluso movemos una pequeña palanca, pero una cisterna sujeta a la pared con una cadena colgante de la que tirar es, actualmente, una *rara avis*.

VEHÍCULOS CON MÁS *CABALLOS* QUE UN HIPÓDROMO

En todos los coches, por citar un ejemplo cercano, pero, en general en cualquier motor, se mide la potencia en *caballos*. Pero estos animales a los que aludimos al hablar de la cilindrada no están en ningún sitio, son, como todas las palabras de esta lista, recuerdos que quedan en la lengua de cómo eran antes las cosas. Los caballos de fuerza o de potencia son una medida que se empezó a utilizar para comparar precisamente la potencia de una máquina de vapor con la de un caballo de tiro.

LA *CORREDERA* DE LAS EMBARCACIONES

La *corredera* es el aparato que mide la velocidad de un barco, el equivalente al velocímetro de un coche. En origen, era una tabla pequeña de madera sujeta por un cordel enrollado en una bobina. La tabla se echaba al agua y la persona que la manejaba iba dejando correr el cordel, en el que se habían hecho previamente nudos cada cierta distancia; a medida que la tabla de madera se alejaba del barco y el cordel se iba desenrollando de la bobina, se iban contando los nudos. La velocidad se determinaba en función del tiempo transcurrido y los nudos contabilizados. Hoy el sistema es muy distinto, pero el aparato se sigue llamando *corredera* y la velocidad se sigue midiendo en *nudos*.

10 EXPRESIONES REDUNDANTES

Si Marie Kondo cogiera esta lista de expresiones no iba a dejar títere con cabeza, fuera duplicados, fuera palabras que no aportan nada a lo ya dicho, se haría la «magia del orden» en nuestra redacción. Hay veces que hasta en la lengua se puede tirar lo que no hace falta, podar esas expresiones redundantes en las que hay palabras que no aportan nada a lo que ya dicen otras. Eliminar redundancias que, aunque muchas veces no son incorrectas, sí que son, en la mayoría de los casos, innecesarias.

PUÑO CERRADO: LA MANO PUEDE ESTAR ABIERTA O CERRADA; EL PUÑO, SOLO CERRADO

Empleamos esta colocación sin pararnos a pensar en que la palabra *puño* ya significa por sí misma 'mano cerrada', por lo que es innecesario añadirle el adjetivo *cerrado* detrás. De hecho, en nuestro refranero encontramos la famosa frase «ser de la cofradía del puño cerrado», que precisamente aplicamos a alguien que nos parece tacaño, porque ahí está la gracia de la expresión, es tan tacaño que tiene el puño, ya de por sí cerrado, cerrado.

OROGRAFÍA DEL TERRENO: NO PUEDE SER DE OTRA COSA

Lamentablemente, todos los veranos en las noticias se ven en la obligación de hablar sobre los incendios. En estas informaciones es frecuente contar cómo el terreno o el tiempo dificultan o favorecen las labores de extinción y, para explicar precisamente esto, suele recurrirse a la muletilla: «La orografía del terreno está complicando/favoreciendo los trabajos de…». *Orografía* es 'el conjunto de montes de una comarca, región o país' y, como los montes están en el suelo, la voz *orografía* ya lleva implícita la idea de terreno, que, de este modo, no es necesario añadir.

NEXO DE UNIÓN: LOS NEXOS SIEMPRE UNEN

Si acudimos al diccionario académico veremos que *nexo* significa 'unión o lazo', es decir, en su definición ya se encuentra el concepto de unión. De hecho, si nos paramos a pensarlo, veremos que no existen nexos de separación, los nexos lo que hacen es justamente unir. Por ello, y para evitar esta expresión redundante, es preferible hablar de *punto de unión* o *de encuentro* o simplemente de *nexo.*

LOS *COLOFONES* SIEMPRE SON *FINALES*

«Y como colofón final a esta extraordinaria actuación pianística, el maestro nos ofrecerá…». Puede que todos hayamos escuchado más de una vez una frase como esta sin darnos cuenta de que es una redundancia del tamaño del piano en cuestión. La definición de *colofón* ('remate, final de un proceso') ya deja claro que si es *colofón,* es necesariamente *final.*

FUNCIONARIO PÚBLICO: LO UNO LLEVA A LO OTRO

En España, por *funcionario* se entiende una persona que desempeña un empleo público, por lo que resulta innecesario añadirle este adjetivo a continuación: todos los funcionarios son del sector público. Sin embargo, si nos referimos a los funcionarios de otros países, como Argentina, Ecuador o Uruguay, estaremos aludiendo a un empleado jerárquico, particularmente el estatal, pero no solo, ya que en estos países no se excluye que se trate de un empleado del sector privado.

ACCIDENTE FORTUITO: SI NO ES FORTUITO, NO ES UN ACCIDENTE

Fuera de la jerga legal que, al ser cosa de juristas, tiene, en ocasiones, sus propias leyes, todos los *accidentes* son, por su propia naturaleza, *fortuitos*. Un accidente es siempre algo inesperado, eventual y eso es precisamente lo que significa fortuito. Si se piensa bien, de no ser fortuitos por definición, se evitarían, ¿no?

APROXIMADAMENTE UNOS: HAY QUE ELEGIR ENTRE UNA PALABRA Y LA OTRA

A veces alguien tiene que dar un dato o una cifra, pero no le viene a la cabeza, piensa mientras va hablando y parece que trata de alargar la frase: «Sí, serían… esto… aproximadamenteeeee unosssss ¡20 cm!». No pasa nada, son recursos propios de la oralidad, de la situación comunicativa, pero, al escribir, la cosa cambia porque se puede dejar la frase en suspenso, comprobar el dato y continuar la redacción sin que se note. Así no hay necesidad de amontonar estas palabras que comparten y aportan la misma idea, el mismo valor aproximativo. *Unos 20 cm* o *aproximadamente 20 cm*, pero *aproximadamente unos 20 cm* es innecesario.

VEREDICTO FINAL: EL VEREDICTO ES YA UN DICTAMEN FINAL

Añadir el adjetivo *final* al sustantivo *veredicto* es redundante, pues *veredicto* es ya un dictamen final, 'el fallo o la sentencia definitiva que pronuncia un jurado'. De este modo, podemos ahorrarnos el adjetivo *final*.

CRESPÓN NEGRO: NO LOS HAY DE OTROS COLORES

Cuando en las noticias las banderas están a media asta, no tardan en surgir los crespones negros. Esta redundancia nunca pasa de moda y, cuando tocan a difuntos, siempre acaba por aparecer. Un *crespón* es 'una tira o lazo de color negro', no hay crespones de otros colores porque, en nuestra cultura, el negro es el color del luto. De ahí que sea redundante e innecesario hablar de *crespones negros* y que baste, simplemente, con decir *crespones*.

AUTOPSIA DE UN CADÁVER: A LOS VIVOS NO SE LES HACEN AUTOPSIAS

Ya que estamos de luto, recordemos también que, en la prensa, cuando en un caso las informaciones forenses son de relevancia, se suele recurrir a la fórmula «la autopsia del cadáver determinó que el fallecimiento se había producido…»; y no es que esté mal, si la gramática permite muchas cosas, pero es que no es habitual, o al menos recomendable, hacerle la autopsia a un vivo. Por tanto, puesto que las autopsias se practican solo a los cadáveres, sobra esa precisión.

10 NOMBRES PROPIOS QUE SE CONVIRTIERON EN COMUNES

Las palabras de una lengua tienen orígenes muy dispares, algunas se derivan simplemente de palabras latinas que, con el tiempo, evolucionaron a voces del español; otras son extranjerismos que tomamos de distintas lenguas, y, aún otras, algunas de las cuales comentamos aquí, proceden de nombres propios.

SE ACABÓ EL BORRÓN: *TÍPEX* Y CUENTA NUEVA

Hasta el mejor escribano echa un borrón, por eso siempre conviene tener a mano ese 'líquido o cinta correctora que permite tapar con una capa blanca lo escrito y volver a escribir encima'. La verdad es que, cuando se nos acaba, no vamos a la papelería con esta larga definición para pedir un corrector al dependiente, lo habitual es pedir, simplemente, un *típex*. Y no hacemos mal porque, pese a que *Tipp-ex* es una marca registrada, su lexicalización ya figura, escrita así, como sustantivo común en el *Diccionario*.

SI LE FALLA LA MEMORIA, CONFÍE EN UN *PÓSIT*

En el sector del material de papelería, los nombres propios que se convirtieron en comunes no se agotan con el típex; en toda buena oficina, en toda buena agenda, siempre debe haber montones de *pósit*, de la marca *Post-it*, pegados unos encima de otros. Se agolpan en los monitores de los ordenadores, en la mesa, en una hoja de la agenda que, debajo de tanta nota suelta, suele permanecer en blanco. Estas 'pequeñas hojas de papel, empleadas generalmente para escribir notas, con una franja autoadhesiva en el reverso, que permite pegarla y despegarla con facilidad', son el recurso perfecto para anotar ese dato que, en el momento, es crucial.

CLÍNEX, EL PAÑUELO DE USAR Y TIRAR

Otro tanto sucede con los pañuelos desechables de papel, por adaptación del nombre de la popular marca *Kleenex* tenemos en español el sustantivo *clínex*. Útil complemento que desbancó a los tradicionales pañuelos de tela y que, en paquetes, siempre suelen encontrarse al fondo, muy muy al fondo, del bolso.

COJA UNA *REBECA* POR SI REFRESCA

Para no coger frío, no constiparse y no acabar necesitando un clínex, lo mejor es llevar siempre alguna prenda por si el tiempo refresca. Entre las mujeres, es un clásico la 'chaqueta de punto, sin cuello, abrochada por delante, y cuyo primer botón está, por lo general, a la altura de la garganta'. Nos referimos, claro está, a la *rebeca*, una prenda que llevaba siempre Rebeca, la protagonista de la famosa película homónima de Hitchcock.

OJO CON LLORAR SI SE ECHA *RÍMEL*

Otro complemento femenino habitual es el *rímel*, un 'cosmético que sirve para engrandecer y endurecer las pestañas'. Su nombre también deriva de la marca comercial *Rimmel*, pero ya está recogido en el diccionario académico adaptado a nuestra lengua, esto es, con una sola eme y con tilde en la *i*.

EN LOS GIMNASIOS HAY MUCHA *LICRA*

Hay un material con el que también se elaboran otras prendas de vestir, nos referimos a la *licra*, la 'fibra elástica de poliuretano' y el 'tejido que se hace con ella, utilizado generalmente en la confección de prendas de vestir ajustadas'. En la etimología de esta voz volvemos a encontrar una marca, *Lycra*, aunque hoy ya se emplea, escrito con *i* latina y en minúscula, de forma genérica.

AL MAR, CON PAREO O *NEOPRENO*

Del poliuretano pasamos al propileno, porque de ahí procede el sustantivo *neopreno*, de *Neoprene*, nombre de una marca registrada formado por acronimia de *neo* y *propylene* ('propileno'). Hoy, ya lexicalizado, se emplea para designar al 'caucho sintético de gran resistencia mecánica y propiedades aislantes del calor y la oxidación, usado en la industria, así como en materiales y prendas deportivas'.

JUEGA A LA *QUINIELA* TODAS LAS SEMANAS

Todos hemos soñado alguna vez con que nos toque, pero quizá solo unos pocos se hayan parado a pensar en el origen de su nombre. Procede de *quina* y *-ela*, este formante *quina*, a su vez, viene del latín *quina*, que quiere decir 'de cinco en cinco', 'cinco cada uno', y que aludía al 'acierto de cinco números de una antigua lotería'. De hecho, hoy *quiniela*, además de significar 'apuesta mutua en la que los apostantes pronostican los resultados de los partidos de fútbol, carreras de caballos y otras competiciones', alude a un 'juego de pelota entre cinco jugadores'.

CONTRA EL ABURRIMIENTO, UN BUEN *TEBEO*

Más lejano parece también el origen del sustantivo *tebeo*, se trata simplemente de la lectura de la sigla *TBO*, que era el nombre de una revista de historietas española que se publicó semanalmente durante casi un siglo.

A NADIE LE AMARGA UN DULCE, Y MUCHO MENOS UNA *GOMINOLA*

Los nombres de las golosinas suelen variar mucho de país a país; en España hasta los menos golosos reconocen una *gominola*: 'golosina blanda masticable, generalmente recubierta de azúcar'. Este término está plenamente lexicalizado, tanto que ya casi nadie reconoce en él la marca de la que procede: *Gominolas*.

10 PALABRAS CANÍBALES QUE ARRASAN EN SU ENTORNO

Hay palabras que son como la mala hierba, crecen, se multiplican y aparecen por todas partes. De pronto, un verbo, una coletilla o una expresión se ponen de moda y empiezan a utilizarse en cualquier contexto, aprovechando la mínima ocasión. En esta lista se recogen y comentan algunos de esos casos.

REALICEMOS UN ESFUERZO EN BUSCA DE LA PRECISIÓN

Es habitual oír o leer que *se realizan visitas* o que *se realiza un viaje* cuando, en realidad, las visitas y los viajes *se hacen* o, simplemente, *se viaja* o *se visita algo* o *a alguien*. Las reuniones, conferencias, ruedas de prensa, concursos, elecciones, etc., tampoco *se realizan*, más bien *se celebran*. El español es rico en verbos de significado semejante a *realizar*, pero que incluyen matices distintos, como *ejecutar, llevar a cabo, efectuar, desarrollar, fabricar, elaborar, componer, confeccionar, construir, plantear*, etc.

YA NADA EMPIEZA O COMIENZA, TODO *ARRANCA*

En la prensa es frecuente encontrarse con que *arranca la campaña electoral, la Eurocopa, la Copa América, arrancan los cursos de verano, las declaraciones de los acusados, las rebajas* y hasta *arranca la vuelta al cole*. Parece que este verbo se hubiera convertido en la única forma de expresar que algo empieza, cuando el español dispone de otras muchas opciones que recogen la misma idea: *empezar, comenzar, abrir, iniciar, entablar, emprender* o *inaugurar*.

SE *PRODUCEN* MUCHAS REPETICIONES

Producir es otro invitado recurrente en muchas frases. Aparece continuamente en contextos en los que puede simplemente omitirse o en otros en los que es fácilmente sustituible por alternativas que suelen ser más apropiadas. Para obviarlo basta con cambiar el sustantivo por el verbo que le corresponde: *la detención del sospechoso…* se convierte en *el sospechoso fue detenido…*, y para sustituirlo hay opciones como *hacer, conseguir, alcanzar, llevar a cabo*, etc.

ABORDEMOS EL EMPLEO DE *ABORDAR*

Este verbo se está convirtiendo en un término comodín, se emplea como sinónimo de ocuparse de algo, pero como queriendo dar el matiz de que es una labor de importancia. Así, uno no *lee un informe* o *se ocupa de él*, sino que *un gabinete aborda* el informe o el documento en cuestión. Igualmente se dice que *se abordan* las reuniones o las reformas, cuando también se pueden *plantear, hacer, acometer* o *llevar a cabo*.

EL *EMBLEMÁTICO* CASO DE ESTE ADJETIVO

Emblemático quiere decir, según el diccionario académico, 'significativo, representativo', pero de un tiempo a esta parte se emplea prácticamente para todo aquello que tiene cierta importancia. Casi todas las ciudades tienen *un edificio emblemático, un paisaje emblemático, una muestra cultural emblemática*, aunque hay adjetivos tan estupendos como *simbólico, representativo, importante, significativo* o *destacado* para estos y otros contextos.

ESE ES EL *TEMA* DEL TEMA

A este sustantivo se le saca tanto rendimiento que, a fuerza de usarlo, parece no tener significado propio, vale para todo. En la prensa, por ejemplo, son recurrentes frases como *el tema de la inseguridad preocupa cada vez más*, o *el tema de las pensiones*. En realidad bastaría con suprimirlo, ya que *el tema de la inseguridad* es *la inseguridad* y *el tema de las pensiones* son *las pensiones*. Además, siempre puede alternarse con *asunto* o *materia*.

EN EL MARCO DE..., Y NO EN EL DE FOTOS

Es otra de las coletillas frecuentes que, en rigor, pueden suprimirse sin que la oración pierda habitualmente ningún matiz de sentido. Si *se detiene a dos personas en el marco de una movilización por los derechos de...* se detiene a dos *personas en una movilización por los derechos de...* Otras veces se pueden emplear expresiones sinónimas como *dentro de, en el ámbito de, en materia de,* etc.

ALGO SE INSTALA, SE PONE, SE COLOCA, NO SOLO SE *SITÚA*

En español actual ya casi nada *se coloca, se instala, se pone* o *se ubica*, las cosas ya solo *se sitúan*. *Situar* es otro de esos verbos caníbales que arrasan con todo lo que hay en su entorno, que se tiene siempre en la cabeza y que se dice o escribe en múltiples situaciones, desplazando a otros de significado más preciso.

HAY QUE *DAR VÍA LIBRE* A OTRAS EXPRESIONES

En la prensa, el Gobierno o el Congreso siempre *dan vía libre* a algo. Esta expresión gusta mucho a nuestros redactores. Hay alternativas como *permitir, autorizar, aprobar, firmar*, etc., que tienen el mismo sentido, pero que, sin embargo, se emplean menos.

SE *REGISTRA* UN USO ABUSIVO DE ESTE VERBO

En las informaciones de tráfico los muertos siempre *se registran*; en las meteorológicas, las temperaturas máximas y mínimas también *se registran*; en deportes, a las marcas personales y a los récords les pasa otro tanto. En realidad, los fallecidos se pueden *contabilizar*, las temperaturas y las marcas se *alcanzan* y en otros contextos también es posible emplear los verbos *darse, suceder* o *acaecer*.

10 PALABRAS QUE SOLEMOS ESCRIBIR CON TILDE Y NO LA LLEVAN

Hay términos con los que nos liamos, dudamos de si lo adecuado es escribirlos con acento gráfico o sin él y, una y otra vez, nos hacen preguntar, buscarlos en el diccionario o rezar para que el corrector nos saque de dudas. En esta lista repasamos algunos de los casos más frecuentes, esos sobre los que, por nuestra experiencia en consultas lingüísticas, se suele preguntar mucho.

LLEGÓ, *VIO* Y VENCIÓ PORQUE NO PUSO TILDE EN EL MONOSÍLABO

Palabras como *fue*, *dio* o *vio* no llevan tilde porque son monosílabos y estos no se acentúan gráficamente nunca, salvo cuando tienen que llevar tilde diacrítica, es decir, la que los distingue de otra palabra con la misma forma, pero distinta categoría gramatical.

EL *DIITA* QUE ME ESTÁ DANDO EL *TIITO*

Chiita, *diita*, *tiito* o *Rociito*, aunque se pronuncien con mucho énfasis, no dejan de ser palabras llanas terminadas en vocal: dos vocales iguales seguidas van siempre en hiato, por lo que el silabeo correspondiente es *chi-i-ta*, *di-i-ta*, *ti-i-to* y *Ro-ci-i-to*.

UNA *IMAGEN* VALE MÁS QUE MIL PALABRAS, PERO SOLO SI NO LLEVA TILDE

Sustantivos como *imagen*, *examen*, *volumen*, *resumen*, *origen*, *joven*, *margen* no llevan tilde por ser palabras llanas terminadas en *-n*, pero sus plurales sí (*imágenes*, *exámenes*, *volúmenes*, *resúmenes*, *orígenes*, *jóvenes* y *márgenes*), ya que han pasado a ser esdrújulas, quizá por esto se produzca el error.

SE ACABÓ EL *ACABOSE* CON TILDE

Las formas verbales que incluyen pronombres enclíticos tradicionalmente se acentuaban como si no los llevaran: *acabóse* mantenía la tilde de *acabó*, aunque se tratara de una palabra llana acabada en vocal. Actualmente se tildan de acuerdo con las normas generales de acentuación: como *acabose* y *estate* son palabras llanas terminadas en vocal, lo apropiado es no ponerles tilde.

LOS DIPTONGOS TIENEN LA CLAVE

Palabras como *construido*, *incluido*, *influido*, *gratuito* o *heroico*, *paleozoico* y *estoico* son voces llanas terminadas en vocal, por lo que no deben acentuarse gráficamente. Para recordarlo lo mejor es pensar que las vocales *-ui-* y *-oi-* siempre forman diptongo: *cons-trui-do*, *in-clui-do*, *gra-tui-to* y *he-roi-co*, *pa-ra-noi-co*, *es-toi-co*, no *cons-tru-i-do*, *inclu-i-do*, *gra-tu-i-to* y *he-ro-i-co*, *pa-ra-no-i-co*, *es-to-i-co*.

TIENE UN *CARÁCTER* MUY LLANO

Carácter, en singular, es una palabra llana acabada en erre, por lo que se escribe con acento gráfico; en plural quiere seguir siendo llana, aunque acabada en ese, y desplaza su acento de la segunda *a* a la *e*, lo que le cuesta la tilde: ha de escribirse y pronunciarse *caracteres*, no *carácteres*.

ESTAS FORMAS VERBALES TAMBIÉN SON MUY LLANAS

Hubierais, hubieseis, fuerais o *fueseis* tampoco llevan tilde, aunque la intensidad del acento al pronunciarlas parezca indicar lo contrario. Al dividirlas en sílabas (*hu-bie-rais, hu-bie-seis, fue-rais* y *fue-seis*) se comprueba que, puesto que son llanas y acaban en *-s*, se escriben sin tilde.

CONTINUAMENTE ME EQUIVOCO

El adjetivo *continuo* y las formas verbales *(yo) continúo* y *(ella) continuó* gráficamente solo se diferencian por la tilde, que refleja su diferente pronunciación. Un ejemplo más de la utilidad de estos humildes signos.

MONOSÍLABO ENCUBIERTO

Aunque no lo parezca, *huir* es un monosílabo que no se tilda, pues la secuencia de vocales *-ui-* siempre constituye un diptongo. Un derivado suyo, *rehuir*, tampoco lleva tilde a pesar de ser bisílaba, ya que es una palabra aguda terminada en erre.

A MÍ; SÍ, PERO A *TI*, NO

Del trío de pronombres personales *mí, ti* y *sí*, solo se libra de la tilde diacrítica el de segunda persona, porque no tiene una pareja de la que diferenciarse, aunque, en general y para que no sufra por la discriminación con sus hermanos, lo habitual es ponérsela.

10 PREGUNTAS FRECUENTES SOBRE LOS DICCIONARIOS

Los diccionarios son los libros que abren la puerta hacia todos los demás, utilísimas herramientas de trabajo de las que, sin embargo, no siempre se saca todo el provecho posible. En esta lista recogemos algunas de las dudas que más frecuentemente se plantean en relación con su uso.

¿SON TODOS LOS DICCIONARIOS IGUALES?

No, no todos los diccionarios son iguales: no contienen los mismos términos y no ofrecen el mismo tipo de información sobre ellos. El diccionario académico es normativo, pero también existen los llamados *diccionarios de uso*, que tratan de describir el empleo real de los términos; los de dudas, que responden a las preguntas que más habitualmente se dan en el uso práctico de la lengua; los hay etimológicos, que recogen el origen de las palabras, y técnicos sobre un área concreta de conocimiento. Hay también diccionarios de sinónimos y antónimos, combinatorios, inversos, temáticos, de preposiciones, para estudiantes, de español como lengua extranjera, etc.

SI UNA PALABRA NO ESTÁ EN EL *DICCIONARIO*, ¿ES QUE NO EXISTE?

Desde luego que no, ningún diccionario recoge todas las palabras. Los diccionarios ni siquiera recopilan todas las formas de una palabra: los sustantivos se registran por su forma en masculino singular; los verbos, por su infinitivo… y esto no quiere decir que el resto de las formas sean incorrectas. Además, no recogen necesariamente toda la familia léxica de una palabra ni tampoco están todas las formas que se pueden derivar de un término.

SI UNA PALABRA ESTÁ EN EL *DICCIONARIO*, ¿SE CONSIDERA ADECUADA SOLO POR ESO?

Los diccionarios recogen algunas voces que es preciso manejar con precaución. Es fácil concluir, tras la sorpresa inicial que produzca encontrar el término *almóndiga*, por ejemplo, en el *Diccionario*, que tiene carta blanca, pero no hay que dejar de prestar atención al resto de la información que figura asociada a ella y que se oculta tras las marcas: *f.* («femenino»), *desus.* («desusado») y *u. c. vulg.* («usado como vulgar»), es decir, que estamos ante un sustantivo femenino, desusado y que se considera vulgar.

¿POR QUÉ EL DICCIONARIO ACADÉMICO MANTIENE ACEPCIONES POLÍTICAMENTE INCORRECTAS?

Una crítica que comúnmente se le hace al *Diccionario* es que algunas de sus definiciones pueden resultar hirientes para la sensibilidad social de nuestro tiempo. Conviene tener claro el uso real que se hace de las palabras, muchas de las definiciones que aisladamente y por escrito ofenden en realidad reflejan el uso que los hablantes hacen de ellas, aunque puede que no se trate del uso actual, sino del de épocas pasadas.

¿CÓMO LLEGA UNA PALABRA A ENTRAR EN EL *DICCIONARIO*?, ¿Y CÓMO SALE?

Las decisiones lexicográficas de la Academia se toman a través de comisiones especializadas y finalmente se aprueban en el Pleno. Los datos proceden, en gran parte, del banco de datos del español, compuesto por distintos corpus, grandes bases de datos que recogen textos de diferentes tipos, representativos de todos los países de habla hispana.

¿QUÉ TIPO DE LÉXICO NO RECOGEN LOS DICCIONARIOS?

Los diccionarios como el académico o los diccionarios de uso son obras que abordan la lengua general, no incluyen terminología técnica, no se puede acudir a ellos para ver cuáles son todos los significados e implicaciones que una palabra tiene, por ejemplo, en el ámbito del derecho o la medicina, por más que a veces incluyan acepciones de estas materias, las que han pasado a la lengua general. Tampoco suelen incluir términos propios de determinadas zonas que no han pasado al caudal general.

SI UNA PALABRA SE USA CON UN SENTIDO QUE NO TIENE EN EL *DICCIONARIO*, ¿ES INCORRECTO?

No necesariamente. Las palabras están cargadas de connotaciones, de evocaciones, que son difíciles de definir o de encasillar. Los usos metafóricos, metonímicos… están más presentes en el día a día de lo que creemos y, en ocasiones, censurarlos es limitar la creatividad del hablante y la riqueza que nuestro idioma pone a nuestro alcance.

ADEMÁS DEL SIGNIFICADO DE LAS PALABRAS, ¿QUÉ MÁS OFRECEN LOS DICCIONARIOS?

Ni siquiera los diccionarios que sobre todo dan significado ofrecen solo el significado de las palabras. Incluyen mucha más información, codificada tras marcas y etiquetas, sobre su origen, su morfología y gramática, su ortografía , su uso social… Además pueden incluir ejemplos, fraseología, locuciones o refranes.

¿LA REAL ACADEMIA ESPAÑOLA SOLO HACE DICCIONARIOS?

Ni la RAE hace solo un diccionario, ni hace solo diccionarios. Además del *Diccionario de la lengua española*, tiene el *Diccionario panhispánico de dudas*, el *Diccionario del estudiante* y el *Nuevo tesoro lexicográfico del español*, entre otros; pero trabaja también en el banco de datos del español o en otras obras normativas como la *Gramática* y la *Ortografía*, que dan cuenta de lo que sucede más allá del nivel de las palabras.

¿LOS DICCIONARIOS SON SOLO PARA EMPOLLONES?

Claro que no. Los diccionarios son buenos aliados del más común de los mortales. Hoy, cuando se consume información a toda velocidad, quizá no se disponga del tiempo necesario para consultar el significado de una voz que se desconoce o un uso dudoso. Por eso conviene saber que en la página web de la Real Academia Española se encuentran gran parte de sus obras, disponibles para ser consultadas en cualquier momento.

10 PROPUESTAS DE LA FUNDÉU QUE NO A TODOS GUSTAN

La Fundéu publica más de 250 recomendaciones lingüísticas al año y actualmente tiene recogidas en su web más de 4000. De entre todas ellas, seleccionamos estas 10 porque sabemos que no se puede complacer a todo el mundo siempre.

SE PUEDE *DESTRIPAR* EL FINAL DE UNA PELÍCULA, AUNQUE ALGUNOS PREFIEREN HACER *SPOILER*

En las noticias del cine y la televisión, y en las conversaciones cotidianas de los cada vez más frecuentes adictos a las series, se ha colado una advertencia recurrente: «no me hagas *spoiler*», expresión que se emplea para tratar de evitar que parte de una trama sea revelada. En la Fundéu propusimos el verbo *destripar*, que tiene exactamente ese significado, similar a *reventar*, ambos equivalentes de 'arruinar el final' o 'desvelar una sorpresa'.

SERÁ QUE LA COMIDA DE LAS *FOOD TRACKS* ESTÁ MÁS RICA QUE LA DE LAS *GASTRONETAS*

Aunque el anglicismo *food truck* puede traducirse como *camión* o *camioneta de comida* o *puesto de comida ambulante* o *itinerante*, que son las formas con las que se venía aludiendo a estos vehículos en los que se venden alimentos y comida rápida, nosotros quisimos proponer la voz *grastroneta* como traducción. En esta alternativa el elemento *gastro-* recoge convenientemente el hecho de que se trata de una cocina más elaborada.

TABLÉFONO, EN LUGAR DE *PHABLET*, UNA UNIÓN MAL AVENIDA

La voz inglesa *phablet*, de la unión de *phone + tablet* o de *smartphone + tablet*, es la que se utiliza para denominar a un dispositivo electrónico que es un híbrido de teléfono inteligente y tableta, y que combina las funciones de ambos. En español, puede mantenerse el mismo juego con la palabra *tabléfono*, que, aunque suena un poco a *zapatófono*, resulta de la unión de *tableta* y *teléfono*.

LOS *YOUTUBEROS* CONSIGUEN MENOS SUSCRIPTORES QUE LOS *YOUTUBERS*

Derivado del nombre propio YouTube, se emplea el sustantivo común inglés *youtuber* para referirse a quienes publican vídeos a través de esa plataforma. Al tratarse de un extranjerismo, lo adecuado es escribir este derivado en letra cursiva, pero, si se quiere, nada impide adaptarlo a la morfología española y obtener la voz *youtubero*, que se escribe en redonda y que puede pronunciarse como en la lengua original: /yutubéro/ o /iutiubéro/, como se hace con /pitséro/ (*pizzero*).

LOS *MOCHILIMOSNEROS* ESTÁN PEOR VISTOS QUE LOS *BEGPACKERS*

Begpacker, creado a partir de las palabras *to beg*, 'pedir', y *backpacker*, 'mochilero', se emplea para denominar a los turistas, generalmente occidentales, que viajan por países asiáticos con su mochila y que piden limosna en ellos para seguir costeándose el viaje. En español, esta idea puede traducirse con la voz *mochilimosnero*, formada por las palabras *mochila* y *limosna*, a las que se añade el sufijo *-ero*, por semejanza con la voz, más asentada, *mochilero*.

NI *MILENIAL* NI *MILÉNICO*, MUCHOS PREFIEREN *MILLENNIAL*

Con *millennial* se alude a las personas pertenecientes a la llamada *generación Y*, nacidas en las dos últimas décadas del siglo veinte. Como alternativas en español, a partir de la voz *milenio* se pueden formar adjetivos con las terminaciones *-ico* y *-al*, esto es, *milénico* y *milenial*, respectivamente. Estas voces pueden funcionar también como sustantivos, lo que remitiría, como la forma inglesa, a las personas de esta generación. Lo de *milénico* lo damos un poco por perdido, pero con *milenial* en la Fundéu aún tenemos esperanza.

EMPATAR, *CELESTINEAR* O *EMPAREJAR* YA SE HAN QUEDADO ANTICUADAS, AHORA ES *SHIPPEAR*

En cuestiones relacionadas con el amor, las palabras a veces se quedan cortas, como puede suceder con las alternativas al híbrido *shippear*, que proviene del verbo inglés *shipping* —y este, a su vez, del acortamiento de *relationship*— y se utiliza con el significado de 'idealizar y apoyar una hipotética relación amorosa entre dos famosos o dos personajes, en especial en las redes sociales'. Por eso, *empatar*, *emparejar* o incluso *celestinear*, entre otras opciones, son verbos preferibles al anglicismo. Fundéu ♥ *empatar*.

ULTRAFALSO COMO ALTERNATIVA A *DEEPFAKE*

Ver algo con nuestros propios ojos ya no es sinónimo de autenticidad. La alternativa en español al anglicismo *deepfake*, que alude a los sistemas informáticos que permiten, mediante técnicas de inteligencia artificial, desarrollar vídeos manipulados extremadamente realistas, es *ultrafalso*.

OTRO *VIERNES NEGRO* Y NO PODREMOS COMPRAR MÁS QUE EN EL *BLACK FRIDAY*

Black friday es una expresión inglesa que, en origen, aludía al día en que comienza la temporada de compras navideñas en los Estados Unidos —inmediatamente después del Día de Acción de Gracias—, pero cada vez es más frecuente encontrarla, en muy diversos países, para referirse al viernes en el que las tiendas hacen descuentos especiales. Las expresiones *viernes negro*, *viernes de descuentos*, *de ofertas*, *de compras* y *buen fin*, en México, son preferibles.

SOMOS *ODIADORES* DE LOS *HATERS*

El término *hater*, que procede del verbo inglés *to hate*, 'odiar', hace referencia a la 'persona que odia algo o a alguien y dice o escribe cosas desagradables sobre alguien especialmente en internet y en redes sociales'. Una idea similar se puede encontrar en el término español *odiador*, del que se documentan ejemplos desde el siglo XIX y cuyo uso puede extenderse a ese nuevo contexto digital y de las redes sociales.

10 EXPRESIONES POR LAS QUE CAMPAN ANIMALES

Esto no va a ser el arca de Noé y ojalá que los animales no mencionados en este artículo no protesten ni se rebelen, como le ocurrió al granjero Howard Jones en el libro de George Orwell.

LLEVARSE *COMO EL PERRO Y EL GATO* NO CONDUCE A NADA

Que el perro es el mejor amigo del hombre lo saben sobre todo los que tienen o han tenido alguna vez uno en sus vidas. Siempre fieles, leales, protectores, cariñosos…, con las personas, pero con otros animales ya es otro cantar, especialmente con los gatos. De ahí que cuando dos personas discuten y pelean continuamente se diga que *se llevan como el perro y el gato*, o sea, fatal.

LE VA A *CAER LA DEL PULPO*

Quien tenga ciertos conocimientos culinarios sabrá que tradicionalmente se golpeaban los pulpos contra una piedra para romperles las fibras del músculo y ablandarlos para poder comerlos una vez cocinados. Esta costumbre ya se ha perdido (pues ahora basta con meterlo en el congelador), pero ha dejado en el idioma la expresión coloquial *caer la del pulpo*, que se emplea para indicar tanto que va a caer una gran tormenta como que alguien va a recibir una buena bronca, reprimenda o paliza.

LAS *LÁGRIMAS DE LOS COCODRILOS* NO SON SINCERAS

Cuando los cocodrilos devoran a sus presas fuera del agua, lloran, pero no porque sientan lástima por la víctima que les está sirviendo de alimento, sino porque necesitan tener los ojos siempre húmedos. Por eso, cuando alguien llora aparentando un dolor que no siente, se dice que llora *lágrimas de cocodrilo*.

SER UNA TORTUGA, LENTA PERO SEGURA

Si hay algo que caracteriza a las tortugas es su caparazón y la escasa velocidad a la que se desplazan. Cargan con su casa allá donde van, por lo que, si se encuentran con algún peligro o necesitan descansar, no tienen más que esconderse bajo su caparazón. Como se ve, las tortugas no tienen necesidad alguna de correr. Y por esta cualidad su nombre sirve para calificar a las personas o cosas que se mueven con extremada lentitud o parsimonia.

MEMORIA DE ELEFANTE, PARA QUE LUEGO DIGAN QUE EL TAMAÑO NO IMPORTA

El elefante, y en concreto el africano, es el mamífero terrestre más grande del planeta. Como todo va en proporción, su cerebro también es el mayor y numerosos estudios han concluido que tiene una excelente memoria. Por el contrario, tendrás *memoria de pez, de grillo* o *de gallo* si no te acuerdas ni de dónde tienes la mano derecha.

SIEMPRE ES BUENO SENTIRSE *COMO PEZ EN EL AGUA*

Quien se siente cómodo en una situación o momento determinados y se desenvuelve con soltura está cual pececillo nadando en su hábitat natural, o sea, *como pez en el agua*. Sin embargo, quien no tiene ni idea de un tema, es que *está pez* en él porque, ya se sabe, los peces ni son listos ni tienen memoria.

LAS *PATAS DE GALLO*, EN EL CORRAL Y EN LA CARA

Mientras terminan de inventar el elixir de la eterna juventud, habrá que conformarse con las cremas cosméticas, las inyecciones de bótox y de ácido hialurónico u otros remedios caseros como mascarillas de aguacate o papaya para tratar de eliminar las odiadas por muchos *patas de gallo*, esas arrugas que se forman en el ángulo externo de cada ojo.

YA SE SABE QUE LA *CABRA SIEMPRE TIRA AL MONTE*

La cabra es un animal muy ágil y frecuentemente puede vérsela andando y saltando por riscos, montañas y lugares escarpados e inverosímiles. Este comportamiento es considerado como una falta de sensatez y por eso si alguien *está como una cabra* es que está loco o chiflado.

NO LE BUSQUES *TRES PIES AL GATO*

Aunque parece que en la versión original de esta frase eran cinco los pies del gato, son tres en la variante más extendida actualmente. Se usa para indicar que no hay que complicar lo que es sencillo ni tratar de demostrar lo indemostrable.

TENER *VISTA DE ÁGUILA* SIN NECESIDAD DE PRISMÁTICOS

La águilas disfrutan de una vista fantástica para descubrir a sus presas desde la altura a la que vuelan, de ahí que esta característica sirva para designar a quien tiene una 'vista que alcanza y abarca mucho'.

10 TOPÓNIMOS Y GENTILICIOS CON LOS QUE CONVIENE TENER CUIDADÍN

Un topónimo es un nombre propio de lugar y un gentilicio es el adjetivo o sustantivo que expresa el origen geográfico de algo o alguien. Aunque lo recomendable es usar, siempre que exista, la forma española, a menudo surgen dudas en cuanto a la escritura de algunos de ellos.

PEKÍN ES LA CAPITAL DE CHINA

El nombre tradicional y preferible en español de la capital china es *Pekín*, aunque *Beijing* no es incorrecto, puesto que es la forma oficial del nombre en caracteres latinos, según el sistema pinyin. En cambio, la forma *Beiying* es siempre inadecuada, pues no es ni tradicional ni se corresponde con la pronunciación original.

LA ANTIGUA CAPITAL DE *BIRMANIA* ES *RANGÚN*

Birmania es el nombre en español del país asiático y la forma preferible en los documentos no oficiales. Por tanto, se desaconseja usar otras denominaciones habituales en el ámbito de la diplomacia y las relaciones internacionales, como *Myanmar* o *República de la Unión de Myanmar* o la forma inglesa *Burma*. Además, el nombre en español de su antigua capital es *Rangún*, mejor que *Yangón*, aunque sea esta la forma que se corresponde con la pronunciación en la lengua local.

SRI LANKA ES EL NOMBRE DE LA ANTIGUA *CEILÁN*

En el año 1972 las autoridades del país cambiaron el topónimo *Ceilán* por el de *Sri Lanka* y la *Ortografía* recoge también esta última denominación oficial, por lo que se aconseja el uso de *Sri Lanka* para aludir a esta isla situada en Asia, al sureste de la India. En todo caso, para evitar posibles confusiones, la primera vez que aparezca en el texto puede escribirse *Sri Lanka* y a continuación, entre paréntesis, *Ceilán*: *Sri Lanka (Ceilán)*.

BOMBAY, MEJOR QUE *MUMBAI*

Bombay, no *Mumbai*, es el topónimo recomendado para designar a la ciudad de la India que es capital del estado de Maharastra. Según el *Diccionario panhispánico de dudas*, *Bombay* es la forma tradicional y preferible en español, mientras que *Mumbai* es el nombre propio local y oficial, pero no aconsejable en la lengua castellana.

COREA DEL NORTE Y *COREA DEL SUR*, MEJOR QUE *NORCOREA* Y *SURCOREA*

La *Ortografía de la lengua española* recoge como recomendadas las formas *Corea del Norte* y *Corea del Sur*. Además, según el *Libro de estilo interinstitucional* de la Unión Europea, en los documentos protocolarios lo apropiado es usar *República Popular Democrática de Corea* para referirse a Corea del Norte, y *República de Corea* para referirse a Corea del Sur, pues son las denominaciones preferidas por sus respectivos Gobiernos. En ambos casos, la grafía correcta es con ce y no con ka (*Korea*).

COSTA AZUL, MEJOR QUE *RIVIERA FRANCESA*

El nombre español tradicional de la zona costera en la que se encuentran Saint-Tropez, Cannes y Mónaco, y que llega hasta la frontera de Francia con Italia, es *Costa Azul* y no *Riviera Francesa*, calco del inglés formado a partir de *Riviera*, la zona costera próxima de Italia.

HISPANOAMÉRICA, LATINOAMÉRICA E IBEROAMÉRICA NO SON SINÓNIMOS

Hispanoamérica se refiere al 'conjunto de países americanos de lengua española'. *Latinoamérica* (o *América Latina*) engloba 'el conjunto de países del continente americano en los que se hablan lenguas derivadas del latín (español, portugués y francés)'. Para aludir exclusivamente a los países de lengua española es más propio usar el término específico *Hispanoamérica*, pero *Iberoamérica* si se incluye Brasil, ya que es un país de habla portuguesa.

SAHARAUI Y *SAHARIANO* NO SIEMPRE SON EQUIVALENTES

El término *saharaui* se emplea específicamente para aludir a lo relacionado con la antigua provincia española del Sáhara Occidental, hoy República Árabe Saharaui Democrática, mientras que *sahariano* se usa en un sentido más amplio, pues es tanto lo relativo al desierto del Sáhara como un sinónimo de *saharaui*.

BRASILEÑO O *BRASILERO*, PERO NO *BRASILEIRO*

El gentilicio recomendado para los naturales de Brasil es *brasileño*, de uso mayoritario en todo el ámbito hispánico, aunque alterna en algunos países de América con *brasilero*, adaptación también válida de la voz portuguesa *brasileiro*, según señala el *Diccionario panhispánico de dudas*.

BONAERENSE NO ES LO MISMO QUE *PORTEÑO*

El gentilicio (y el adjetivo) en español para aludir a los naturales de la ciudad de Buenos Aires no es *bonaerense*, sino *porteño*. En la Argentina hay dos topónimos homónimos: la ciudad de Buenos Aires (gentilicio: *porteño*), capital del país y ciudad autónoma, y la provincia de Buenos Aires (gentilicio: *bonaerense*).

10 TÉRMINOS DEL CALÓ QUE MOLAN

El caló, también denominado *gitano* o *romanó*, es una variedad del romaní que hablan los gitanos de España, Francia y Portugal, y que, debido al contacto con el español, ha dejado en este algunas palabras que se usan sobre todo en la lengua coloquial.

ESTO *MOLA* MUCHO

Molar, como verbo, no tiene nada que ver con las muelas, sino que significa 'gustar', 'agradar mucho'. Lo usan sobre todo los jóvenes, pero hasta el cantante Camilo Sesto, en el año 2002, lo incluyó en una de sus canciones: *Mola mazo*.

CHINGAR NO SIEMPRE ES PLACENTERO

En función del contexto, *chingar* (del caló *čingarár*, 'pelear') puede equivaler a *molestar* o *fastidiar*, pero también a 'practicar el coito con alguien'. En el español de América, además, se emplea su conjugación pronominal como sinónimo de *robar* o de *embriagarse*, entre otros usos.

CAMELAR PUEDE SER BUENO O MALO

Hay que tener cuidado con aquel que intente camelar, pues sus intenciones no siempre tienen por qué ser buenas. *Camelar* en caló significa 'querer, enamorar' y procede del sánscrito *kāma*, 'deseo, amor'. Sin embargo, no siempre tiene este sentido positivo, pues a menudo el camelador trata de convencer o engañar a una persona con alabanzas y adulaciones haciéndole creer cualidades que a veces ni tiene para conseguir un propósito.

MI HERMANA HA TENIDO OTRO *CHURUMBEL*

Para referirse a las personas que tienen días, meses o muy pocos años, existen términos como *niño, criatura, bebé, rorro, infante, crío, mamón, nene…*, y también *churumbel*, voz que se usa especialmente en contextos informales y coloquiales.

ESTAR HECHO UN *CHAVAL*

La palabra *chaval* se usa para aludir a niños de poca edad y a muchachos, es decir, a las personas que se hallan en la juventud o que aún no han llegado a la adolescencia. Cuando alguien, por su estado físico, aparenta ser mucho más joven de lo que es, se dice de él que «está hecho un chaval».

¿HARTO DE *CURRAR*?

Ya decía Luis Aguilé que era una lata el trabajar, y la cosa tampoco mejora mucho por más que se sustituya el infinitivo por el término de origen caló *currar*. Aparte de esto, y gracias a Dios, la vida pasa felizmente si hay amor.

ENDIÑAR UNA PALIZA

A pesar de que el diccionario académico define *endiñar* únicamente como 'dar o asestar un golpe', según diccionarios de uso, como el de María Moliner o el *Diccionario del español actual*, de Andrés, Seco y Ramos, también se emplea con el sentido de 'endilgar o endosar una cosa molesta o pesada'.

HA QUEDADO *FETÉN*

Fetén, que en caló significa 'mejor', ha pasado al español como adjetivo con el sentido de 'bueno, estupendo, excelente' («Es una mujer fetén») y de 'sincero, auténtico, verdadero, evidente' («El billete es fetén»), como sustantivo femenino equivalente de 'la verdad' y como adverbio con el significado de 'muy bien' o 'fenomenal' («Lo pasamos fetén en la fiesta»).

LE GUSTA HACER MUCHO EL *PARIPÉ*

Cuando se dice de alguien que está haciendo el *paripé* es porque está fingiendo de manera hipócrita y falsa tener o ser algo que no tiene ni es, por ejemplo, llevarse bien con alguien a quien, en realidad, no soporta o simular que está enfermo.

LOS LADRONES *MANGAN*

El verbo *mangar* es sinónimo de *pedir* o *mendigar*. El *Diccionario*, además de recoger estos usos, incluye el sentido de 'robar', empleado en el español actual coloquial en frases como «Le mangaron el abrigo en la discoteca»; el de 'pedir dinero prestado', propio de Argentina y Uruguay, y el de 'timar', que se usaba en Cuba.

10 PALABRAS Y EXPRESIONES RELIGIOSAS QUE USAMOS DE FORMA LAICA

Además de nombres propios bíblicos, como *Magdalena* o *Judas*, que aparecen en expresiones como «llorar como una Magdalena» o «ser más falso que Judas», en el lenguaje cotidiano se usan con frecuencia otras palabras relacionadas con el cristianismo, como las que se muestran a continuación.

ESTAR EN EL *LIMBO*

En la primera década del siglo XXI, el Vaticano decidió eliminar el *limbo*, ese lugar al que iban las almas de quienes morían sin recibir el sacramento del bautismo antes de tener uso de razón, y estableció que los bebés sin bautizar irían al paraíso. Sin embargo, hay personas que, en vida, están en el limbo, es decir, que no se enteran de lo que ocurre a su alrededor.

VAYA *HOSTIA*

Hasta hace unos años, en misa no solo se daban hostias de las bendecidas y que están hechas de pan ácimo, sino que, en el sacramento de la confirmación, el obispo, tras la imposición de manos y el ungimiento en la frente, daba una palmadita al fiel en la cara; de hecho, se usa el término *hostia* para referirse a una bofetada, pero también a un golpe o trastazo.

SI SE LLEGA A UN ACUERDO, HAY *FUMATA BLANCA*

Cuando el sumo pontífice romano muere o renuncia a su papado, los cardenales se reúnen para elegir a su sucesor mediante votación. En el caso de no conseguir los votos necesarios, por la chimenea de la Capilla Sixtina sale una columna de humo negro denominada *fumata negra*. Sin embargo, si es de color blanco, se dice que hay *fumata blanca*, es decir, se ha llegado a un acuerdo y hay un nuevo papa.

COLGAR EL *SAMBENITO*

El significado religioso original del sustantivo *sambenito* es 'capotillo o escapulario que se ponía a los penitentes reconciliados por el tribunal eclesiástico de la Inquisición' o 'letrero que se ponía en las iglesias con el nombre y castigo de los penitenciados, y las señales de su castigo'. Actualmente se emplea para hacer referencia a una 'cosa que se aplica a alguien para desacreditarlo' o a la 'mala fama que pesa sobre alguien'.

ESTAR HECHO UN *ECCEHOMO*

«Ecce homo», que quiere decir «He aquí el hombre», fue la frase latina que pronunció Poncio Pilato delante del pueblo cuando presentó a Jesucristo herido y magullado tras ser flagelado, golpeado y coronado de espinas y antes de ser crucificado. Por eso, cuando se dice de alguien que *está hecho un eccehomo* es que está lacerado, roto, con un aspecto que da lástima.

PARA MÁS *INRI*

De acuerdo con el *Diccionario de la lengua española, inri* es una 'nota de burla' y *para más inri* una locución que significa 'para mayor escarnio', intención que tenía el acrónimo *INRI* (de *Iesus Nazarēnus Rex Iudaeōrum*, 'Jesús nazareno rey de los judíos') que figuraba en el rótulo que colgaron en la cruz de Cristo y que señalaba la causa por la que se le condenaba.

SE VEN DE *PASCUAS A RAMOS*

La Semana Santa comienza el Domingo de Ramos y termina el Domingo de Resurrección, día en el que se celebra la fiesta de la resurrección de Cristo, también conocida como Pascua. Por tanto, desde la Pascua hasta el siguiente Domingo de Ramos pasa aproximadamente un año. Comúnmente se usa esta expresión con el sentido de 'de vez en cuando, dejando pasar mucho tiempo de una vez a otra'.

LAVARSE LAS MANOS

Cuando alguien se desentiende de un asunto en el que hay dificultades o inconvenientes, eludiendo cualquier responsabilidad, se dice que se lava las manos, en alusión al episodio que se describe en el Evangelio en el que Poncio Pilato decide no intervenir en la decisión del pueblo que condena a Jesús a ser crucificado y se exime de toda culpa lavándose las manos, literalmente, y diciendo «No soy responsable de la sangre de este hombre».

MÁS LIMPIO QUE UNA *PATENA*

La *patena* es la bandeja en la que se pone la hostia durante la celebración eucarística. Suele ser dorada y, debido a que en ella se depositan las obleas con las que se comulga, está impecable y muy reluciente, de ahí que se use como paradigma de lo limpio.

DECIR *AMÉN* A TODO

Al final de una oración se dice la voz *amén*, que significa 'así sea'. Esta interjección se usa en expresiones como *decir amén a todo* o *a algo* para expresar que se está de acuerdo y que se aprueba.

10 MULETILLAS QUE, *ESTO*, NO PARAMOS DE DECIR O, *BUENO*, DE OÍR

En la lengua oral, no todo lo que decimos responde a criterios estrictamente comunicativos, muchas veces les damos vueltas a los mismos temas, incluimos reformulaciones, redundancias y hasta muletillas que no aportan apenas información al intercambio comunicativo.

ESTO ES *EN PLAN* OTRA LISTA

En plan es una coletilla muy frecuente en la jerga juvenil, viene a ser una forma de indicar cómo es algo, a qué se parece o asemeja, pero, en la práctica, se abusa tanto de ellas que ya sirve para todo… Del «quedamos en plan tranqui», sin mucha idea de hacer grandes cosas, hemos pasado a los «jerséis en plan amarillo», esto es, amarillos, simple y llanamente.

O SEA, POR SI NO TE HAS ENTERADO

O sea y *o sea, tía* vienen a ser lo mismo. En teoría, deberían introducir una explicación o una reformulación para que algo quedara del todo claro, pero como buenas muletillas muchas veces son solo una manera de no callar, de extender la frase cuando hace rato ya que la idea había quedado clara: «Mira, es que me sentó fatal, se portó muy mal, o sea, pero mal, tía, que mal. De verdad, o sea, yo no me lo esperaba. Puf».

¿VALE? ¿O TE LO REPITO?

En la comunicación oral, muchas veces se introducen fórmulas que, aunque no tienen valor informativo, son útiles al emisor para comprobar que la información está llegando bien, sirven también para asegurar el canal de la comunicación cuando, por ejemplo, nuestro parlamento es largo y pedimos, de cuando en cuando, confirmación al receptor. *¿Vale?* es una de las fórmulas que tienen esta función, con moderación son útiles, pero, en exceso, cansan.

SÍ O QUÉ

Es otra fórmula hecha para pedir conformidad, en ocasiones también para asegurarse de haber entendido algo bien; pero las más de las veces es una coletilla que se añade al final para darle el turno de habla al interlocutor.

ESTEEEEE

A veces, como la comunicación oral es muy rápida necesitamos ganar tiempo, unos segundos para pensar una respuesta, para hacer un repaso o un cálculo mental, antes de contestar a lo que nos han preguntado. Es cuando este largo *esteeeee* entra en juego, nos brinda el tiempo necesario para pensar y salir airosos.

ESTA ES LA SEXTA, ¿ENTIENDES?

Hay gente que cuando habla no para de preguntar *¿entiendes?* Este latiguillo, además de repetitivo, resulta poco elegante porque da a entender que el interlocutor es tonto, que no entiende lo que se le está diciendo.

Y ESTA LA SÉPTIMA, ¿ME EXPLICO?

En el lado opuesto a los que repiten *¿entiendes?* están los que terminan todas sus intervenciones con la frasecita *¿me explico?* Estos no creen que sea el interlocutor el que no se entera, sino que, en su inseguridad, piensan que más bien son ellos los que no se explican. Tanto en uno como en otro caso, son fórmulas cansinas y evitables en la mayor parte de los casos.

YA SABRÁS CUÁL ES ESTA, ¿NO?

Una forma muy frecuente de terminar las frases cuando se está hablando es añadir *¿no?* al final. Es una manera de pedir aprobación, comprensión y hasta complicidad. En ocasiones, en función de la conversación concreta, es una coletilla necesaria, pero en otras puede omitirse y no pasa nada.

ESTAMOS ACABANDO, ¿SABES?

Propia también del lenguaje juvenil, este *sabes* inunda muchas conversaciones. Quizá se piense que queda bien en cualquier parte de la oración, que cae bien donde lo pongas, el *sabes* y el *sabes, tío* no fallan en cualquier conversación entre adolescentes.

BUENO, POR SI NO TE HABÍAS DADO CUENTA

Esta muletilla no tiene edad, ni estrato social, ni registro. El que esté libre de pecado que tire la primera piedra porque todos hemos recurrido en más de una ocasión a ella. La metemos al inicio de la frase, en la mitad y, dependiendo del tono, hasta es a veces el enunciado entero. Y es que, *bueno*, a veces, *pues bueno*, no tiene uno más que añadir.

10 LATINISMOS Y SUS ERRORES MÁS FRECUENTES

El latín nos ha dejado muchas expresiones de uso habitual en nuestra comunicación cotidiana, sin embargo, como es una lengua que nos queda algo lejana, el empleo de estas expresiones está lleno de dudas que conviene aclarar y de incorrecciones que es preferible evitar. En la siguiente lista repasamos algunas de las más frecuentes.

GROSSO MODO, NO A *GROSSO MODO*

Para indicar que algo se está explicando a grandes rasgos, sin entrar a valorar todos los detalles o las pequeñas cuestiones, se emplea muy a menudo la expresión latina *grosso modo*, que significa 'aproximadamente o a grandes rasgos'. El error más habitual es verla precedida de una preposición *a*, que no le corresponde.

CUANDO LOS PADRES RECURREN AL LATÍN

En todas las broncas hay grados, se puede estar molesto, enfadado o directamente iracundo y, si la bronca en cuestión es por no haber hecho algo, seguro que en algún momento sale a relucir este latinajo, «lo quiero *ipso facto*» o una variante inadecuada, pero también frecuente, «lo quiero *de ipso facto*». La segunda opción no es correcta, pero, la verdad, si te la dicen así, casi mejor no lo corrijas en el momento de la discusión…

MI *MODUS OPERANDI*

Esta expresión latina, que significa 'manera especial de actuar o trabajar para alcanzar el fin propuesto', es invariable, tal y como se recoge en el diccionario académico, por lo que, aunque se aplique a una pluralidad, nunca es adecuado decir o escribir *los modus operandis*.

MÁS QUE UNA FRASE HECHA, UN TRABALENGUAS

La expresión latina que significa 'por propia iniciativa' es *motu proprio*. Nos hacemos cargo, ya sabemos que esto de pronunciar *pro-pri-o* es un poco para nota y que es mucho más fácil decir *pro-pi-o*, pero es que el latinismo lleva las dos erres, qué le vamos a hacer. Además, tampoco es adecuado emplear la preposición *de*, que habitualmente se le coloca delante.

AHORRANDO PALABRAS CON EL LATÍN

En español, hay varias formas de expresar que se cambiará lo que se deba cambiar de algo, pero ninguna es tan concisa como la fórmula latina *mutatis mutandis*. Su empleo es absolutamente válido, claro está, pero, ojo, debe escribirse así: *mutatis mutandis*, y no *mutatis mutantis* ni *mutatis mutandi*.

PER SE MISMO

Para expresar 'por sí', 'de por sí', 'en sí mismo' o 'por su naturaleza' es frecuente optar por emplear el latinismo *per se*. Hay que recordar que esta locución latina se escribe en dos palabras, en cursiva y sin tilde, por lo que no son adecuadas las grafías *per sé, perse* o *persé.*

RECUERDA QUE ES *IN MEMORIAM*

In memoriam significa 'en memoria, en recuerdo' y se emplea muy frecuentemente en monumentos conmemorativos e incluso funerarios. Si hay que grabar esta frase latina en piedra, obviamente para que perdure, más vale comprobar bien su escritura: lo adecuado es *in memoriam*, no *in memorian* o *in memóriam.*

EN LATÍN *EN* ES *IN*

In situ, una de las locuciones latinas más empleadas en español, significa 'en el lugar, en el sitio', y lo adecuado es que vaya encabezada por la preposición latina *in*, no por la preposición española *en*. Sin duda, la cercanía entre ambas formas hace que este error sea frecuente.

IN EXTREMIS, NO *EN EXTREMIS*

La fórmula latina adecuada de la locución adverbial que significa 'en los últimos instantes de la existencia' y 'en los últimos instantes de una situación peligrosa o comprometida' es *in extremis*, con la preposición latina *in*, no *en extremis*, con la preposición *en* española.

IN CRESCENDO, NO *EN CRESCENDO*

Para dar la idea de que algo aumenta de manera gradual, se utiliza muchas veces la locución *in crescendo*. De manera similar a como pasaba con *in situ* y *en situ* y con *in extremis* y en *extremis*, en este caso también es habitual emplear erróneamente la preposición española en lugar de la latina encabezando esta expresión.

10 EXPRESIONES, Y SUS DUDAS, QUE SON FRECUENTES CUANDO HAY ELECCIONES

Escribir las crónicas de unas elecciones no es sencillo, hay muchas expresiones relacionadas con el proceso electoral, los nombramientos de cargos, los resultados, etc., y es fácil tener dudas. En esta lista recopilamos algunos de los errores que se ven con más frecuencia.

EL *APOLITISMO*, UNA OPCIÓN NADA RECOMENDABLE

El término adecuado para referirse a la 'condición de apolítico', tal y como recoge el *Diccionario*, es *apoliticismo*, sin embargo, entre los partidarios de esta opción no falta quien se declara seguidor del *apolitismo*, sin reparar en que a esta última le faltan dos letras para estar bien formada.

LA *CABEZA DE LISTA* QUE TRAE DE CABEZA

Cada vez que se acercan unas elecciones, los medios de comunicación llenan páginas haciendo cábalas con quiénes serán los *cabezas de lista*. Incluso en los propios partidos se hacen toda clase de apuestas. Lo preocupante no es tanto la persona que acabe por encabezar la lista como la expresión *cabeza de lista* en sí, ya que a menudo hay que recordar que su plural es *cabezas de lista* no *cabezas de listas*.

LOS *COMICIOS ELECTORALES* REDUNDANTES

Comicios electorales es una de esas colocaciones que se tienen en la cabeza y de la que los periodistas suelen echar mano cuando deben informar sobre estos temas, pero resulta algo redundante: según el *Diccionario*, *comicios* significa ya 'elecciones para designar cargos políticos', por lo que no hay necesidad de añadir el *electorales* detrás.

CUNERO, LA PALABRA QUE ATERRIZA EN ALGUNAS ELECCIONES

Uno de los sustantivos relacionados con las elecciones que no todo el mundo conoce es la palabra *cunero*, este término empezó a emplearse durante el siglo XIX para referirse a los candidatos extraños al distrito patrocinados por el Gobierno, pero en su uso actual extiende su sentido a cualquier persona que pertenece a un distrito distinto de aquel por el que se presenta.

LA *DEBACLE ELECTORAL*

En no pocos procesos electorales el resultado electoral es un desastre, un desastre para el Gobierno, para la oposición o para algún partido en concreto. Cuando esto sucede, salta a la palestra la expresión *la debacle electoral*, pero, ojo, es una *debacle* femenina y llana, aunque a menudo se encuentre como masculina y esdrújula: *el débacle*.

ES DIFÍCIL SABER QUIÉN *DETENTA* Y QUIÉN *OSTENTA*

En la prensa, son muchos los dirigentes que *detentan* el poder, pero si *detentar* es 'retener y ejercer ilegítimamente algún poder o cargo público' y estos dirigentes han conseguido su cargo de manera legítima, quizá será que lo ostentan, lo ejercen o lo desempeñan.

¿EL *EXMINISTRO* ERA MINISTRO ENTONCES?

Otro de los líos que el lector puede hacerse con las informaciones sobre política se da con *el entonces ministro* y *el exministro*. Si leemos que «El informe del AVE gallego, presentado en el 2010 por el exministro Blanco, fue duramente criticado por la oposición» se podría pensar que, cuando Blanco presentó el informe, ya era exministro. Si Blanco era ministro entonces, resulta menos ambiguo optar por *el entonces ministro*, para que quede claro que, aunque hoy es exministro, entonces era ministro.

EL *PRESIDENTE ELECTO* AÚN NO ES *PRESIDENTE*

Electa es la persona elegida para un cargo del que aún no ha tomado posesión. Sin embargo, en los regímenes no presidenciales, como el español, solo se puede hablar en sentido estricto de *presidente electo* cuando este ya ha sido elegido por el Parlamento y todavía no ha jurado su cargo, ya que entre tanto no es sino un simple parlamentario. En estos casos resulta preferible hablar de *futuro* o *virtual presidente*.

NOMBRADA *COMO* PRESIDENTA, NOMBRADA PRESIDENTA

Al hablar de los cargos recién estrenados, suelen colarse fórmulas como «Fulanito fue *elegido como ministro*», «Menganita ha sido *nombrada como presidenta*». El *Diccionario panhispánico de dudas* señala que ese empleo de *como*, que funciona a modo de preposición, se considera un anglicismo que conviene evitar.

CUANDO LA SEMÁNTICA SE METE EN LA ORTOGRAFÍA

Hay palabras en las que su propio significado es el que determina si se escriben con inicial mayúscula o minúscula. Por ejemplo, *gobierno* se escribe con caja alta cuando se refiere al conjunto de personas o instituciones que gobiernan una división político-administrativa, pero con caja baja si alude a la forma de gobernar o al tiempo que dura el mandato de quien gobierna.

10 DE LAS CUESTIONES MÁS PREGUNTADAS A LA FUNDÉU

La Fundéu no solo se dedica a publicar recomendaciones de uso por propia iniciativa, sino que también responde a las preguntas de los hablantes. Estas diez son las que más se repiten.

¿SE ESCRIBE *DE MÁS* O *DEMÁS*?

En función del sentido, ambas podrían ser válidas. La forma en dos palabras, *de más*, es el resultado de la preposición *de* y el adverbio de cantidad *más*, y significa 'de sobra o en demasía': «Su comentario estuvo de más». Por otro lado, la escritura en una sola palabra, *demás*, es correcta con el sentido de 'otras personas o cosas': «A la ceremonia asistieron los novios, la familia y demás allegados».

LA COMA CRIMINAL

La coma que se interpone entre el sujeto y el verbo, que algunos llaman *coma criminal*, trae de cabeza a muchos de quienes nos consultan. Es cierto que a veces hacemos una cierta pausa en la lengua oral, pero no es adecuado representarla con una coma que separaría elementos fundamentales de la oración. No caer en ese error fue, de hecho, el consejo que más valoraron los seguidores de la Fundéu en un campeonato celebrado en las redes sociales.

¿*CARRILES BICI* O *CARRILES BICIS*?

En las secuencias formadas por dos sustantivos seguidos en los que el segundo tiene una función adjetival, lo normal es que solo pluralice el primero: *carriles bici*. Solo es posible poner en plural el segundo —pero no obligatorio— cuando cabe sustituirlas por una estructura atributiva: se dice tanto *niños soldado* como *niños soldados* porque es natural la paráfrasis *esos niños son soldados* (mientras que suena a rayos *esos carriles son bicis*).

EL PLURAL DE *CÓMIC* LLEVA TILDE

Es decir, se escribe *cómics*. Y el plural de *récord* es *récords*. Y el de *cíborg*, *cíborgs*. Todas estas palabras tienen en común que proceden de voces extranjeras y se rigen por la norma de que las palabras llanas terminadas en grupo consonántico llevan tilde…, aunque acaben en *s*.

¿LAS SIGLAS TIENEN PLURAL?

Igual llega el día en que la norma cambia y se permite añadir una *s* minúscula para marcar por escrito el plural de las siglas, pero, hoy por hoy, lo establecido es que esta información recaiga en los determinantes que las acompañan: *las ONG* o *muchas ONG*, no *las ONGS*, *las ONGs* ni *las ONG's*. Lo cual no quita para que al hablar sí se pronuncie dicha *s* en los plurales.

LA *A* TÓNICA ES LA QUE SE PRONUNCIA CON MÁS FUERZA

Una y otra vez surge la cuestión de por qué se dice que palabras como *área*, *alza* o *hambre* son femeninas si el artículo precedente es *el*. La respuesta es que esta es la forma que toma el artículo ante sustantivos femeninos que empiezan por *a* tónica. Pero basta posponer un adjetivo para confirmar el género (*el área pequeña*) o anteponerlo para volver a emplear *la*: *la primera alza*.

¿PARÉNTESIS Y PUNTO O PUNTO Y PARÉNTESIS?

Cuando se escribe un inciso entre paréntesis y el signo de cierre coincide con el final de la oración, suele dudarse de si poner el punto dentro o fuera del paréntesis. Aunque anteriormente solo se escribía después cuando el paréntesis formaba parte de un enunciado superior, en la actualidad el punto se escribe siempre después.

POR QUÉ SE ESCRIBE A VECES *PORQUE* Y OTRAS *PORQUÉ*

La secuencia *por qué* introduce una pregunta a la que se responde con la conjunción causal *porque*. La voz *porqué* es un sustantivo equivalente a *motivo* y puede, por tanto, escribirse en plural y tener complementos del nombre: *los porqués de cada uno*.

EN RELACIÓN CON EL USO DE LAS PREPOSICIONES

Aunque son legión los que escriben *en relación a*, la *Nueva gramática de la lengua española* señala sin ambages que tal locución es incorrecta y que la fetén es *en relación con*.

SI NO ES UNA CONDICIONAL NEGATIVA, SE ESCRIBE *SINO*

Se escribe *sino* cuando se hace referencia al sustantivo («Es mi sino»), cuando dicha palabra puede sustituirse por *más que* u *otra cosa que* («No hace sino confirmar lo que creíamos») y si se trata de una conjunción adversativa («No estudio inglés, sino alemán»). Se escribe *si no* cuando se introduce una oración condicional negativa: «¿Te queda claro? Si no (te queda claro), te lo explico de nuevo».

10 EXPRESIONES QUE SON PARA TODOS LOS GUSTOS, COMO LOS COLORES

Los colores aparecen en muchas expresiones, forman parte de locuciones o de dichos más o menos coloquiales al asociarse a determinadas situaciones o por lo que evocan en nosotros. Naturalmente estas asociaciones son culturales, se vinculan a una situación que más o menos está accesible en el acervo común y se fosilizan con determinado significado.

SI *TE QUEDAS EN BLANCO*, REGLA NEMOTÉCNICA AL CANTO

El blanco, según el diccionario académico, es el color semejante al de la leche o al de la nieve. *En blanco* están también, o eso decimos, las hojas que no tienen nada escrito o impreso, por eso cuando alguien se *queda en blanco* es que no recuerda algo o no sabe qué decir.

TODAVÍA *ESTÁS ALGO VERDE*

El *verde* es el color de la hierba fresca, el de los frutos tiernos que aún permanecen en el árbol sin madurar. Por eso se aplica a personas que aún no están preparadas para una responsabilidad o una tarea determinada, que todavía son inexpertos en algo.

MEJOR *PONERSE MORADO* QUE *PASARLAS MORADAS*

El color morado está presente en dos expresiones muy populares y de significado bien distinto: *ponerse morado* es hartarse de comer, mientras que *pasarlas moradas* significa encontrarse en una situación difícil o comprometida. Puestos a elegir, mejor lo primero.

NO QUEREMOS *PONERTE ROJO* NI AVERGONZARTE

El rojo es el color que tienen, según el diccionario académico, la sangre y los tomates maduros. Cuando alguien se ruboriza al sentir vergüenza por algo, la piel de la cara se enrojece, por eso se dice que se *pone rojo*.

¿TE CUENTO UN *CHISTE VERDE*?

La Academia recoge, entre las veintidós acepciones la palabra *verde*, el sentido de 'dicho de un cuento, de una comedia, de un chiste: indecentes, eróticos'. Sea esto indecente o no, lo cierto es que los chistes verdes, de contenido sexual más o menos explícito, han hecho reír a cualquiera en más de una ocasión.

LA *SANGRE* PARECE *AZUL* A TRAVÉS DE LA BLANCA PIEL

La *sangre azul* es la que caracteriza a la realeza porque, como no tomaban el sol, el color azulado de las venas se veía a través de su pálida y delicada piel.

El moreno que tanto se ansía ahora era entonces señal de pertenencia al campesinado, que trabajaba el campo bajo el sol y que, por tanto, tenía la piel oscura.

AUNQUE NO TENGAS HAMBRE, TE VAS A *COMER ESTE MARRÓN*

Un *marrón* es, en el español coloquial, una 'situación molesta, desagradable o embarazosa'. O sea que, si a alguien le toca comérselo, que se prepare porque esa carga va a ser enterita para él.

EL *DINERO NEGRO*, TENTADOR PERO ILEGAL

El *dinero negro* es aquel que escapa al control fiscal, la caja b, el que no se declara y no se registra. Quizá se utilice este color porque es el que permanece en la sombra.

ESTA LISTA *ESTÁ AL ROJO VIVO*, ¿NO?

Algo *está al rojo* o *al rojo vivo* cuando se ha calentado tanto que ha llegado a tener el mismo color que las llamas. Del color al calor, y del calor a la emoción: también está al rojo el momento más crítico y emocionante de la trama de una película o quien está superexcitado.

Y LA ÚLTIMA *TIENE LA NEGRA*

Aunque quizá hoy no sea la acepción más políticamente correcta, lo cierto es que esta expresión aún se oye, porque se emplea para dar a entender que a alguien le están pasando cosas malas, que vive una mala racha llena de infortunios.

10 EXPRESIONES CON UN PAR DE...

Hay una palabra que parece servir para todo, presente en multitud de expresiones y con bastantes derivados. Trae de cabeza a muchos estudiantes de español como lengua extranjera y, además, las cosas como son, muy políticamente correcta no es. Nos referimos, claro está, al sustantivo *cojón*.

COJONES

La propia palabra ya es una expresión en sí misma, según el diccionario académico es una interjección malsonante que sirve para expresar distintos estados de ánimo, especialmente extrañeza o enfado.

DERIVADOS DEL SUSTANTIVO

Si a *cojones* le vamos añadiendo formantes encontramos que su familia léxica es verdaderamente rica. Si alguien está *acojonado* es que tiene miedo, si algo es *cojonudo* es que es muy bueno, si alguien está un poco atocinado es un *cojonazos* y si algo tiene mucha gracia nos *descojonamos*.

OJO A LA PREPOSICIÓN

Si Fulano es un tío *con cojones* es que es valiente, pero si Mengano hizo algo *por cojones* es que se empeñó en hacerlo y que no paró hasta conseguirlo. Cuando alguien está *hasta los cojones* es que está verdaderamente harto de algo y si alguien *no tiene cojones* es que no tiene lo que hay que tener para hacer algo.

LOS *COJONES* MÁS UN NÚMERO

En las expresiones que se forman con este sustantivo hay que prestar mucha atención al numeral: si va con el número uno indica que algo es muy caro o muy costoso, *valía un cojón*, *me costó un cojón hacerlo*; con el número dos indica valentía, *lo hizo con dos cojones*; con el tres suele expresar desprecio o desinterés, *me importa tres cojones*, pero el grado máximo llega con los pares: *mil pares de cojones*. Esto ya indica que aquello a lo que se aplica fue desorbitado: «se formó un atasco de mil pares de cojones».

CUIDADO CON EL TIEMPO VERBAL

Si algo *toca los cojones* a alguien, en presente, es que le está molestando, pero si alguien está *tocándose los cojones*, con el gerundio, es que no está haciendo nada de nada. Si se recurre al imperativo lo que se suele expresar es sorpresa o desconcierto, *tócate los cojones*.

LOS *COJONES* DE LOS CABALLOS

En esta categoría la rivalidad está establecida entre los cojones del caballo del Cid y los del caballo de Espartero; sea cual sea el célebre equino al que uno recurra, estas expresiones se emplean para indicar el grado máximo de la condición. Si alguien *tiene los cojones del caballo de…* o *más grandes que el caballo de…*, es que los tiene lo más grandes que se pueden tener.

INCLUSO MÁS

Después del tamaño máximo que, como se ha dicho, queda establecido por el límite que marcan estos célebres caballos, hay ya personas que los tienen tan grandes *que les cuelgan* e incluso que se *los pisan* y otros hasta *se sientan sobre ellos*.

QUIÉN *SE CORTA LOS COJONES*

Si uno lo dice de sí mismo es que está absolutamente seguro de lo que afirma: «Me apuesto lo que quieras, estoy tan seguro que, fíjate lo que te digo, si no es así *me corto los cojones*». Pero claro, esta misma expresión sirve como una amenaza grave, «como lo pille *le corto los cojones*».

MANDA COJONES

Esta expresión se emplea muchas veces para expresar una gran sorpresa, algo que sucede y que de ninguna manera habríamos podido anticipar. A veces es un simple intensificador de la exclamación *¡cojones!*, más largo y expresivo que esta última.

¿POR QUÉ HACEMOS ESTA LISTA?

Si no temiéramos resultar ofensivos o maleducados, diríamos que porque *nos sale de los cojones*. Al fin y al cabo, es un modo muy usual de expresar que alguien hace algo porque le da la gana. En fin… diremos mejor que hacemos esta lista porque nos pareció una idea *cojonuda* ('estupenda, magnífica, excelente').

10 EXPRESIONES CON NOMBRES DE LETRAS

Las letras no solo nos sirven para formar palabras, a veces, ellas mismas o sus nombres son parte de expresiones que empleamos cotidianamente con muy diversos significados. En esta lista recogemos diez de esos dichos.

POR HACHE O POR BE, TOCA EMPEZAR

En ocasiones se aduce que el origen de esta expresión es precisamente que las letras hache y be forman parte de muchas palabras con las que es fácil equivocarse. Omitir una hache, cambiar una be por una uve o al revés. Sea como sea, se emplea precisamente para expresar aquello que, de una manera o de otra, se escriba con una letra o con otra, se acaba cumpliendo.

LLÁMALO EQUIS, PERO ES LO QUE HAY

La equis siempre se asocia a lo desconocido, a las incógnitas. En matemáticas, por ejemplo, es el dato del problema que falta, el valor que hay que encontrar, la parte de la ecuación que hay que despejar. En esta expresión viene también a aludir a eso, si no sabemos cómo se llama algo, pues lo llamamos *equis* y seguimos adelante.

MIRA, TE VAS A *IR A LA M*, ¿EH?

En este caso, una letra vale por toda una palabra. La eme representa en esta oración a la palabra *mierda*, que, por ser malsonante, no se quiere pronunciar y se sustituye eufemísticamente por la inicial.

SEGURO QUE YA TE LO SABES *DE PE A PA*

Este dicho se usa para dar a entender que algo se ha hecho desde el principio hasta el final, también para indicar que algo se hace en detalle o literalmente. Es muy frecuente cuando preguntamos si alguien se sabe o se ha estudiado algo: «Te lo tienes que aprender de pe a pa», esto es, todo enterito.

DE LA A A LA Z, VAMOS A PASAR POR UNAS CUANTAS LETRAS

Similar a la expresión anterior, esta también sirve para indicar que algo se ha hecho o que algo comprende desde el inicio hasta el final. De la primera letra del abecedario hasta la última.

TRES ERAN TRES, *LAS TRES BES*

Como el caso de *irse a la m*, aquí también una letra representa una palabra, aunque, mejor dicho, en este caso representa a tres. Decir *las tres bes*, es decir *bueno, bonito y barato*. Es una frase coloquial muy frecuente cuando compramos algo o contratamos un servicio, ya que lo que normalmente todo el mundo quiere es que las cosas sean sean buenas y bonitas y que, además, salgan baratas.

ES QUE NO SABE *NI JOTA*

Ni jota se utiliza para indicar que no se tiene ni idea sobre algún asunto. De hecho, una variante más extensa de esta expresión es *no saber ni jota*. La forma más breve figura recogida en el diccionario académico con el sentido de 'nada', 'ninguna cantidad'.

SI ERES ECOLOGISTA, EN *LAS TRES ERRES* SERÁS ESPECIALISTA

La creciente conciencia ambiental de los últimos años ha hecho que a las tres bes se sumen *las tres erres*, que son *reduce, reutiliza* y *recicla*. En inglés son cuatro, pues a estas tres se suele añadir *rot*, que vendría a traducirse por *composta*, pero en español no suele añadirse precisamente porque empieza por *c*.

¿NO VAS A PREGUNTAR *POR LAS CINCO UVES DOBLES?*

Una estructura clásica de los textos es la que prima en la redacción de noticias. Todos los periodistas saben que una buena pieza tiene que incluir estas cinco uves dobles que, en inglés, son *what, who, where, when* y *why*. Es decir, *qué, quién, dónde, cuándo* y *cómo* o, lo que es lo mismo, contar lo que ha sucedido, quiénes han sido sus protagonistas, dónde y cuándo ha pasado y cuáles han sido los motivos o las causas.

BORRIQUITO COMO TÚ, QUE NO SABE NI LA U

Esta frase es un dicho que suele emplearse coloquialmente y hasta la letra de una canción. Da igual que simplemente se diga o que se cante, y hasta que se baile, en todos esos casos, te están diciendo que no tienes ni idea de nada y, aunque en diminutivo, te están llamando *burro*.

10 DUDAS QUE SOLO SE DAN EN VERANO

Decir *julio* y *agosto* en el hemisferio norte es decir *vacaciones*, un tiempo de relax que esperamos con ansia durante todo el resto del año. Sin embargo, aunque estemos de vacaciones, en esta época también nos asaltan las dudas y los problemas lingüísticos.

EL *TARDEO* QUE LLEVA AL *TERRACEO*

En el verano, muchos disfrutan de la jornada intensiva, y esas horas de libertad que se ganan se aprovechan para salir con amigos. Es el *tardeo*, sustantivo con el que nos referimos al *terraceo* de tarde, a salir de tapas o de copas, hasta que finalmente llega el día en el que cogemos las vacaciones.

LUCIR EL *DETOX* CON EL *BIKINI*, EL *TRIKINI* O EL *MICROKINI*

Uno de los destinos de veraneo por antonomasia es la playa. En la maleta habremos metido nuestra mejor selección de *bikinis, trikinis* y *microkinis*, cada cual se pondrá el que prefiera, pero desde luego como mejor sientan es escritos con *k* (y no con *qu*), como manda la ortografía académica y el último número de *Vogue*. Claro que habrá que empezar hacia la Semana Santa con las dietas de la temporada y los tratamientos *depurativos*, que no *detox*.

SI TE SOBRA HASTA EL *MICROKINI*

Si te has currado la dieta más que nadie y quieres presumir de cuerpazo al sol, o si simplemente eres una persona que cree en la belleza propia de cada uno, quizá este verano te lances y te quites hasta el *microkini*; allá vamos con ese *nudismo*, que, por cierto, conviene no confundir con el *naturismo* y el *naturalismo*. Pero como eso no es para todo el mundo, también puedes optar por hacer *toples*, adaptación del anglicismo *topless* y recogido así, sin parte de arriba del bañador ni doble ese final, en el *Diccionario*.

A LA PLAYA O DE VIAJE

La playa, aunque a muchos les guste tomar el sol, hacer castillos en la arena o hacer esnórquel (con su tubo, sus gafas y su grafía a la española), no es la opción que elige todo el mundo. Los hay que además de estar de vacaciones tienen la gran suerte de viajar: son los que se topan con los anglicismos típicos de los aeropuertos. La *pasarela* para entrar en el avión (que ni los ingleses llaman *finger*), el *overbooking* o *sobreventa*, y el *jet-lag* o *desfase horario*.

¿DÓNDE NOS ALOJAMOS?

Hay quien esta decisión la toma haciendo una tabla de Excell para comparar qué *complejo hotelero* tiene más y mejores *servicios* y hay quien a esta hoja de cálculo la llama *amenities* del *resort*, pero en español es exactamente lo mismo. Algunos tiran la casa por la ventana y se alojan en una *suite*, otros en un buen *apartotel*, aquella se escribe en cursiva, pero este, en redonda.

LOS FESTIVALEROS

Además de los que optan por la playa y los que viajan, hay otro tipo de animal veraniego, el festivalero. Estos no cogen ni las *flip-flop* ni las *chanclas*, estos se calzan unas Converse mugrientas (cuidado, que esta mugre se ha ido adquiriendo pacientemente de festival en festival y se le tiene mucho cariño), tres botes de desodorante (nunca se lleva bastante a un festival) y un par de conjuntos a lo *boho*, y, tras conseguir entradas para todos los colegas en el *ticketing* (que no es más que la *venta de entradas*), cargan con la tienda de campaña y disfrutan de varios días de conciertos y *macrofiestas* (escrito así, en una sola palabra, sin espacio ni guion ni tiempo para descansar en medio de la palabra o del festival).

EN LOS FESTIVALES Y EN MUCHOS BARES

Como las entradas de los festivales no son baratas en muchos macroconciertos se aprovecha la *hora feliz*, que no la *happy hour*; pero esta clase de ofertas se pueden encontrar en muchos bares, también en algunas *gastronetas* o *foodtrucks*, aunque el nivel más duro de la hora feliz son los que directamente se van de *pub crawling*, de *ruta de borrachera*, vaya.

LOS *SELFIES*, EL DENOMINADOR COMÚN

Vayas donde vayas, en tu equipaje no puede faltar el complemento básico: el *paloselfi*. Vas a inundar las redes sociales con tus *selfis*, *autofotos* o *autorretratos* (te damos tres alternativas porque sabemos que te los vas a hacer por cientos). Pero cuidado con dar mucha envidia, porque cuando unos vuelven de vacaciones otros se van y aún te queda aguantar el *postureo* de los compañeros de trabajo.

LA *VUELTA AL COLE*

Lo bueno, queramos o no, siempre se acaba, y las vacaciones, no importa lo largas que sean, siempre se hacen cortas y, si no, que se lo digan a los estudiantes que se quejan amargamente de la *vuelta al cole*, mejor que *rentrée escolar*, pero que, seamos sinceros, son los que mejores vacaciones pasan.

LA DEPRESIÓN *POSVACACIONAL*, LO QUE NOS UNE A TODOS

Cuando toca volver a la rutina, da igual si te has ido a la playa, si has viajado a la otra punta del mundo, si has ido empalmando festival con festival o si no has salido del pueblo, la depresión que nos inunda es igual para todos. Para sobrellevarla, lo mejor es empezar por escribirla bien: *posvacacional*, mejor que *postvacacional*.

10 COSAS SOBRE LAS MAYÚSCULAS Y LAS MINÚSCULAS

Cuando la ortografía de las Academias dedica casi cien páginas a un tema es que el asunto no es tan sencillo como en principio puede parecer. Es el caso de las mayúsculas y las minúsculas, para las que normalmente no hay una única respuesta.

EN ESTOS NOMBRES, LA INICIAL ES MAYÚSCULA, QUE PARA ESO SON PROPIOS

Aprendemos desde pequeños que los nombres propios, como *Pedro* o *Ana,* se escriben con mayúsculas, pero cuando crecemos nos damos cuenta de que el problema no es saber que los nombres propios se escriben con mayúsculas, sino saber qué es exactamente un nombre propio. Ahí es donde radica la cuestión. En esta lista, además de este sencillo caso inicial de los nombres de persona, repasamos otros nueve.

ESTOY EN YOIGO Y USO EL WHATSAPP EN MI IPHONE

Cada día son más frecuentes las marcas que o bien prescinden de la mayúscula inicial en sus diseños, como sucede con *yoigo* y *adidas,* o, por otro lado, alteran su orden, como en *WhatsApp* o *iPhone.* En los primeros casos, en los textos donde no se reproduce el logotipo, la *Ortografía de la lengua española* recomienda convertir la primera letra en mayúscula (*Yoigo* y *Adidas*); en los segundos, respetarla.

UNA SOLEDAD MINÚSCULA EN EL TÍTULO DE *CIEN AÑOS DE SOLEDAD*

Los títulos de las obras de creación, como libros, películas, cuadros, esculturas, piezas musicales, programas radiofónicos o televisivos, etc., se escriben con inicial mayúscula solo en la primera palabra y en los nombres propios, si es que los tienen, y en letra cursiva.

LA HUMILDE LITERATURA SE ESTUDIA EN LA ALTIVA LITERATURA CONTEMPORÁNEA

Los nombres de las asignaturas que formen parte del programa reglado de un plan académico concreto se escriben con las iniciales en mayúscula. Pero se escriben en minúscula cuando simplemente se trate de la denominación descriptiva de un área de conocimiento o de una parcela del saber.

LOS IMPUESTOS SON COMUNES, AUNQUE PRESUMAN DE MAYÚSCULAS EN SUS SIGLAS

Es muy frecuente que los nombres de impuestos tengan una sigla y una denominación que se corresponde con el desarrollo de esa sigla. Pues bien, las siglas de los impuestos se escriben con mayúsculas (*IVA, ISR*); pero, cuando estas se desarrollan, las palabras que las integran se escriben con iniciales minúsculas si son nombres comunes: *impuesto sobre el valor añadido, impuesto sobre la renta,* tal y como señala la ortografía académica.

A LAS TASAS LES PASA LO MISMO, PERO NI SIQUIERA TIENEN SIGLA

Las tasas son pagos a los que están obligados personas o empresas en determinadas circunstancias. En los medios, se habla con frecuencia de algunas como la *tasa Google*, que obliga a los agregadores de noticias a pagar por usar contenidos protegidos. En todos los casos se trata de nombres comunes, por lo que lo adecuado es emplear la minúscula inicial, excepto en los nombres propios que pudiera contener la denominación.

¿AL BREXIT, EN BAJAS, YA SE LE PUEDE LLAMAR BREXIT, EN ALTAS?

Los sustantivos con los que se denominan los acontecimientos históricos relevantes se escriben con mayúscula inicial cuando no aluden de forma directa y transparente a los hechos designados. Aunque esta indicación parece clara, también aquí hay controversia en cuanto a saber qué es un acontecimiento histórico y desde cuándo se le puede considerar así. Es lo que sucede con algunos procesos que duran años y de los que se habla mientras están sucediendo, como el *Brexit*.

YA SE SABE QUE RÍO DE JANEIRO NO ES UN RÍO

Los nombres de los accidentes geográficos compuestos por un sustantivo genérico (*mar, río, volcán...*) y un nombre propio (*Mediterráneo, Orinoco, Kilauea...*) se escriben normalmente con el genérico en minúscula. Se exceptúan algunos casos, como cuando el nombre genérico no es realmente tal porque denota una realidad que no se corresponde con la naturaleza del referente designado; por ejemplo, el *Río de la Plata* no designa un río, sino un estuario.

SI QUIERES SER LEGAL, LOS NOMBRES DE LEYES CON MAYÚSCULA ESCRIBIRÁS

Los nombres oficiales de las leyes se escriben con mayúscula, pero las denominaciones no oficiales con las que frecuentemente son mencionadas en la prensa y con las que se suele aludir a ellas se escriben con minúsculas. Así, se escribe *nueva ley hipotecaria*, con minúsculas, pero *Ley Reguladora de los Contratos de Crédito Hipotecario*, con mayúsculas.

EL DE GIBRALTAR ES NUESTRO PEÑÓN POR ANTONOMASIA

Cuando un sustantivo común se emplea por sí solo y constituye una referencia inequívoca para los hablantes, puede escribirse con mayúscula. Así lo indica la ortografía académica, que pone como ejemplo el *Peñón*, referido al peñón de Gibraltar, que, para los españoles, es el peñón por antonomasia.

10 CONCORDANCIAS QUE DAN MUCHO QUE PENSAR

La concordancia en español en principio no parece complicada, los verbos concuerdan con sus sujetos, los nombres con los adjetivos que los modifican, los determinantes con el término al que determinan… Pero cuando alguno de estos elementos no queda claro, por más que pensemos no terminamos de verlo claro. Veamos diez casos con los que habitualmente se tienen dudas.

SOY DE LOS QUE OPINO QUE LOS QUE OPINAN NO TIENEN NI IDEA

En construcciones del tipo *yo soy de los que piensan, tú eres de los que opinan, nosotros somos de los que creen*…, es preferible utilizar siempre el verbo que sigue a *que* en tercera persona del plural y nunca en primera o segunda: *yo soy de los que pienso, tú eres de los que opinas* o *nosotros somos de los que creemos*.

TREINTA Y UN PERSONAS EQUIVOCADAS LLAMARON A LA TREINTA Y UNA

Para no confundirse en concordancias como esta lo que hay que recordar es que los numerales compuestos que terminan en *un/una* concuerdan con el género del sustantivo que va detrás: *treinta y una personas*, no *treinta y un personas*.

LA MAYORÍA DE LOS PRESENTES VOTÓ, PERO EL RESTO SE ABSTUVIERON

En gran parte de las construcciones del tipo *la mitad de, el resto de, la mayoría de*, etc., es adecuada tanto la concordancia con el verbo en plural (*la mayoría de los ciudadanos votaron*) como en singular (*la mayoría de los ciudadanos votó*). La gramática académica explica que en estas construcciones partitivas la concordancia depende de si se considera como núcleo el propio cuantificador singular (*la mayoría, la minoría, el resto, la mitad, un grupo*…) o el sustantivo en plural que lo sigue introducido por la preposición *de* (*los ciudadanos* en *la mayoría de los ciudadanos*).

LE DIJO A SUS PADRES QUE… ¿QUE LES DIJO QUÉ?

El pronombre *le* se emplea en plural (*les*) cuando el complemento al que se refiere también es plural: «El funcionario *les* dijo *a los asistentes* que se fueran» y no «El funcionario le dijo a los asistentes que se fueran». Solo es adecuado usar *le* cuando el complemento al que se refiere es singular («le dijo a él»).

EL REBAÑO PASTA, ASÍ, EN SINGULAR, COLECTIVAMENTE

Se llaman así los que designan un conjunto de seres pertenecientes a una misma clase (*gente, clero, familia, rebaño, hayedo, cubertería*, etc.) y la Real Academia explica que, cuando uno de estos sustantivos funciona como sujeto, el verbo debe ir en singular, así como los pronombres o adjetivos que se refieren a él: «La gente no lo sabe».

MARÍA FUE *UNA DE LOS ELEGIDOS*, CLARO

Oraciones como, por ejemplo, «María es una de los mejores alumnos» son válidas para hacer referencia a una mujer dentro de un colectivo mixto, ya que, aunque no se respeta formalmente la concordancia de género entre los dos elementos de la construcción (*una de los mejores alumnos*), se produce una concordancia por el sentido, que aclara, además, que se trata de un elemento femenino dentro de un grupo donde existen hombres y mujeres.

HACEN FALTA TANTAS COSAS...

A la Fundéu muchas veces llegan consultas sobre la concordancia de esta expresión en frases como «A este país le hace falta políticos que de verdad trabajen», la duda está en saber si es *hace* o *hacen falta*. Pues bien, lo adecuado en este caso es emplear el plural, ya que el verbo debe concordar con su sujeto, que es *políticos*.

FUE *LA PRIMERA MIEMBRO* EN LLAMARSE ASÍ

Tanto *la primera miembro* como *el primer miembro* son expresiones válidas para aludir a la primera mujer que, en su condición de parte de un grupo, realiza una determinada acción o participa en ella. En cambio, para referirse a la primera persona de un grupo, con independencia del género, que hace eso mismo, la más adecuada es *el primer miembro*.

HAY QUE VER LAS MILES, DIGO *LOS MILES DE VECES* QUE NOS PREGUNTAN ESTO

El sustantivo *miles* es masculino y, por lo tanto, lo adecuado es que el artículo que lo acompaña sea masculino para concordar con él: *los miles de personas* y no *las miles de personas*.

LAS MEJORES SON *LAS MEJOR VESTIDAS*

La palabra *mejor* se mantiene invariable cuando va delante de un participio, pues en esa posición es un adverbio comparativo de *bien*. Sin embargo, encontrar frases con la concordancia errónea, como en *son las mejores vestidas*, es frecuente, sobre todo cuando en un gran evento se comentan los modelos de la alfombra roja.

10 EXPRESIONES CON NÚMEROS

Los números no están solo para ser contados, sino que cuentan ellos mismos historias, permean el día a día y se cuelan en la conversación con frecuencia, es decir, *cada dos por tres*. Si quiere conocer el origen de algunas de estas expresiones, a continuación se explica una decena de ellas.

TE TOMAN EL PELO, TE *ESTÁN HACIENDO LA TRECE CATORCE*

Aunque a nadie le gusta que le tomen el pelo, también hay que saber reírse si la broma es inofensiva. Al parecer, en los talleres de mecánica hay llaves de tuercas, entre otras, de 12-13 y 14-15 milímetros; pero, cuando un aprendiz entraba a trabajar, los compañeros experimentados le pedían que buscase la 13-14, que no existía, y el pobre podía pasarse la jornada revisando en vano la caja de herramientas.

AUNQUE SON DOCE, *SE MANTIENEN EN SUS TRECE*

Que esta expresión significa 'porfiar, obstinarse en algo' y 'no dar el brazo a torcer' es cosa sabida. Aunque caben menos certezas respecto a su origen, la teoría predominante es que el papa Luna, coronado como Benedicto XIII, se negó a abdicar cuando se quedó sin apoyos y se refugió en Peñíscola, donde se dedicó a repetir «Papa sum y XIII».

LOS *CUATRO GATOS* QUE QUEDAN SON GATOS

Se dice que en un sitio hay *cuatro gatos* cuando apenas hay gente en él. Algunos apuntan a que esta expresión tiene que ver con el hecho de que *gato* es quien, habiendo nacido en Madrid, tiene al menos padres y abuelos igualmente madrileños. Se trata de un requisito que muy pocas personas cumplen, y de ahí lo de los *cuatro gatos*.

HACERSE UN SIETE EN EL PANTALÓN SIGUE QUEDANDO FATAL

Aquí el número 7 aporta su forma para dar significado a este dicho. Un siete es un rasgón en forma de ángulo en una prenda de ropa, sobre todo en un pantalón. Antiguamente uno se apresuraba a remendarlos, por no parecer pobre y desaliñado, ahora se lucen con orgullo: un pantalón con sietes estratégicamente distribuidos y deshilachados cuesta una fortuna y es el no va más.

NI SE INMUTA, *LE DA IGUAL OCHO QUE OCHENTA*

He aquí una mezcla de chulería y pasotismo. Si los ceros a la izquierda carecen de valor, situados a la derecha lo multiplican por diez. No debería resultar indiferente, por tanto, una cantidad u otra. Y, sin embargo, aquel de quien esto se dice permanece impertérrito ante circunstancias que deberían importunarlo.

SOMOS *CIENTO Y LA MADRE...*, ¿DE QUIÉN?

A nadie le sorprenderá leer que esta expresión equivale a 'muchas personas'. Cabe preguntarse qué aporta el remate de «y la madre». Tal vez sugiera la posibilidad de que esta dé a luz y haya más gente todavía. Como curiosidad, valga señalar que esta es una de las pocas ocasiones, junto con *ciento volando*, en que se emplea *ciento* en vez de *cien*.

¿CUÁL ES *LA PREGUNTA DEL MILLÓN*?

Algunos concursos ponen a prueba la cultura de los participantes. Aquellos que consisten en ir dando respuesta a preguntas sucesivas, terminan con una última de premio millonario. Lógicamente, se trata de la más difícil, pues ningún programa ni cadena puede conceder semejante suma cada dos por tres. En general, por tanto, la *pregunta del millón* es la más complicada o espinosa, la más peliaguda.

ESTO ESTÁ CLARÍSIMO, *COMO TRES Y DOS SON CINCO*

Cuando algo es evidente, se dice que es así... *como tres y dos son cinco*. No es que sea una suma sencilla, sino que se puede comprobar contando simplemente con los dedos de una mano. Vamos, que no puede haber dudas al respecto.

AUNQUE NO TE CONVENZA *NI A LA DE TRES*

La perseverancia es una virtud y rara vez salen las cosas a la primera. Cuando algo falla y vuelve a fallar, suele decirse aquello de que a ver si a la tercera va la vencida. Si tampoco se consigue el resultado, podrá afirmarse que algo no sale *ni a la de tres*, esto es, 'de ningún modo'.

Y ME PONGAS DE *UN HUMOR DE MIL DIABLOS*

Imagínese un aula magna atestada de diablos hasta contar mil. ¿Qué probabilidades hay de que salga alguna idea benévola de semejante conciliábulo? Ninguna. Si el diablo encarna la maldad, mejor no pensar en las medidas que tomarían un millar con malas pulgas.

10 CONSEJOS LINGÜÍSTICOS PARA CUANDO BAJAN LAS TEMPERATURAS

Cuando bajan las temperaturas y los territorios empiezan a estar en alerta por las mínimas que se van a registrar o por las rachas de viento, es que la ola de frío, nos suelen decir las informaciones meteorológicas, *llega a su punto álgido*. Y, claro, si lo contamos así, ya nos empiezan a asaltar las dudas.

¿UNA OLA DE FRÍO LLEGA A SU *PUNTO ÁLGIDO*?

Si, diccionario en mano, *álgido* equivale precisamente a 'muy frío', ¿no es esta una expresión redundante? Lo cierto es que *álgido*, además de 'muy frío', significa también que 'un momento de un periodo es crítico o culminante, especialmente en algunos procesos físicos, orgánicos, etc.'; vamos, que el *punto álgido* no queda tan lejos del momento más caliente del proceso.

MENOS BAJO CERO NO ES MÁS FRÍO QUE *BAJO CERO*

Cuando las temperaturas bajan tanto, las dudas nos asaltan a todos, y no solo desde nuestro fuero interno, sino también desde los propios medios de comunicación. Un clásico del invierno, como las castañas asadas y la lana que pica, son ya las noticias en las que se afirma que *las temperaturas van a llegar a los menos X grados bajo cero*, sin advertir que los grados o son negativos o son *bajo cero*, pero no la mezcla de ambas cosas.

NO TODO EL FRÍO ES *POLAR*... ¿O SÍ?

En los días de verdadero frío, hay colocaciones que no fallan; por ejemplo, el frío siempre es *frío polar*, esta expresión nunca falta. Luego, en realidad, el frío vendrá o no de los polos (que es lo que verdaderamente significa *polar*, 'perteneciente o relativo a los polos'); pero para nosotros todo el frío viene de allí, aunque los meteorólogos afirmen que unas veces la culpa es de los polos y otras de las estepas de Siberia.

¡ATERIDOS... ¿DE FRÍO?!

Otra de las expresiones más típicas se oye cuando alguien llega al café o entra en la oficina, porque ¿cómo entramos? ¡Entramos ateridos de frío! Esto les pasa a ocho de cada diez. Y lo raro es que no les pase a diez de diez, porque *aterido* significa ya por sí solo 'pasmado de frío', con lo cual no hay más «aterimiento» posible que el que causan las bajas temperaturas.

LA QUE ABRIGA ES LA ROPA *TÉRMICA*, NO LA *TERMAL*

Dos son los remedios tradicionales a los que recurrir en caso de frío extremo: el primero es volver a leer los artículos de trucos para calentar tu casa ahorrando en calefacción y el otro es ir a comprarse más ropa térmica: calcetines, camisetas interiores…, todo vale; pero, por favor, que sea ropa *térmica*, pues *térmico* es el 'material que conserva la temperatura', y no *termal*, que es lo 'relativo a las termas'.

LOS *GLACIARES* SON FRÍOS, PERO NUESTRO FRÍO ES *GLACIAL*

Si tú nunca confundiste *térmico* y *termal*, no respires tranquilo tan pronto: ¿y *glacial* y *glaciar*? No es difícil encontrar noticias en las que «un frío glaciar asola determinado lugar o población». *Glaciar* es lo 'relativo a los glaciares', las masas de hielo que se acumulan por encima del límite de las nieves perpetuas; mientras que *glacial* es lo nuestro, una 'temperatura muy fría' o 'que hace helar o helarse'.

SIEMPRE *SE BAJA POR DEBAJO* DE ALGO

En muchos partes meteorológicos las temperaturas *bajan por debajo de…* ¡Por debajo de bajo cero!, claro está. Con un poco de mimo a la frase se puede evitar esta «aglomeración de repeticiones»: *las temperaturas se han situado por debajo, han caído, han descendido*, etc.

AFECCIONES POR NEVADA EN LAS CARRETERAS

Al parecer, las carreteras también tienen sus afectos o eso parece, al menos, leyendo no pocos medios en los que se encuentran frases como «Han alertado de posibles afecciones por nevadas en carreteras». *Afección* significa 'afecto', 'enfermedad' e 'inclinación o apego', pero en ninguna de sus acepciones tiene un sentido relacionado con *afectar*. De hecho, el sustantivo derivado del verbo *afectar* es *afectación*, no *afección*.

FRÍO Y HIELO, NO *FRÍO E HIELO*

En esos días *de frío y hielo*, que no *de frío e hielo* (con el diptongo *hie* no es preciso cambiar la conjunción), siempre hay quien afirma que la cosa no es para tanto, que esto no es frío ni glacial ni polar ni nada, que es un frío pequeñito, como de poca cosa, casi un *friito*, podríamos decir, o un *friecito*, que son los diminutivos de este sustantivo, por el que no pocas veces se pregunta.

COGER FRÍO ¿DE DÓNDE?

Todos los padres y abuelos han dicho alguna vez eso de «abrígate estos días, no vayas a coger frío», como si la gripe la provocaran las bajas temperaturas y no los virus; pero, como es colocación asentada en esta lengua y en esas temperaturas, la aceptamos.

10 OBRAS QUE MERECE LA PENA TENER A MANO

Sería un náufrago muy peculiar el que deseara tener en su isla los siguientes libros, entre otras cosas porque son de consulta, más que para leérselos de cabo a rabo. Que nadie espere una trama trepidante entre sus páginas, pero todo amante de la lengua disfrutará con la información ofrecida en estas obras.

DICCIONARIO DE LA LENGUA ESPAÑOLA

Obra de referencia de la Asociación de Academias de la Lengua Española, no solo define palabras, sino que incluye marcas y abreviaturas con orientación sobre su uso coloquial o vulgar, actual o desusado, así como información etimológica. Un imprescindible consultable por internet.

ORTOGRAFÍA DE LA LENGUA ESPAÑOLA

Si alguien duda sobre el uso de las comas, si mira el punto y coma como si fuese un ovni de difícil manejo, si no entiende por qué demonios lleva tilde *bíceps* pese a acabar en ese, si quiere marearse leyendo normas sobre el uso de las mayúsculas, si se interesa por la ortografía…, ¡no hay duda: esta es la obra!

NUEVA GRAMÁTICA DE LA LENGUA ESPAÑOLA

Años después de publicarse, sigue abierto el debate sobre si esta gramática es demasiado descriptiva o si no es posible ofrecer normas panhispánicas. Como las camas de Ricitos de Oro, hay tres tamaños, para que cada uno escoja el que se ajusta mejor a su conocimiento y capacidad de adentrarse en honduras gramaticales.

DICCIONARIO DEL ESPAÑOL ACTUAL

Un lexicón completísimo en dos volúmenes a cargo de Manuel Seco, Olimpia Andrés y Gabino Ramos. Se centra en el vocabulario del español europeo y acompaña las definiciones con ejemplos para ayudar a comprender el uso.

DICCIONARIO DE MARÍA MOLINER

María Moliner fue candidata a ocupar silla en la Real Academia Española y cuesta pensar en lingüistas que se lo merecieran tanto o más que ella. La edición original de su diccionario de uso, con definiciones y ordenación propias, goza de reconocimiento unánime.

GRAMÁTICA DIDÁCTICA DEL ESPAÑOL

De Leonardo Gómez Torrego podría seleccionarse cualquiera de sus libros. Esta obra en particular será de gran utilidad a quienes se sienten inseguros con la gramática y quieran ir poco a poco y practicando cada unidad con propuestas de ejercicios y anexo de soluciones.

DICCIONARIO COMBINATORIO PRÁCTICO DEL ESPAÑOL CONTEMPORÁNEO

Basta pronunciar la palabra *pertinaz* para que corra a los labios el sustantivo *sequía*. Y quien utiliza *cundir*, probablemente añada a continuación *el pánico* o *el ejemplo*. Una obra muy útil para tomar el pulso al idioma y comprobar que los sinónimos no siempre son intercambiables y que hay combinaciones de palabras más habituales que otras.

DICCIONARIO IDEOLÓGICO DEL ESPAÑOL

Mucho más que un diccionario de sinónimos, esta obra es una ventana que permite asomarse al universo léxico que gira alrededor de cualquier palabra. Si se consulta *ventana*, por ejemplo, no solo aparecerán asociadas voces como *tragaluz* o *ventanuco*, sino también las partes de las que se compone, como el *gozne* o la *falleba*.

BREVE DICCIONARIO ETIMOLÓGICO DE LA LENGUA CASTELLANA

La etimología es una aventura y Joan Corominas invita a adentrarse en la búsqueda de los orígenes de las palabras. No solo indica si una voz procede del griego, el latín o el árabe, sino que permite ver palabras formadas con la misma raíz y, por tanto, emparentadas, aunque hoy hayan evolucionado y el hablante no sea consciente de la relación que guardaban.

DICCIONARIO DEL ESTUDIANTE

Aunque podría pensarse que se trata de una obra menor por ir dirigida a estudiantes y no a profesionales, lo cierto es que este diccionario académico es una joya empleada por traductores y correctores. Sus definiciones son precisas y marcan el objeto directo de los verbos transitivos, y los ejemplos señalan el régimen preposicional. Un hallazgo.

10 PALABRAS QUE VIENEN DE LAS LENGUAS INDÍGENAS DE AMÉRICA

El español lleva cinco siglos conviviendo en América con las lenguas que ya se hablaban en ese continente antes de la llegada de Colón y muchas de la cuales utilizan todavía hoy varios millones de personas. Así que no es raro que el castellano haya adoptado multitud de voces de esos idiomas y las haya incorporado a su léxico.

DEL NÁHUATL, EL RICO *AGUACATE*

El *aguacate* pasa por ser una de las frutas de moda para la generación de los mileniales. Lo que muchos de ellos no sabrán es que esa palabra viene de *ahuacatl* una voz del náhuatl, que fue la lengua del imperio azteca y que aún hablan hoy en México más de un millón y medio de personas. Es una de las lenguas indígenas americanas que mayor huella ha dejado en el vocabulario del español general: *cacahuete, cacao, chicle, petate, tomate* o *tiza* son algunas de sus aportaciones.

DEL CUMANAGOTO, LA CÓMODA *BUTACA*

Nuestra cómoda *butaca* (ese asiento con brazos y respaldo menos voluminoso que un sillón y que puebla los cines y teatros) tiene su origen en la voz *putaca*, 'asiento' en la lengua de los cumanagotos, un pueblo que vivía en el centro y centro-oriente de Venezuela.

DEL CRIOLLO, LOS TEMIBLES *ZOMBIS*

Los temibles *zombis* (muertos que regresan a la vida por arte de brujería) reciben su nombre del criollo hatiano, una lengua mixta cuya base es el francés mezclado con múltiples influencias africanas. De hecho, parece probable que su origen primero sea alguna de las lenguas del África Occidental. Por cierto, en español se aconseja la forma *zombi*, mejor que la inglesa *zombie*.

DEL QUECHUA, LA SABROSA *PAPA*

El quechua, la lengua amerindia que hablaban los antiguos incas y que en la actualidad se habla en el Perú, Bolivia y zonas de Colombia, el Ecuador, Chile y Argentina, ha dejado en el *Diccionario* casi seiscientas palabras. Quizá la más significativa (y la más presente en todas las mesas del mundo hispánico) es *papa*, pero hay muchas más: *cancha, caucho, coca, cóndor, llama*…

DEL TAÍNO, EL DULCE *MAÍZ*

Aunque, si hablamos de clásicos de la mesa, el *maíz* está, seguro, entre los primeros puestos. Su nombre viene de la voz *mahís*, de la lengua que hablaban los taínos, un pueblo precolombino que habitaba, entre otras, en las islas de La Española, Cuba y Puerto Rico.

DEL GUARANÍ, LA RÍTMICA *MARACA*

Del guaraní, que hoy hablan unos ocho millones de personas en Paraguay, Argentina, Brasil y Bolivia, nos ha llegado *maraca*, la adaptación al español de la voz original *mbaracá*, que se refiere a un conocido instrumento musical.

DEL MAYA, EL OLOROSO *CIGARRO*

Curiosamente, el tabaco, un producto originario de América, acabó siendo conocido en español con una denominación de origen árabe (viene del árabe clásico *ṭubāq*). En cambio, una de sus formas de presentación más habituales, el *cigarro*, debe su nombre a la palabra maya *siyar*.

DEL AIMARA, LA GRACIOSA *ALPACA*

La *alpaca* es un mamífero camélido, pariente de la llama, cuya lana es muy apreciada y que vive en los Andes. Por eso es lógico que la palabra que usamos para nombrarla provenga del aimara *all-paka*. Y quizá esta del quechua *p'aku*, que significa 'rubio'.

DEL CARIBE, LA ÚTIL *PIRAGUA*

Tres embarcaciones emparentadas y tres orígenes. La palabra *piragua* proviene, según señala el *Diccionario*, de alguna de las lenguas caribes, mientras que sus semejante *canoa* y *kayak* nos han sido legadas, respectivamente, por la lengua taína y el idioma de los esquimales.

DEL TUPÍ, EL FAMOSO *TANGA*

Las mujeres del pueblo tupí usaban, al parecer, una pequeña prenda hecha con fibras para tapar sus genitales. Es el *tanga* (o *la tanga*, forma más frecuente en el español de América), cuyo nombre tiene su origen en la lengua de ese grupo étnico.

10 ACORTAMIENTOS NO TAN COLOQUIALES

Finde, bici, profe, ilu, cumple o *porfa* son acortamientos de *fin de semana, bicleta, profesor, ilusión, cumpleaños* y *por favor*, respectivamente, usados sobre todo en el lenguaje coloquial. Sin embargo, hay otros que se emplean en contextos formales, alternan con la expresión completa y, en algunos casos, pueden llegar a sustituirlas.

LA *BÍO* DE LAS REDES SOCIALES

Ya no hace falta ser un personaje histórico ni una estrella del deporte o la música para tener una biografía. Tampoco es necesario que esta sea muy extensa, es más, en las redes sociales conviene sintetizar la información de la *bío* en unos 150 caracteres.

HAY MUCHAS *APLIS* O *APPS*

Para gestionar el correo electrónico, para escuchar música, para editar imágenes, para ligar… Son numerosas las aplicaciones que se pueden descargar en los teléfonos móviles o celulares. A estas también se las llama de forma abreviada *aplis*, mejor que *apps* (acortamiento del término inglés *applications*).

EN EL *AUTO* DE PAPÁ, NOS IREMOS A PASEAR

Como dice la canción infantil, el viajar es un placer, y no importa si el carro, el coche, el auto o el automóvil es feo o bonito. Mientras que *automóvil* se usa en el español general y *coche* en el europeo, el acortamiento *auto* y el sustantivo *carro* son más habituales en el español de América.

LA *CRONO* SE MIDE CON EL *CRONO*

El acortamiento *crono* se emplea en las noticias deportivas tanto como acortamiento de *cronómetro*, que es el reloj de gran precisión que permite medir fracciones de tiempo muy pequeñas, hasta fracciones de segundo, como de *cronoescalada*, la prueba ciclista contrarreloj que tiene lugar en un trayecto ascendente. El *crono* también es el tiempo medido con cronómetro en las pruebas de velocidad.

SER UNA PERSONA *TRANS*

La forma *trans* es un acortamiento válido de los adjetivos *transexual* y *transgénero* y, como ellos, se emplea en ocasiones como sustantivo (*un/una trans*). Sin embargo, la comunidad LGTB rechaza este uso y prefiere que se utilice como adjetivo (*una persona trans*).

PABLO ESCOBAR, UNO DE LOS *NARCOS* MÁS MEDIÁTICOS

El Chapo Guzmán, Pablo Escobar, Khun Sa o Griselda Blanco son algunos de los narcos o narcotraficantes más conocidos. El sustantivo *narco* es común en cuanto al género (*el narco, la narco*).

DISFRUTA DE NUESTRAS *RECOS*

Una de las principales labores de la Fundación del Español Urgente es emitir cada día una recomendación sobre el buen uso del español. En el seno del equipo, muy pronto la familiaridad nos llevó a utilizar el acortamiento *reco* («La reco que publicamos mañana es superinteresante»). Acortamientos como ese son, además, útiles a la hora de construir etiquetas para las redes sociales; como saben bien nuestros seguidores, la que nosotros empleamos cada día es #recoFundéu.

LOS *CÍBER*, EN PELIGRO DE EXTINCIÓN

Hoy la mayoría de hogares y trabajos cuentan con conexión a internet, pero hace unos años eran muy pocos los que navegaban desde su casa. Para hacerlo, muchos se iban a unos locales llamados *cibercafés*, que pronto empezaron a ser simplemente *los cíber*, con tilde por ser una palabra llana acabada en consonante distinta de ene o ese y plural invariable.

SABER TOCAR EL *CHELO*

Las bellas artes, y en concreto la música, no están exentas del uso de estos acortamientos. A menudo se habla del *chelo* para referirse al instrumento musical de cuerda y arco llamado *violonchelo* y a la persona que lo toca, es decir, al violonchelista. Con este último sentido, también es posible encontrar la forma abreviada *chelista*.

ES POSIBLE LLEVARSE BIEN CON UN O UNA *EX*

El prefijo *ex-*, que significa 'que fue y ha dejado de serlo', se escribe, como norma general, unido a la palabra a la que acompaña: *exmarido, exmujer, expareja, exnovio, exnovia*… Sin embargo, también es posible usarlo de manera aislada como sustantivo común en cuanto al género, *el ex* y *la ex*, para aludir a una persona que ha dejado de ser cónyuge o pareja de otra.

10 NEOLOGISMOS QUE HAN LLEGADO PARA QUEDARSE

Recogemos en esta lista diez términos nuevos en el español, palabras que se han creado y empezado a usar recientemente y que no existían, o de las que no había constancia, hace unos años.

ANTES DE LA SAL, LA CAPA *PRESAL*

Compuesto por el prefijo *pre-* y el sustantivo *sal*, *presal* se refiere al conjunto de rocas que se encuentra por debajo, o que aparece después, de una masa de sal en profundidad, es decir, a unas rocas con potencial para la generación y acumulación de petróleo que, en el transcurso del tiempo, se fueron depositando antes de la capa de sal. Se utiliza tanto para aludir a esta capa geológica como para referirse a los yacimientos que contiene y al petróleo que se extrae de ellos.

BIBLOQUISMO: EL PODER DE DOS BLOQUES

La situación en la que predominan dos bloques que compiten por el poder se llama *bibloquismo*, formada —siguiendo el modelo de otras voces como *bipartidismo*— a partir del elemento compositivo *bi-* ('dos'), el sustantivo *bloque* ('agrupación generalmente ocasional de partidos políticos, países o asociaciones') y el sufijo *-ismo* (que forma sustantivos que suelen significar 'doctrina', 'sistema', 'escuela' o 'movimiento').

ÉRAMOS POCOS Y LLEGÓ LA *GENTRIFICACIÓN*

Del término inglés *gentrification*, llegó al español *gentrificación*, que resulta una adaptación adecuada para designar el proceso mediante el cual la población original de un sector o barrio, generalmente céntrico y popular, es progresivamente desplazada por otra de un nivel adquisitivo mayor.

EL *SINHOGARISMO* DE LOS SINTECHO

A pesar de que una 'persona que carece de vivienda y, generalmente, de cualquier medio de vida' es un *sintecho*, para hacer referencia a la 'condición de la persona sin hogar', no se ha partido de esta sustantivo, sino de *hogar*, al que se le han añadido el prefijo *sin-* y el sufijo *-ismo* para formar este neologismo: *sinhogarismo*.

REBAJA LA TENSIÓN O *DESCONFLICTUA*

A partir del verbo *conflictuar*, recogido en el diccionario académico, es adecuado crear *desconflictuar*, añadiéndole el prefijo *des-*, con el sentido de rebajar la tensión, distender la relación o apaciguar los ánimos.

EL *INDUSTRICIDIO* MATA

De reciente creación, el término *industricidio* está correctamente formado a partir del sustantivo *industria* y el elemento compositivo *-cidio* ('acción de matar'). Es indicado utilizarlo para referirse a la destrucción o el daño grave producidos en una industria, un conjunto de industrias o el sector industrial de un país, generalmente por la aplicación de políticas económicas que obstaculizan o atentan contra su subsistencia y desarrollo.

LA IMAGEN SE *PIXELA* ¿Y EL SONIDO?

Pixelar una imagen es tratarla para que se agranden sus píxeles (del inglés *pixel*, superficie homogénea más pequeña de las que componen una imagen) y deformarla. Una imagen pixelada no se ve bien, y ¿un sonido?, ¿puede estar pixelado? Claro, gracias a la sinestesia, que nos deja mezclas tan expresivas como *color chillón* o *voz apagada*.

EL *DIETISMO* NO RESULTA SALUDABLE

Dietismo, del sustantivo *dieta* y el sufijo *-ismo*, es una voz bien formada y adecuada para referirse a la tendencia a hacer dietas continuamente, lo que puede llegar a ser poco saludable.

ME *ARROBA* TU MENCIÓN

La forma *arrobar*, en el contexto de algunas redes sociales como Twitter, es válida para referirse a 'la acción de mencionar a otro usuario', ya que para hacer dicha mención se debe anteponer el símbolo arroba (@) al nombre que se desea mencionar. Este nuevo uso está ampliamente extendido en países como Argentina.

EDADISMO, UNA CUESTIÓN DE EDAD

Ageísmo es un préstamo del término inglés *ageism*, que en 1968 se utilizó por primera vez para referirse a la discriminación por razón de edad, y más específicamente a la que se sufre al ir cumpliendo años. Pero *edadismo* es la traducción al español que se encuentra más asentada tanto en la prensa como en textos especializados. Se forma por analogía con palabras como *sexismo* o *racismo*, y conserva la segunda *d* para mantener la referencia a la palabra *edad*, lo que no ocurre en la forma *edaísmo*.

10 NOMBRES DE PROFESIONES EN FEMENINO

Recogemos en esta lista diez femeninos sobre los que la Fundéu se ha ocupado en alguna de sus recomendaciones. Unas cuantas son formas novedosas, gramaticalmente válidas, pero con menos uso tradicional. Otras son voces que llevan en el *Diccionario* muchos años, incluso siglos, pero sobre las que aún se tienen dudas frecuentemente.

DE *LA SIRVIENTA* A *LA INFANTA* PASANDO POR *LA PRESIDENTA* Y *LA PARTURIENTA*

Algunas de estas voces son cuestionadas frecuentemente. Es el caso, por ejemplo, de *presidenta*, por la que en Fundéu nos preguntan de forma habitual. Aunque la mayoría de las palabras que tienen el sufijo *-nte* son comunes en cuanto al género, *presidenta* es un femenino plenamente válido, de hecho, está recogido por la Academia desde 1803. También son válidos otros como *infanta, sirvienta, parturienta*, etc.

SI ESTÁ EN EL ALA DE LA CANCHA, ES *LA ALERA*, CLARO

Para referirse al jugador que ocupa los laterales de la cancha, se emplea el sustantivo *alero*. Aunque este figura como común en cuanto al género, nada en la morfología de esta palabra impide formar el sustantivo *alera*. Por cierto, también es válido emplear *capitana*, en femenino, sobre todo cuando se emplea en el ámbito deportivo, en el que es más frecuente que en el militar.

LA FISCALA CHARLA CON *LA CONCEJALA*

La *Nueva gramática de la lengua española* indica que muchos sustantivos terminados en *-l* son invariables y solo marcan el género a través de los artículos o las palabras que los acompañan (*el apóstol / la apóstol*). Pero añade que también los hay que forman su femenino añadiendo una *a*, como *zagal/zagala* o *colegial/colegiala*, y que esta tendencia se está extendiendo a nombres que designan profesiones o actividades que desempeñan mujeres, como *bedela, concejala* o *fiscala*.

LA ALTO CARGO NO ES UNA ALTA CARGA

La locución *alto cargo* está recogida en el diccionario académico con dos sentidos: 'empleo de elevada responsabilidad', con el que es siempre masculino, y 'persona que desempeña un alto cargo', con el que figura como común en cuanto al género. Por tanto, con este último sentido, el femenino se indica solo con los determinantes y el resto de las palabras con las que concuerda: *La alto cargo más antigua*.

LAS ALBAÑILAS TAMBIÉN SON ABEJAS, ¿POR LO DE OBRERAS?

De acuerdo con la Academia, el sustantivo *albañil* es común en cuanto al género, pero también está bien formado y es correcto el femenino *albañila* por analogía con las denominaciones de otras profesiones y cargos cuya forma femenina se ha desdoblado (*edil/edila* o *concejal/concejala*).

LA TÉCNICA SANITARIA ES UNA PROFESIONAL

El *Diccionario panhispánico de dudas* indica que el femenino de *técnico*, referido a la 'persona que posee los conocimientos especiales de una ciencia o arte', es *técnica*, y precisa que no es adecuado emplear la forma masculina referida a una mujer (**la técnico*). Además, de acuerdo con las normas generales de concordancia, el adjetivo *sanitaria* debe ir igualmente en femenino.

LA JUEZA O LA JUEZ, ME DA LO MISMO SI ME JUZGA BIEN

Aunque *jueza* es un femenino ampliamente difundido, aún hay muchos que no lo emplean o que no están seguros de si es correcto. El diccionario académico recoge *juez* y *jueza* como formas masculina y femenina, respectivamente, de esta voz cuando se aplica a las personas que tienen autoridad para juzgar, forman parte de un jurado o tribunal, o han sido nombradas para resolver cualquier asunto o materia.

LA CONSULESA RECUERDA A UNA PRINCESA

El *Diccionario* incluye la forma *consulesa* como femenino de *cónsul*, señalando que sigue empleándose más como palabra común en cuanto al género (*el cónsul / la cónsul*), aunque, en realidad, no hay razón lingüística para evitar la forma femenina *consulesa*.

A LAS ÓRDENES DE *LA TENIENTA DE ALCALDE*

La voz *teniente*, con el significado de 'persona que ejerce el cargo o ministerio de otra o es sustituta suya' —el aplicable en este caso—, puede comportarse como común en cuanto al género (*el teniente / la teniente*) o adquirir una forma específica para el femenino (*el teniente / la tenienta*).

LAS PILOTAS PILOTAN LA MAR DE BIEN

Tanto *la piloto*, conforme a la Academia, como *la pilota*, por analogía con otras profesiones cuya forma femenina se ha desdoblado (*arquitecto/arquitecta* o *abogado/abogada*), son opciones válidas. Con todo, la expresión que conviene no emplear es *la mujer piloto*, del mismo modo que no se usa *el hombre piloto*: el sustantivo *mujer* resulta innecesario, dado que el género ya está indicado por el artículo femenino *la*.

10 PALABRAS CON LAS QUE INSULTARNOS Y SUS MÚLTIPLES SINÓNIMOS

El español es una lengua rica en matices, incluso cuando esos matices se emplean para insultar. De hecho, el diccionario de la Academia registra 745 palabras etiquetadas como despectivas. El arte del insulto es tan noble que hasta existen diccionarios de insultos, para elegir, con propiedad, el que mejor corresponda a cada caso.

PARA LOS *TONTOS*

El adjetivo *tontivano* es una de las muchas maneras que existen de llamar tonto a alguien; está formado por las palabras *tonto* y *vano*, y significa justamente eso, 'tonto vanidoso'. Pero nuestra lengua tiene muchos más sinónimos de *tonto*: *soplagaitas, alelado, bobo, merluzo, zopenco, memo, pedorro, estulto, necio, lelo, pelotudo, boludo, majadero* o *cateto*, por citar solo algunos.

PARA LOS *PRESUMIDOS*

Cuando una persona tiene un alto concepto de sí misma y, además, está poco justificado que lo tenga, se suele decir de él que es *presumido, vano* u *orgulloso*. Por si conoces a alguien así y te faltan epítetos, aquí van unos cuantos: *ufanero, señoritingo, alindado, enteradillo, sabiondo, sabelotodo, pisaverde, engolado, mirliflor, altivo* o *crestudo*.

PARA LOS *GROSEROS*

Hay gente que no tiene educación ni delicadeza, gente, diríamos, grosera por naturaleza. Para calificarlos se puede recurrir a adjetivos como *burdo, rabanero, cerril, soez, patán, tabernario, tosco, incivil, faltón, grotesco, basto, impertinente, deshonesto* o *zafio*.

PARA LOS *LOCOS*

Para aquellos que son disparatados o imprudentes, que han perdido el juicio o que, directamente, nunca lo tuvieron, el español ofrece voces como *avenado, tarara, majara, perturbado, ido, venático, trastocado, demente, chiflado, botarate, zumbado, tronado, chalado*, etc.

PARA LOS *VAGOS*

¿Quién no conoce a algún holgazán o a algún perezoso? Es más, quién no ha tenido días o momentos poco productivos, ratos en los que disfrutar de una merecida procrastinación. Para ellos, para nosotros, están estos adjetivos: *errático, zascandil, abúlico, romeriego, difuso, zángano* y *holgazán*.

PARA LOS *VIEJOS*

Si la juventud es un valor que se precia, la vejez es, a veces, una característica que se desprecia. Para llamar viejo a alguien se puede recurrir a *carcamal, carca, cebolleta, carroza* y hasta a *cavernícola*, pero, de todas, nuestra favorita es *carpetovetónico*. Su sonoridad no tiene parangón.

PARA LOS *VILES*

Hay actitudes despreciables, bajas, infames. De ellas, y de quienes las llevan a cabo, se puede decir que son *asquerosas, rastreras, bajas, canallas, odiosas, bárbaras, bellacas, salvajes* o *abyectas*. Son *alimañas, salvajes, bichos* o, simplemente, *malos*.

PARA LOS *ANTIPÁTICOS*

Estas personas que provocan antipatía, que no caen bien en general o en particular, se hacen *insoportables, repelentes, inaguantables, insufribles* o *indigestas*, son personas *bordes* y *ariscas*, y también unos *siesos*.

PARA LOS *ABURRIDOS*

Otro tipo de gente no es que caiga mal, es que simplemente aburre. Para no caer en la rutina de llamarlos siempre igual, se puede optar por alguno de estos calificativos: *pelmazo, acartonado, aburrido, lento, aguafiestas* o *apático*.

PARA LOS *DÉBILES*

Cuando la delicadeza se hace patológica, se entra en el terreno de la debilidad, del poco vigor, del poco fuste, de la poca fuerza o resistencia. Las personas así son *blandas, flojas, lánguidas, remisas* y *cluecas*, como las gallinas, sí. Porque pasan tanto tiempo tumbados, reposando y recuperándose que podrían estar empollando huevos.

10 PALABRAS DEL ÁMBITO CIENTÍFICO Y SUS RECOMENDACIONES

El ámbito científico también es fuente de recomendaciones lingüísticas, unas veces porque es necesario adaptar a las normas fonéticas y morfológicas del español una voz extranjera, otras porque es preciso matizar diferencias de significado para que, en el uso general, algunos conceptos técnicos se empleen adecuadamente.

CÚBIT, UN ASUNTO CUÁNTICO

Qubit (en ocasiones, también *qbit*) se refiere al *bit cuántico*, adjetivo este último que, en física, designa lo perteneciente o relativo a los cuantos de energía. El término *cuanto* procede del latín *quantum*, que significa 'cantidad'. Igual que se habla de *física cuántica* o de *bit cuántico*, se recomienda la grafía *cúbit* (plural *cúbits*), y no *qubit/qbit*, con *q*, para referirse a este tipo de bits.

CUARENTENAR: ESPERAR QUE NO PASE NADA

A partir del sustantivo *cuarentena* es posible derivar el verbo *cuarentenar* ('llevar a cabo una cuarentena en un sitio o poner a alguien en cuarentena'), del mismo modo que voces como *biografía*, *batalla* o *entrevista* dan lugar a los verbos *biografiar*, *batallar* y *entrevistar*, tal como indica la *Nueva gramática de la lengua española*. En cuanto a su conjugación, sigue el modelo de *amar*: *cuarenteno*, *cuarentenamos*, *cuarentenaremos*, *cuarentenó*, *cuarentenaron*, *cuarentenando*...

EL *ALGORITMO* Y EL *LOGARITMO*: EL TRABALENGUAS MATEMÁTICO

Según el diccionario académico, un *logaritmo* es, en matemáticas, 'un exponente al que es necesario elevar una cantidad positiva para que resulte un número determinado'; los hay, por ejemplo, decimales, con base en el número 10, o neperianos, con base en el número *e*. En cambio, un *algoritmo* es 'un conjunto ordenado y finito de operaciones que permite hallar la solución de un problema'.

EL *CHATBOT* ES EL CHAT DE LOS ROBOTS

Chatbot es un sustantivo creado por acronimia, procedimiento por el que se forma una palabra nueva mediante la unión de elementos de otras ya existentes. En este caso, de *chat* ('servicio que permite mantener conversaciones intercambiando mensajes electrónicos a través de internet') y *bot*, acortamiento de *robot*.

DIÉSEL Y *BIODIÉSEL* SE HAN ATILDADO

Tanto *diésel* como *biodiésel* son voces llanas terminadas en consonante distinta de *n* o *s*, por lo que lo apropiado es escribirlas con tilde. El acento recae en la *e*, por ser esta la vocal abierta del diptongo. En parte de América se emplea el sustantivo *dísel*, también adecuado, al igual que *biodísel*.

EL DATO ES EL REY DEL *DATAÍSMO*

Formado a partir del sustantivo inglés *data*, que significa 'datos', y el sufijo español *-ismo*, que crea sustantivos que suelen significar 'doctrina', 'escuela' o 'movimiento', este término es válido en español para aludir a la filosofía en la que el dato es el rey, capaz de describir hechos, sucesos y entidades, y de formar flujos de información que vayan más allá de las teorías subjetivas.

LA *ALARGASCENCIA* VIENE A LLEVAR LA CONTRARIA A LA OBSOLESCENCIA

Este neologismo, formado a partir de *alargar* y la terminación de *obsolescencia*, fue creado por la asociación Amigos de la Tierra para aludir a una iniciativa destinada a evitar, a través de una red de reparaciones o trueques, que los productos queden obsoletos o inservibles, y reducir de ese modo el consumo de recursos naturales. Es válido para nombrar tanto al movimiento como a la acción.

SIÉVERT SE HA PUESTO LA TILDE PARA SER ESPAÑOL

Es el nombre de la unidad con la que se mide la radiación absorbida por la materia. Igual que se han adaptado al español otras unidades de medida (*vatio*, y no *watt*, o *julio*, y no *joule*), el término *sievert*, que figura en el diccionario académico en letra cursiva, también puede adaptarse añadiéndole la tilde que necesita según las normas de acentuación: *siévert*. Su plural es *siéverts*, también con tilde, y *Sv* es el símbolo con el que se representa.

EL *HACKER* SE SALTÓ LA LEY Y SE CONVIRTIÓ EN *CRACKER*

Los términos *hacker* y *cracker* tienen significados diferentes, ya que, mientras que el primero alude a la persona capaz de introducirse en sistemas informáticos ajenos, el segundo se refiere a quien lo hace con fines ilícitos.

LOS *CÓDECS* TAMBIÉN QUIEREN LLEVAR TILDE, COMO SU PADRE EL *CÓDEC*

El término *códec*, que alude en informática a un archivo o dispositivo que permite codificar y descodificar datos, se escribe con tilde. Es una palabra formada por acronimia a partir de *codificador* y *decodificador*, que es una variante admitida de *descodificador*.

10 PALABRAS HOMÓNIMAS

En la lengua general, dos personas o cosas son homónimas si comparten el mismo nombre, como puede ocurrir con el título de una novela y su adaptación cinematográfica. En lingüística, en cambio, son homónimas las palabras que se pronuncian igual, pero se escriben de manera diferente.

CON LOS *BACILOS* NO HAY QUE *VACILAR*

Sucede en ocasiones que uno se pone enfermo y no sabe cómo actuar. En lugar de permanecer indeciso y dubitativo, esto es, de *vacilar*, conviene recibir asesoramiento médico, no sea que padezcamos alguna enfermedad *bacilar*, como la tuberculosis, producida por el bacilo de Koch.

LOS *BASTOS* NO SON SOLO UN PALO DE LA BARAJA

Hay hombres refinados y otros faltos de delicadeza, groseros y maleducados, tres formas de decir *bastos*. Tal vez se expresen de forma soez y su repertorio léxico sea amplio y extenso o, lo que es lo mismo, *vasto*. Muchos de ellos se exceden e importunan con sus gestos o exabruptos hasta que se les llama la atención: «¡Ya está bien!, ¡basta!».

EL ESCALOFRÍO DE LO *BELLO*

Resulta tópico afirmar aquello de que, para gustos, los colores. Y es que lo *bello* no es cuestión democrática, que pueda aprobarse por mayoría. Puede haber mujeres que se sientan atraídas por hombres de pectorales rasurados y en eso estribará su noción de belleza, y hombres a los que les guste una mujer con *vello* corporal.

HERRAR NO ES DE HUMANOS

Todas las personas se equivocan en algún momento y de ahí que se diga que *errar*, o sea, equivocarse, es de humanos. Ahora bien, en el momento en que se antepone una hache al verbo, *herrar* significa 'poner herraduras a una caballería' o 'marcar con hierro candente a esclavos y delincuentes', práctica a todas luces inhumana.

GRAVAR ES A *GRAVAMEN* LO QUE *GRABAR* ES A *GRABACIÓN*

Gravar es 'imponer un gravamen'. En cambio, conforme a las definiciones del *Diccionario*, *grabar* es 'señalar con incisión un letrero o una figura', 'captar y almacenar imágenes o sonidos de manera que se puedan reproducir' y 'fijar profundamente en el ánimo un concepto, un sentimiento o un recuerdo'. Con todo, lo que más se grabaría en el ánimo —y debería multarse por ello— sería escribir *grabamen*.

DEJAR SIN *USO* EL *HUSO* HORARIO

Aunque en rigor los *husos horarios* están delimitados por meridianos, en la práctica se llama también así a las regiones o países que tienen la misma hora. Cuestión distinta es si merece la pena seguir haciendo *uso* de la norma de adelantar y retrasar la hora.

ES INDIGESTO *INJERIR* ALIMENTOS

Aprender a comer no es solo cuestión nutricional, sino también ortográfica: es necesario *ingerir* los alimentos con ge, igual que *digestión* o *indigesto*; otra cosa es *injerir* con jota, igual que *injerencia* o *injertar*, que significa 'entremeterse en asuntos que competen a otros'.

LOS *MAYAS* NO HACÍAN PILATES

Los *mayas* actuales, los que viven en México, Guatemala u Honduras, tal vez hagan pilates, pero cuesta imaginar a los primeros miembros de esta etnia haciendo estiramientos sobre una esterilla enfundados en las prendas de vestir elásticas, finas y ajustadas al cuerpo denominadas *mallas*.

LA *VACA* SOBRE LA *BACA*

Si alguien lleva una *vaca* ('hembra del toro') subida en la *baca* ('portaequipajes') y se caen las dos, ¿cómo debe expresarse la respuesta? ¿Diciendo que se cayeron las *b/vacas*? Al tratarse de un caso de homonimia, no sería posible utilizar una única palabra, sino que debería decirse que se cayeron la *baca* con *b* y la *vaca* con *v*, o que se cayeron ambas.

LA *REBELIÓN* DE LOS CELULARES

Los adolescentes de hoy *se rebelan* contra sus padres como han hecho toda la vida los jóvenes en esa etapa de búsqueda de identidad. Una forma de rebelión es el rechazo del pasado, aunque, en el caso de la fotografía, si la mayoría no *ha revelado* nunca una foto no es por enfrentarse a sus progenitores, sino por la irrupción de las cámaras digitales y los móviles.

10 PALABRAS O EXPRESIONES DE LA NAVEGACIÓN QUE PASARON A LA LENGUA COMÚN

Muchas palabras y dichos que empleamos cotidianamente proceden del mundo de la navegación y tienen en ese ámbito un sentido específico que no siempre se conoce.

NAUFRAGÓ COMO EL TITANIC

El verbo *naufragar*, que, en origen, significaba solo que una embarcación se perdía o se hundía, amplió su significado hasta incluir la acepción de 'dicho de un intento o un negocio: perderse o salir mal'. Cabe suponer que, en un tiempo en el que casi todo el intercambio de mercancías se hacía por mar, si el barco que llevaba los productos naufragaba, naufragaba el negocio entero.

CUANDO ALGO SE VA *A PIQUE*

Esta locución figura en el diccionario académico con el sentido de 'dicho de un intento u otra cosa: malograrse'. En el ámbito de la navegación, uno se coloca *a pique*, esto es, verticalmente sobre el ancla fondeada, pero teniendo tenso el cable que la sujeta, y es que el ancla *cae a pique*, vertical, a plomo, hasta el fondo del mar. Por eso, cuando los barcos naufragan se van también *a pique*, se hunden en el mar.

VAMOS *CON EL VIENTO A FAVOR*

En una época en la que toda la navegación se hacía a vela, tener el viento a favor lo era todo. De hecho, así se circunnavegó por primera vez la Tierra, *con el viento a favor*, navegando siempre hacia el oeste. De ahí, la expresión ha pasado a emplearse para indicar que las circunstancias son propicias para algo.

¿CÓMO LAS BALAS?, ¡TAMBIÉN *A TODA VELA*!

Esta frase es equivalente de *al cien por cien, a pleno rendimiento*. Se emplea si algo se hace utilizando toda la artillería disponible. Procede de cuando los barcos navegan con toda la superficie vélica desplegada y van todo lo rápido que pueden ir. Una forma de decir lo mismo, que llegó con los motores de vapor, es *a toda máquina*.

NO TE TOMES NADA *A PALO SECO*

Al contrario que el dicho anterior, *a palo seco* es con todas las velas recogidas, con el mástil desnudo, con el palo seco. Se emplea precisamente cuando algo no tiene accesorios, o para referirse a una comida o bebida que se toma sola: «Ponme una cerveza, para no tomarme el bocadillo a palo seco».

AEROPUERTOS PARA BARCOS CON ALAS

Aeropuerto es una palabra tan cotidiana, la tenemos tan interiorizada como lugar donde aterrizan y despegan los aviones que, quizá, no nos hayamos parado nunca a pensar que viene de *aero-* y *puerto*. Sí, del puerto de los barcos. Se tomó de ahí, del lugar de donde zarpan y en el que atracan los barcos.

ABORDAR SIN BARCOS

Hoy, cuando una persona aborda a alguien, es que se acerca a él para hacerle una pregunta o para empezar a conversar, y, cuando se aborda algo, es que se empieza a plantear. Pero *abordar* procede del ámbito de la navegación: a*bordar una embarcación* es tocarla, chocar contra ella. De hecho, existe un reglamento de abordaje para los barcos que regula la preferencia entre las embarcaciones para evitarlo, estableciendo prioridades de paso en el mar para impedir que dos barcos choquen.

HACE UN *BORDO* O ESTÁ *A BORDO*

Estar *a bordo* es formar parte de un equipo, ser parte de alguna cuestión. Probablemente no es difícil pensar que viene de la locución adverbial que significa estar 'dentro de una embarcación'. Pero ¿qué es el *bordo* en un barco? Pues cada uno de los costados exteriores, una parte del casco exterior, por eso, cuando el barco cambia de dirección, se dice que *hace un bordo*, de modo que pasa a recibir el viento por el costado contrario.

PONER LA PROA EN TU OBJETIVO

Poner la proa significa 'fijar la mira en algo, haciendo las diligencias conducentes para su logro y consecución'. La *proa* es la parte delantera de un buque, con la que este, por su diseño, corta las aguas al navegar y la que, generalmente, ha de dirigirse hacia el punto al cual se pretende llegar.

CUANDO *ZARPA* EL AMOR...

Este verbo hoy se emplea, a menudo, como mero sinónimo de *partir*, de emprender un viaje y, metafóricamente, como indicativo de que se inicia una aventura, un negocio o un asunto. En la marina, se llama *zarpar* a una operación muy concreta: desprender el ancla del fondeadero, esto es, comenzar la maniobra al final de la cual el barco sale del lugar en el que estaba detenido.

10 TÉRMINOS DEL MUNDO DE LA ECONOMÍA Y LAS DUDAS QUE SUSCITAN

La economía tampoco se libra de las dudas lingüísticas. Es un área en la que la claridad del lenguaje desempeña un papel fundamental a la hora de describir procesos, situaciones, o de denominar productos.
Por eso, en la Fundéu nos ocupamos a menudo de ella, sobre todo traduciendo anglicismos que no todo el mundo entiende.

TARJETA OPACA, IGUAL DE ILEGAL QUE TARJETA BLACK

Tarjeta black y *tarjeta opaca* se emplean para referirse a las tarjetas que escapan al control del fisco. Aunque es muy frecuente denominarlas con la forma inglesa, es preferible recurrir a la española, que evita la ambigüedad del inglés, ya que algunas compañías de crédito tienen tarjetas denominadas *black* por el color de su diseño que, similares a las de oro o platino, ofrecen prestaciones especiales, sin que ello implique ilegalidad alguna.

GUARDA TU DINERO EN EL MONEDERO VIRTUAL, MEJOR QUE EN EL WALLET

El diccionario de Oxford registra el término *wallet* con el significado de 'cartera', por lo que las formas *monedero, cartera* o *tarjetero* seguidas de los adjetivos *virtual* o *electrónico/a* son sustitutas válidas para el término *wallet* cuando hace referencia a una herramienta destinada a guardar dinero.

NO ES AL ALZA, SINO A LA ALZA

Para referirse a una cantidad o un índice que sube o tiende a subir, lo adecuado es emplear *al alza*. Al ser *alza* una palabra femenina que empieza por *a* tónica, el artículo antepuesto debe ser *el*, que al unirse con la preposición *a* forma la contracción *al*.

BITCÓIN, CON TILDE, UNA CRIPTOMONEDA ADAPTADA AL ESPAÑOL

El nombre de esta criptomoneda puede adaptarse adecuadamente al español como *bitcóin*, plural *bitcoines* (pronunciado /bitkóin/, pl. /bitkóines/). Se escribe en minúscula, con tilde, por ser voz aguda acabada en ene, y sin ningún resalte tipográfico, como el resto de los nombres de monedas *(dólar, franco, yen)*.

CONSIGUE DINERO CON UN CROWDFUNDING... O MEDIANTE MICROFINANCIACIÓN

La expresión *microfinanciación (colectiva)* es una alternativa preferible al término inglés *crowdfunding*, que se emplea a menudo para referirse al mecanismo de financiación de proyectos por medio de pequeñas aportaciones económicas de una gran cantidad de personas.

UN *FONDO BUITRE*, DOS *FONDOS ¿BUITRES?*

El plural de la expresión *fondo buitre*, con la que se hace referencia al 'fondo de capital riesgo que invierte en una entidad en un momento de debilidad del mercado o en deuda pública de un país cercano a la quiebra', es *fondos buitre*. Se trata de la forma mayoritaria en el uso y se ajusta, además, a las normas de la *Nueva gramática de la lengua española* sobre las estructuras en aposición.

EL *AUSTERICIDIO* NO ES LO QUE PARECE

La palabra *austericidio* está bien formada, pero con el sentido de 'matar la austeridad', no de 'matar por exceso de austeridad', con el que normalmente se usa. El *Diccionario* define el elemento compositivo *-cidio* como la 'acción de matar'; pero, como se puede comprobar en las palabras que lo incluyen, se añade a sustantivos que indican lo que se mata: *infanticidio* es dar muerte a niños, y *tiranicidio*, a tiranos.

PONGÁMONOS DE ACUERDO, *TRANSACCIONEMOS*

El término *transaccionar* es apropiado con el significado de 'negociar, convenir algo'. Un grupo numeroso de verbos en español, formados a partir de un sustantivo acabado en *-ción* o *-sión* y la terminación verbal *-ar*, indican que se causa, crea, produce, hace, lleva a cabo o hace efectivo el significado del sustantivo: *decepcionar, obsesionar, relacionar* y, claro, *transaccionar*.

MONETIZAR, UN VERBO QUE HACE GANAR DINERO

Monetizar aparece en el diccionario académico con los significados de 'dar curso legal como moneda a billetes de banco u otros signos pecuniarios' y 'hacer moneda', aunque cada vez es más frecuente verlo relacionado con las nuevas tecnologías y las páginas web con el sentido, también válido, de 'convertir un activo en dinero'.

LA SEGURIDAD DE LA *CADENA DE BLOQUES*

La expresión *blockchain*, que hace referencia a una tecnología digital que garantiza la veracidad de las operaciones por internet, puede traducirse en español por *cadena de bloques*. Se trata de un registro compartido por millones de ordenadores conectados en el que se inscriben y archivan las transacciones entre dos partes de manera verificable, permanente y anónima sin necesidad de intermediarios.

10 TÉRMINOS DEL FÚTBOL

El fútbol no solo proporciona emoción, victorias y alegrías, no solo es capaz de mantener al mundo entero en vilo durante los 90 minutos que dura un partido. También aporta mucho léxico. En esta lista se recogen diez términos propios de este deporte y las dudas que más frecuentemente surgen con ellos.

FÚTBOL Y *FUTBOL*, CON O SIN TILDE, UNA PASIÓN

La forma aguda *futbol* se usa en México y Centroamérica, y la llana *fútbol* está extendida en el resto de América y en España. Ambas son adaptaciones adecuadas del anglicismo *football*, tal como indica el *Diccionario panhispánico de dudas*. Además, existe el calco *balompié*, aunque no se utiliza tanto como las otras adaptaciones.

EL PELIGRO DE LOS *CÓRNERES*

La palabra *córner* se halla ya adaptada al español y, por ello, se rige por las normas ortográficas españolas sobre la formación del plural. Por ello, su plural es *córneres*, no *córners* ni *los córner*.

PENALTI, LA PENA MÁXIMA CON I LATINA

Penalti es la adaptación gráfica del anglicismo *penalty*, 'máxima sanción que se aplica a ciertas faltas del juego cometidas por un equipo dentro de su área', de acuerdo con la definición de la Real Academia Española. En español se pronuncia mayoritariamente como una palabra llana, /penálti/, sin embargo, también está extendida en algunas áreas americanas la pronunciación esdrújula, /pénalti/.

EL DECISIVO *GOLAVERAJE*

La expresión inglesa *goal average* se refiere a la diferencia entre tantos marcados y recibidos en ciertos deportes y se utiliza para deshacer el empate entre equipos con el mismo número de puntos en la clasificación'. *Golaveraje* es su adaptación al español.

HAT-TRICK O *TRIPLETE*: DE TRES EN TRES

Triplete o *tripleta* son alternativas en español al anglicismo *hat-trick*, que se refiere al hecho de que un jugador marque tres tantos en un mismo encuentro. Además, si se emplea la palabra inglesa *hat-trick*, esta se puede escribir con o sin guion, pero siempre en cursiva por ser una voz extranjera.

EL VERBO *ALINEAR* Y LA TILDE INTRUSA

Pese a que el sustantivo *línea* lleva tilde en la *i*, en la conjugación del verbo *alinear*, la vocal tónica es la *e* en todas las formas en las que el acento recae en la raíz (*aline-*): *alineo, alineas, alinea, alinean…* y no *alíneo, alíneas, alínea* ni *alínean*.

LAS *ZONAS DE HINCHAS* SON TAN DIVERTIDAS COMO LAS *FAN ZONES*

Zona de hinchas, aficionados, seguidores o *forofos*, o *zona para la hinchada* o *la afición* son equivalentes en español preferibles a *fan zone*. En algunos países de América se emplea el sustantivo *fanaticada* para referirse a la hinchada y, en México, *porra* es el 'grupo de partidarios que en actos públicos apoyan ruidosamente a los suyos o rechazan a los contrarios'.

DERBI: LA RIVALIDAD LOCAL QUE CAMBIÓ DE LETRA FINAL

En español, el partido entre dos equipos 'cuyos seguidores mantienen constante rivalidad, casi siempre por motivos regionales o localistas', se llama *derbi*, escrito con i latina, no con ye como en inglés. Este término también se emplea en hípica con el significado de 'prueba anual en la que corren purasangres de tres años de edad'.

EL *ESPRAY* (CON *E*), LA NUEVA HERRAMIENTA DE LOS ÁRBITROS

La Academia, además de proponer *aerosol* como alternativa a *spray*, recomienda en su *Diccionario del estudiante* la adaptación *espray* (plural *espráis*), también recogida ya en la vigesimotercera edición del diccionario académico.

UNA TILDE DE *RÉCORD*

El *Diccionario* recogió la forma hispanizada con tilde (*récord*) en su edición de 1992, con el significado de 'marca', 'mejor resultado en el ejercicio de un deporte' o 'resultado máximo o mínimo en otras actividades'. Su plural *récords* también se tilda porque, aunque es llana acabada en -*s*, termina en grupo consonántico.

10 SUSTANTIVOS QUE NOMBRAN A UN ANIMAL Y PUEDEN CALIFICAR A UNA PERSONA

El reino animal no solo aporta diversidad al medio, también a la lengua. Muchos de los nombres con los que se denomina a los animales han pasado a la lengua común y al *Diccionario* con significados que se aplican a personas. Aunque, normalmente, no suele salir uno muy bien parado con estos calificativos.

SER UN *ELEFANTE*

Este mamífero del orden de los proboscidios, sí, sí, has leído bien, proboscidios, tiene fama de ser el mayor de los animales terrestres. Quizá por eso, por su tamaño, por lo que ocupa o, llegado el caso, estorba, se dice que alguien *es un elefante*, o *un elefante blanco*, cuando es costoso de mantener y no produce utilidad alguna.

MIRA QUE ERES *CABEEEESTRO*

Como calificativo despectivo, figura en el diccionario académico con el significado, coloquial y empleado en España, de 'persona torpe o ruda'. Puede que por ser palabra bastante sonora, se utilice con frecuencia como un insulto.

GA-GA-GA-GA-LLINA

Se dice de la persona, sea hombre o mujer, que se tiene por cobarde, por pusilánime, por demasiado tímida. El *Diccionario* recoge este sentido también como coloquial, aunque es un calificativo de larga tradición en todos los niveles de nuestra lengua, quizá por lo asustadizo que suele ser el animal.

SOY UN *CORDEEEEEERO*

El cordero es, como todos sabemos, la cría de la oveja, pero también una 'persona mansa, dócil y humilde'. Así lo describe el *Diccionario*, y es que en español lo empleamos a menudo para calificar a las personas que siempre se dejan llevar por los demás, que no cuestionan nada y tienden a obedecer sin rechistar todo lo que se les dice.

ES QUE, MIRA, YO QUERÍA CONTARTE HOY LO QUE ES SER UNA *COTORRA*, PORQUE ME HAN DICHO QUE...

Una cotorra es un ave similar a un papagayo pequeño, pero coloquialmente se dice también a las personas muy habladoras, sin duda porque estos animales suelen ser también bastante parlanchines, aunque no tienen, como otras especies, un canto muy melódico.

CHINCHE (Y YA ME PICA TODO)

Una chinche es un 'insecto hemíptero, de color rojo oscuro, cuerpo muy aplastado, casi elíptico, de cuatro o cinco milímetros de largo, antenas cortas y cabeza inclinada hacia abajo, que segrega una sustancia maloliente y chupa sangre taladrando la piel con picaduras irritantes'. Seguramente por lo molestas que resultan las chinches han pasado a designar a las personas que, justamente, son *chinchosas*, esto es, 'molestas'.

LOS POBRES *CERDOS*

La verdad es que este pobre animal se lleva la palma, con el *Diccionario* en la mano decir *cerdo* es decir 'persona sucia, grosera, ruin'. Coloquialmente equivale a ser un puerco. Igualmente la locución adverbial *como un cerdo* equivale a 'en exceso' y se usa, muy habitualmente, para decir que *se come* o *se suda como un cerdo*, o sea, demasiado.

EL *PATO* PATOSO

Aunque estas aves adornan nuestros estanques con su revoloteo, sus picos aplanados y sus andares graciosos de patitas cortas, han quedado en el español como sinónimo de torpeza. Coloquialmente, *ser un pato* se dice de aquel que es soso, sin gracia ni habilidad. El derivado *patoso*, además, se aplica a quien presume de chistoso, pero, en realidad, no lo es.

NO TE CUENTO LO QUE ES SER UNA *MARMOTA* POR NO DESPERTARTE

Además de para saber cuándo llegará la primavera, el nombre de este roedor de casi 50 centímetros de largo se usa coloquialmente para dar a entender que alguien duerme mucho. *Ser una marmota* es pasar demasiado tiempo echado, descansando o directamente sobando.

EL *CAMALEÓN*, NA NA, EL *CAMALEÓN*...

Como este reptil tiene la facultad de cambiar de color según sean las condiciones del ambiente en el que se mueve, ha pasado a designar, metafóricamente, a la persona que cambia de actitud y conducta, adoptando en cada caso aquellas que le son más ventajosas.

10 PALABRAS Y CUESTIONES LINGÜÍSTICAS RELACIONADAS CON EL MOVIMIENTO FEMINISTA

El movimiento feminista ha propiciado la aparición de algunos neologismos, nos ha hecho volver a algunos principios lingüísticos y prestar mucha atención al significado de algunas palabras.

SORORIDAD, LA HERMANDAD ENTRE MUJERES

La *sororidad* es la hermandad entre mujeres. Proviene del latín soror ('hermana') y el *Diccionario* ya lo registra con los sentidos de 'amistad o afecto entre mujeres' y 'relación de solidaridad entre las mujeres, especialmente en la lucha por su empoderamiento'.

MACHISMO/FEMINISMO, UN FALSO PAR

Según el diccionario académico, *feminismo* es el 'principio de igualdad de derechos de la mujer y el hombre' y el 'movimiento que lucha por la realización' de esa igualdad. Mientras que el *machismo* es la 'actitud de prepotencia de los varones respecto a las mujeres' y la 'forma de sexismo caracterizada por la prevalencia del varón'. Por lo que, como se desprende de las definiciones, no se trata de dos términos antónimos.

DEL *MANSPLAINING* INGLÉS A LA *MACHOEXPLICACIÓN* ESPAÑOLA

Según el diccionario de Oxford, *mansplain* es una voz informal que significa (dicho de un hombre) 'explicar (algo) a alguien, normalmente una mujer, de forma condescendiente'. El neologismo *machoexplicación* (de *macho* y *explicación*), coloquial como el inglés y con cierto uso ya, es una alternativa apropiada, al igual que sus derivados *machoexplicador* y *machoexplicar*.

EL INVASIVO *DESPATARRE (MASCULINO)*

La palabra *manspreading*, incorporada al diccionario de Oxford en el 2015, es una voz coloquial que alude a la manera de sentarse de algunos hombres, en especial en los transportes públicos, con las piernas abiertas, invadiendo el espacio de los asientos adyacentes. Esa práctica ha suscitado debates en internet y campañas en su contra. *Despatarrar(se)* es un verbo coloquial español que significa 'abrir excesivamente las piernas', por lo que el sustantivo derivado *despatarre* se adapta a la acción que describe el anglicismo.

LOS *MACHOPANELES* CIENTÍFICOS

A partir del acrónimo inglés *manel* (de *man*, 'hombre', y *panel*, 'panel', 'grupo de personas seleccionadas para tratar en público un asunto'), que se emplea en el ámbito de la reivindicación feminista para denunciar la existencia de foros en los que solo se invita a participar como ponentes o panelistas a hombres, surge en español *machopanel*, que expresa la misma idea.

EL TAMAÑO NO IMPORTA, EL *MICROMACHISMO*, POR PEQUEÑO QUE SEA, ES MACHISMO

Ese conjunto de comportamientos, prácticas y estrategias cotidianas con las que se ejerce el poder de dominio masculino y que atentan en diversos grados contra la autonomía de las mujeres se llama *micromachismo*, término que se escribe en una sola palabra, sin espacio ni guion.

LA *X*, LA @ Y LA *E* COMO MARCAS INCLUSIVAS

En ocasiones, en el empeño de utilizar formas alternativas a las desinencias masculinas que resulten «más neutras», se han propuesto la @, la letra *x* e incluso la vocal *e*, pero, al resultar inapropiadas en textos generales, han quedado más como recurso gráfico indicado solo para pancartas y lemas, en los que visualmente resultan expresivas.

EL MASCULINO, GENÉRICO EN ESPAÑOL

Muchos hablantes creen que ante una mayoría, por ejemplo, de ministras lo más adecuado sería hablar de *las ministras del Gobierno*, englobando con esta denominación a hombres y mujeres, en lugar de hacerlo al revés. Sin embargo, la postura académica es clara a este respecto: en español el masculino es el género no marcado, por lo que «los alumnos», en masculino, «es la única forma correcta de referirse a un grupo mixto, aunque el número de alumnas sea superior al de alumnos varones».

EL DESDOBLAMIENTO: *LOS NIÑOS Y LAS NIÑAS*

Consiste en recurrir en la lengua oral o escrita a fórmulas como *las niñas y los niños* para hacer patente el género femenino. La Academia indica que se trata de una tendencia reciente más propia de textos periodísticos, de medios oficiales, del lenguaje administrativo o de los textos escolares. Se admite de forma general en los vocativos y, en el resto de los casos, solo cuando el contexto no deja suficientemente claro que el masculino plural comprende a ambos sexos.

FEMINICIDIO Y *FEMICIDIO*, DOS PALABRAS PARA UNA MISMA TRAGEDIA

La palabra *feminicidio* y su variante *femicidio* se emplean para aludir al 'asesinato de una mujer a manos de un hombre por machismo o misoginia'. *Feminicidio* se forma a partir del término latino *femĭna*, al que se añde el sufijo *-cidio*, mientras que *femicidio* ha entrado en el español a partir de la voz inglesa *femicide*; esta última está ya muy asentada en algunas áreas del español americano.

10 PALABRAS QUE VIENEN DEL CHINO

La china es una cultura milenaria. A ella pertenecen el
I Ching o *Libro de las mutaciones*, las pagodas, el *feng shui* y las cenas
de empresa a base de rollitos de primavera. El español, además,
ha acogido las siguientes voces.

KÉTCHUP: DE LA CHINA A LA HAMBURGUESA

Aunque haya llegado a través del inglés y recubriendo hamburguesas, el sustantivo *kétchup*, con tilde, procede del chino *kôechiap*, término que según el *Diccionario* significa 'salsa de pescado en escabeche'. La próxima vez que un niño empape una paella con este ingrediente, que nadie diga que la estropea: es su forma de comer pescado.

GINSENG, EN CURSIVA

Esta palabra aparece en el *Diccionario*, pero en cursiva, es decir, la Academia admite su uso asentado entre los hispanohablantes, pero advierte que la pronunciación no se ajusta a la norma ortográfica: en español habría que pronunciar con ge la primera sílaba o escribir esta con ye.

EL *TÉ*, MUY BRITÁNICO... Y MUY ORIENTAL

Quién iba a imaginar que el nombre de esta infusión tiene su origen en el chino. Y, sin embargo, ahí se ha colado en el español, camuflado sin que nadie sea consciente de su procedencia.

CHAROL, UNA PALABRA CON ESCALA EN PORTUGAL

Tampoco este sustantivo nos ha llegado directamente del chino, sino que ha hecho escala previa en el portugués *charão*. Sirve para dar lustre a aquello a lo que se aplica, ya sea un papel, unos zapatos o una gabardina, y, metafóricamente, la expresión *darse charol* significa 'alabarse, darse importancia'.

CAOLÍN, REMEDIO ORIENTAL

Esta arcilla blanca se ha posado sobre el español tras levantar el vuelo en China y entrar en contacto con el francés *kaolin*. Se emplea tanto en cosmética como en medicina, pues lo mismo sirve como hidratante facial que para eliminar toxinas en procesos diarreicos.

KUNG FU, EL MERITORIO MAESTRO

Aunque la adaptación *kungfú* está aceptada, la Academia da prioridad a la grafía inglesa *kung fu*, que a su vez remite a la voz china *gong* ('mérito') y *fu* ('maestro'). Las personas de cierta edad se acordarán de Bruce Lee, mientras que los más jóvenes pensarán en la película *Kung Fu Panda*. A algunos, claro, no les hará ni fu ni fa.

EL EXÓTICO Y ROJIZO *LICHI*

Se trata de un fruto de color rojizo recubierto de púas también denominado *cereza de China*. Esta es la forma apropiada en español, y no *litchi*, *lichee* ni *lychee*. No es de dominio común si los zumos que se preparan con lichis eran del gusto del fundador del grupo musical *La Cabra Mecánica*, Miguel Ángel Hernando Trillo, pero algo tuvo que ocurrir para que se apode Lichis.

¿SINO- O CHINO-?

Este sustantivo desembarca en costas españolas desde Francia. Está formado por los elementos compositivos *sino-*, que alude a la lengua y la cultura china, y *-logía* ('tratado, estudio, ciencia'). Cuando se hace referencia a otras cuestiones relacionadas con este país, el elemento compositivo pasa a ser *chino-*, como se aprecia en la palabra *chinoamericano*, que es el 'americano de origen chino'.

EL *YIN*, SIN GE, Y EL *YANG* CON ELLA

Una de las pocas palabras —junto con *gong* y *fang*— que se consideran plenamente adaptadas al español pese a terminar en *-ng*. El *Diccionario* señala que, en síntesis con el *yin*, constituye el principio del orden universal. Al *yin*, a propósito, no se le ha quitado ninguna ge final, sino que no termina en dicha consonante ni en su forma original ni en inglés, idioma del que hemos tomado la palabra.

TAICHÍ, FUERZA, FLEXIBILIDAD, EQUILIBRIO

Tanto la acentuación aguda como la llana están aceptadas, aunque resulta preferible *taichí*. Se considera un arte marcial que aporta, entre otras cosas, fuerza, flexibilidad, equilibrio y curiosos espectáculos en parques públicos.

10 SIGNOS ORTOGRÁFICOS MÁS ALLÁ DEL PUNTO Y LA COMA

De acuerdo con la *Ortografía*, los signos ortográficos «son todas aquellas marcas gráficas que, no siendo números ni letras, aparecen en los textos escritos con el fin de contribuir a su correcta lectura e interpretación». Hay signos diacríticos (la tilde y la diéresis), de puntuación (el punto, la coma, el punto y coma, los paréntesis…) y auxiliares (guion, barra, antilambda, calderón…).

DIÉRESIS: Ü O Ï

La diéresis es una marca diacrítica que consiste en dos puntos horizontales que se colocan sobre la letra a la que afecta. También es conocida como *crema* y, en ocasiones, por el nombre alemán de *umlaut*. Se sitúan sobre la *u* para indicar que esta ha de pronunciarse en las combinaciones *gue* y *gui* (*vergüenza* o *pingüino*). En poesía, y por necesidades métricas, es habitual usarla para indicar que las vocales que componen un diptongo se deben pronunciar en sílabas distintas, como en *hu-ï-da*.

LAS *LLAVES*, FRECUENTES EN LOS ESQUEMAS

Es un signo ortográfico auxiliar y, aunque se puede usar como signo doble, lo habitual es utilizar solo uno de ellos: { }. Como signo simple, es frecuente en esquemas o cuadros sinópticos; como doble se utiliza para presentar alternativas posibles en un determinado contexto: *Me {habría gustado/hubiera gustado} trabajar con él.*

EL *APÓSTROFO*, QUE NO *APÓSTROFE*

El apóstrofo es un signo ortográfico auxiliar en forma de coma que se coloca en la parte superior derecha de una letra o de una palabra. En textos antiguos, indica la omisión de la vocal final de algunas palabras cuando la siguiente empieza por vocal. En la reproducción del lenguaje coloquial o vulgar, refleja la supresión de sonidos, de modo que se unen dos palabras (*Ven pa'ca* [pa(ra a)cá]).

LA *DIPLE* O *ANTILAMBDA*

El signo denominado *diple, antilambda* o *corchete angular* puede ser simple (<,>), utilizado en matemáticas, como equivalente de *menor* o *mayor que* (10 > 6), y en lingüística, para mostrar la evolución de una palabra (*agua* < *aqua*), o doble (< >), usado en informática, por ejemplo, para encerrar las direcciones de correo electrónico (<*consultas@fundeu.es*>), o, en filología, para marcar en textos antiguos las letras que faltan en las abreviaturas o las palabras que no estaban en el original (*p<ri>mer*).

EL *PARÁGRAFO* O *PÁRRAFO*

Se suele emplear antepuesto al identificador numérico o alfanumérico de los apartados o secciones de un texto cuando se quiere remitir a ellos. El signo son dos eses enlazadas: §.

LA *BARRA OBLICUA* O *DIAGONAL*

Este signo de puntuación tiene múltiples funciones: sustituir preposiciones (*10 km/h*, donde equivale a *por*), indicar alternancias (*alumno/a*), separar opciones (*contratante/contratista*) o delimitar una abreviatura (c/), entre otras muchas. En fin, ¡barra libre de usos!

LA *BARRA VERTICAL* O *PLECA*

La pleca consiste en una raya vertical (|) y su principal función es la de separar distintos elementos, como los pies métricos en obras sobre versificación, en matemáticas, señalar el valor absoluto de la expresión que encierra, o, en obras lingüísticas, marcar la existencia de una pausa menor dentro de un enunciado.

EL *ASTERISCO* TIENE FORMA DE ESTRELLA

El asterisco (*) se escribe en la parte superior de la línea y se emplea principalmente para hacer llamadas a notas a pie de página, aunque tiene también algunos usos menos extendidos como marcar la omisión de caracteres (*Me mandó a la m******) o delimitar una palabra que se escribiría en negrita, cuando este formato no está disponible (**casa**).

EL *GUION BAJO* O *SUBRAYA*

El *guion bajo* es un signo que consiste en un trazo horizontal que se sitúa en la línea de escritura (_) y que se emplea sobre todo en el lenguaje informático, en las direcciones de correo electrónico, por ejemplo, como sustituto del espacio (*palabra_palabra@xxx.com*), o para delimitar un texto que debería aparecer en cursiva (*Ya me he leído el _Quijote_*).

LA *MANECILLA* SEÑALA Y DESTACA

El *Diccionario* define *manecilla* como 'signo, en forma de mano con el índice extendido, que solía ponerse en los impresos y manuscritos para llamar y dirigir la atención': ☞ ☜. Actualmente apenas se usa, aunque en los últimos años está recobrando fuerza, sobre todo en publicidad y señalización.

10 EXPRESIONES INCENDIADAS

Está claro que el fuego es uno de los cuatro elementos no solo de la naturaleza, sino también del español. Este sustantivo ha dado lugar a gran número de expresiones coloquiales que se emplean a diario. Desde esta perspectiva, si se para uno a pensarlo, el lenguaje parece más bien un circuito eléctrico del que en cualquier momento pueden saltar chispas.

ECHAR FUEGO POR LOS OJOS

La mayoría de las personas se maravillan al ver a un faquir echar fuego por la boca. Hacerlo por los ojos, en cambio, está al alcance de todos. Basta con sufrir continuos agravios y encontrarse en una situación en la que la ira no pueda expresarse con palabras. Obligado a contenerse, el afrentado se irá consumiendo por dentro hasta revelar su enojo con una mirada fulminante.

PONER LA MANO EN EL FUEGO

Mucha confianza ha de tenerse en una persona para poner la mano en el fuego por ella. Por lo común, esta expresión se emplea para mostrar apoyo a quien es objeto de una acusación. Al utilizarla se corre el riesgo de equivocarse y acabar con una mala quemadura.

SACARLE LAS CASTAÑAS DEL FUEGO

En esta ocasión no se trata simplemente de salir en defensa de alguien, sino de tomar parte activa en un asunto para resolver lo que debiera solucionar aquel que se ha metido en un lío. Se interviene para evitar que otro se lastime, como unos padres que sacan del fuego unas castañas para que sus hijos no se quemen.

ESTAR ENTRE DOS FUEGOS

Mal asunto encontrarse en una situación así: se ha declarado un incendio, las llamas bloquean parcialmente la puerta de salida y también en la pared de enfrente los visillos de la ventana comienzan a arder. Uno quisiera no estar en medio y justo esa es la idea que desprende la locución *entre dos fuegos*: la de hallarse entre dos bandos enfrentados y no saber por quién tomar partido o cómo desbloquear la situación.

ECHAR LEÑA AL FUEGO

Aun no teniendo chimenea, todo el mundo sabe que al echar leña al fuego este se aviva. La metáfora, por tanto, está servida: ante una cuestión candente, cabe optar por posturas conciliadoras, pero los cizañeros preferirán *echar leña al fuego* para terminar de acalorar los ánimos.

BAUTISMO DE FUEGO

Esta locución alude al hecho de entrar por primera vez en combate y, de forma más genérica, a la primera incursión en una actividad. Remontándose más —y según los evangelios de san Mateo y san Lucas—, san Juan Bautista afirmó: «Él os bautizará con el Espíritu Santo, y con fuego». Estaba refiriéndose a Dios y el sustantivo *fuego* habría que interpretarlo figuradamente como medio de purificación.

APAGAR UN FUEGO

Los bomberos no son solo esos seres heroicos que rescatan vidas e ilustran las páginas de algunos calendarios. Comparten profesión de apagafuegos aquellos especialistas en ofrecer soluciones a asuntos acuciantes o situaciones embarazosas, conforme al diccionario académico. Como el señor Lobo de *Pulp Fiction*, pero sin mafia de por medio.

JUGAR CON FUEGO

Los niños a menudo no son plenamente conscientes de las consecuencias de sus actos. Por esa razón, no es aconsejable regalarles mecheros e invitarlos a explorar su funcionamiento en un parque lleno de pinos. Por divertido que parezca, *jugar con fuego* siempre es actuar con temeridad, sin considerar los daños que se puedan ocasionar.

ROMPER EL FUEGO

Ni tijeras ni piedras servirán para romper el fuego. En esta expresión, *romper* equivale a *empezar*, como en la perífrasis *romper a llorar*. Literalmente, lo que comienza son los disparos en un enfrentamiento bélico. De forma figurada, *rompe el fuego* quien inicia cualquier disputa, conversación o actuación.

APAGAR EL FUEGO CON ACEITE

Hay que tener muy poco sentido común para semejante ocurrencia. Quien así hace no consigue sino empeorar la situación que se pretendía arreglar, ya sea entre los fogones de una cocina o en medio de una conversación cuya temperatura va subiendo sin cesar.

10 PALABRAS QUE AFECTAN A LA SALUD

Si las palabras desaparecieran, la comunicación se resentiría. Si no se precisaran los diagnósticos con el nombre de una enfermedad, tal vez no se empezaría el tratamiento ni el camino de la recuperación. Hablar, en cualquier caso, suele ayudar a las personas enfermas.

EL SARS-COV-2 CAUSA LA COVID-19

No está de más recordar que el sustantivo *coronavirus* hace referencia a una familia de virus, de los cuales el que se ha hecho tristemente famoso es el *SARS-CoV-2*, causante de *la COVID-19*, mejor en femenino, ya que la *D* del acrónimo equivale a *disease*, que en español es *(la) enfermedad*.

LA SALMONELA, NO LA SALMONELLA

En rigor, la *salmonela* es la bacteria que causa trastornos intestinales, mientras que la *salmonelosis* es la enfermedad que contrae quien ha comido alimentos contaminados por esta bacteria. En cualquier caso, *salmonela* se escribe con una sola ele en la última sílaba, no *salmonella*.

LA RICKETTSIA Y LA RICKETTSIOSIS NO SON LO MISMO

Similar a la salmonela, pero con una grafía mucho más exótica, la *rickettsia* es la bacteria que provoca tifus, mientras que la *rickettsiosis* es la enfermedad causada por tal bacteria.

EL CHIKUNGUÑA DEJA DOBLADOS A LOS PACIENTES

Aunque a menudo aparece escrita con la forma *chikungunya*, la grafía recomendable es *chikunguña*, con eñe. Como todas las enfermedades, lo apropiado es escribirla con inicial minúscula. Se dice que la palabra procede del idioma makonde, hablado en el sureste de Tanzania y en el norte de Mozambique, que significa 'hombre que se dobla' y se aplica a esta enfermedad debido a que esta se caracteriza por fuertes dolores en las articulaciones.

LA FORMA ÉBOLA NO ES LA ADAPTACIÓN DE ET VOILÀ

Ninguna enfermedad es agradable, pero en un sorteo este boleto es de los peores. Desde el punto de vista ortográfico, conviene saber que *Ébola* se escribe con inicial mayúscula cuando va precedido por la contracción *del*: *virus del Ébola*, *fiebre del Ébola* o *enfermedad del Ébola*. Solo empieza por minúscula cuando se emplea de manera informal para referirse a la enfermedad: *el ébola*.

LA SEROFOBIA NO ES EL MIEDO A LOS SUEROS

Las personas con sida, aparte de sufrir la enfermedad, padecen a menudo cierto estigma social. Al miedo a relacionarse con ellas se le denomina *serofobia* y a quien siente dicho rechazo puede llamársele *serófobo*. Y sí, es cierto que *sero-* solo significa 'suero' en principio, pero ha pasado a formar voces relacionadas con personas seropositivas.

EL *VIH* Y EL *SIDA* NO SON LO MISMO

Aunque está claro que descubrir que uno tiene VIH preocupará a cualquiera, hay que tener claro que una cosa es ser portador de dicho virus y otra es llegar a desarrollar la enfermedad del sida. Lo primero no implica lo segundo automáticamente.

EL *ZIKA*, CON MINÚSCULA, PERO LA *ENFERMEDAD DEL ZIKA*, CON ZETA MAYÚSCULA

Como ocurre con el ébola, se escribe *zika* cuando se hace alusión a la enfermedad de modo informal, mientras que esta palabra empieza por mayúscula cuando va precedida de la contracción *del*: *virus/fiebre/enfermedad del Zika*. La enfermedad, por cierto, recibe su nombre de un bosque de Uganda.

¿*CUARENTENAS* DE DOS SEMANAS?

Pese a que el sustantivo *cuarentena* sugiere que el aislamiento de quien se halla en dicha situación debe durar cuarenta días, el *Diccionario de la lengua española* señala tan solo que se extiende «durante un periodo de tiempo», sin mayores precisiones. A partir de esta palabra puede crearse el verbo *cuarentenar*.

EL *ALZHÉIMER*, PERO EL *MAL DE ALZHEIMER*

Esta enfermedad recibe su nombre del neurólogo alemán *Alois Alzheimer*. Una vez más, en textos médicos lo recomendable es optar por *enfermedad de Alzheimer*, con *a* mayúscula, aunque en otros más generales pueda hablarse de *alzhéimer* y entonces se escribe en minúscula, con tilde y, pese a esa secuencia -*zh*-, en redonda.

10 PALABRAS QUE DAN NOMBRE A FOBIAS

La verdad es que miedo se le puede tener a cualquier cosa.
Quién no ha tenido pesadillas alguna vez en las que se quedaba desnudo
en público o llegaba tarde y mal a una cita importante. Todos hemos
vivido situaciones de ansiedad similares, pero hay personas
que las tienen de manera recurrente en algunas circunstancias,
con algunas cosas en concreto.

LA *APOROFOBIA*: EL RECHAZO AL POBRE

Es un neologismo que da nombre al miedo, rechazo o aversión a los pobres.
La filósofa española Adela Cortina la acuñó en varios artículos de prensa en
los que llamaba la atención sobre el hecho de que se suele llamar *xenofobia* o
racismo al rechazo a inmigrantes o refugiados, cuando en realidad esa aversión
no se produce por su condición de extranjeros, sino porque son pobres.

NOMOFOBIA: NO SIN MI MÓVIL

Es el miedo a estar incomunicado sin teléfono móvil. En inglés, se ha formado por la fusión del adverbio *no*, el acortamiento *mo* (a partir de *mobile
phone*) y el sustantivo *phobia*. En español, el término se ha adaptado con los
mismos elementos compositivos: el adverbio *no*, la forma abreviada *mo* (de
móvil) y *fobia* ('aversión obsesiva a alguien o a algo' o 'temor irracional com-
pulsivo').

LGTBFOBIA: EL RECHAZO A UNAS SIGLAS... Y A LO QUE REPRESENTAN

Se denomina así el rechazo al colectivo de lesbianas, gais, transexuales y bi-
sexuales. Es un sustantivo que parte de la sigla *LGTB*, que actúa como base, y
a la que se le añade el elemento compositivo *-fobia*. Además, de forma aislada,
la aversión a cada una de estas expresiones sexuales y a sus colectivos se denomina *lesbofobia, homofobia, transfobia* y *bifobia*.

TURISMOFOBIA, CUANDO LAS VISITAS MOLESTAN

A partir del sustantivo *turismo* y el elemento compositivo *-fobia*, se ha formado *turismofobia*, que puede entenderse como la 'aversión o rechazo al
turismo en general'. Sin embargo, en la práctica, se emplea para aludir, de
forma más específica, al rechazo a la *turistificación*, es decir, a la masificación
turística y las consecuencias negativas que tiene sobre la población y los
trabajadores.

TRISCAIDECAIFOBIA, MALDITO 13

Con este palabro, que ya de por sí da bastante miedo, se nombra a la fobia al
número trece. Una variante que también se emplea en español es *tredecafobia*;
aunque esta última sea más fácil de pronunciar, tiene menos uso.

LA AGUDA *BELENOFOBIA*

Aunque esta voz da nombre a un miedo muy frecuente, muchas personas, incluso aquellas que la padecen, no la conocen. De hecho, ni está recogida en el *Diccionario*. La *belonofobia* es el 'miedo a las agujas y a los alfileres', especialmente a las agujas para poner inyecciones.

ACROFOBIA, UN MIEDO DE ALTURA

Es un término que viene del griego *akra* ('altura') y *fobia* ('miedo'). Es, por tanto, el miedo a las alturas o a llegar a caerse, y lo padecen muchos a diario, aunque no sepan ponerle nombre.

NOSOFOBIA: ¿QUÉ ME PASA, DOCTOR?

Similar a la hipocondría, los nosofóbicos o hipocondríacos tienen miedo a saber que están enfermos y, al mismo tiempo, siempre creen que pueden estarlo. En mayor o menor grado muchas personas tienen sentimientos similares y, en algunos casos, llega a ser una fobia aterradora.

ERITROFOBIA, MIEDO AL RUBOR

Con este sustantivo se denomina al miedo a ponerse rojo, a ruborizarse. Lo paradójico de este caso es que, en muchas ocasiones, el miedo a que ese rubor facial se note es lo que lo acaba provocando.

AMAXOFOBIA: MEJOR A PIE

Es el miedo a conducir, a manejar un auto. Lo padecen muchos, en cualquier momento, solo con empezar a pensar que tienen que sentarse al volante de un coche.

10 NÚMEROS ESCONDIDOS EN PALABRAS

Los números no se expresan únicamente mediante los cardinales (*uno, dos, tres…*) o los ordinales (*primero, segundo, tercero…*), sino que a menudo se cuelan en las palabras en forma de elementos compositivos de origen latino o griego. En ocasiones se disfrazan tanto que la mayoría de los hablantes no son conscientes de que una determinada palabra encierra una referencia a un número.

LA *MONARQUÍA* ES SOLITARIA

Esta palabra remite a *mónos* ('uno') y *árkho* ('yo mando, yo gobierno'), elemento este último presente también en *anarquía* ('sin jefe'). Por cierto, dado que el *monarca* es el 'jefe del Estado', conviene señalar que no es adecuado hablar de *los monarcas* para referirse a un monarca y su consorte, pues tal consorte no gobierna. Para expresar esa idea, lo preciso es decir *los reyes*.

LOS *DUELOS* SON ENTRE DOS

Los duelos a muerte acaban siempre con algún familiar guardando duelo por el que pierde. Aunque el *duelo* por el fallecimiento de un ser querido viene de *dolus* ('dolor'), el *duelo* del enfrentamiento procede de *duellum* ('combate entre dos'). Puesto que en la propia palabra se oculta la noción de *dúo*, no resulta apropiado hablar de duelos entre más de dos personas, equipos o empresas.

EN UN *TRESILLO* CABEN TRES

Cuando se vive solo, basta cualquier asiento para acomodarse. Pero a muchas familias no les basta con un sofá de dos plazas y necesitan, al menos, tener un *tresillo*, sustantivo que esconde el número de personas que pueden sentarse en él. No existen *bisillos* para las parejas, que, en todo caso, siempre podrán decorar la casa con *visillos*.

DESCUARTIZAR UN PLIEGO EN *CUARTILLAS*

Aunque dentro de esta lista parezca obvio que *cuartilla* puede guardar relación con el número cuatro, normalmente no se repara en ello. Merece la pena aclarar que este sustantivo designa la 'hoja de papel para escribir cuyo tamaño es el de la cuarta parte de un pliego'. Vamos, que el pliego ha quedado *hecho cuartos* o *descuartizado*. También es la cuarta parte de una arroba, una fanega o una cántara.

DIEZ MÁS CINCO RIMA CON *ESGUINCE*

Esta es de nota. En las otras nueve palabras de esta lista, la pista está al principio. Cuesta mucho más imaginar que *esguince* procede de *exquintiare*, verbo latino que en español significa 'rasgar, desgarrar' o, más propiamente, 'partir en cinco pedazos'. Será menos grave que una luxación, pero, sabiendo la etimología, tampoco parece una simple torcedura.

ECHARSE LA *SIESTA*

Por si acaso alguien está llevándose las manos a la cabeza, la idea no es que después de comer haya que dormir hasta las seis de la tarde. En realidad, de acuerdo con Joan Corominas, *siesta* es abreviatura de *hora sexta*, la cual corresponde actualmente a las doce. Por eso, no solo es el tiempo destinado para dormir después de la comida, sino también el tiempo después del mediodía en que aprieta más el calor.

LO QUE DURA UNA *SEMANA*

Está claro que las semanas son de siete días, pero no resulta tan evidente que la palabra en sí remita a este número. El caso es que este sustantivo guarda estrecha relación con *septem*, lo cual, ya sí, hace pensar en *septenios* o *septuagenarios*.

EL MES DE *OCTUBRE*

Palabras como *octógono*, *óctuple* u *octosílabo* son transparentes, pero ¿*octubre*?, ¿no es este el décimo mes del año? Sucede que, pese a ser este el puesto que ocupa hoy por hoy, el calendario romano no incluía inicialmente los meses de *julio* y *agosto*, de modo que *octubre* era el octavo (después de *septiembre*, el séptimo).

LAS NUEVE LÍNEAS DEL *ENEAGRAMA*

Por si alguien no está familiarizado con el término, el *eneagrama* es un sistema que clasifica a las personas en nueve posibles personalidades, relacionadas mediante nueve líneas que conforman una estrella. Y es que *enea-* equivale en griego a *nueve*, como se aprecia en los *eneasílabos*, que constan de nueve sílabas.

LAS *HECATOMBES* YA NO SON LO QUE ERAN

La última palabra no tiene que ver con el número diez, sino con el cien. Aunque hoy día una *hecatombe* es una catástrofe o un número de muertes grande pero indeterminado, en griego *hekatón* significa 'ciento' y *bus* 'buey', en alusión a la costumbre de sacrificar cien reses, especialmente vacunas, para contentar a los dioses.

10 PALABRAS QUE VINIERON DE ÁFRICA

Del continente africano llegan voces con ritmo, la mayoría trisílabas de pronunciación llana. Aunque no son las únicas, puede afirmarse que África aporta al español la alegría de sus bailes y sus instrumentos musicales.

TENER *BACHATA* EN LAS VENAS

Aunque de origen africano, el término *bachata* no solo es un canto popular nacido en la República Dominicana, sino también un género musical bailable. De este país es el compositor Juan Luis Guerra, que tituló el quinto de sus discos con el nombre *Bachata rosa*. En la actualidad, es frecuente acompañar esta clase de bailes del sonido de las congas, los saxofones y los timbales.

DE *BANANAS* Y PLÁTANOS

Aunque, según el *Diccionario*, *banana* significa 'plátano', son muchos los que afirman que su dulzor no es el mismo y que la pieza más apetecible de todas es el *banana split*. Sea como sea, lo que probablemente resulte desconocido es que se trata de una voz del Congo y que en Uruguay es un insulto semejante a *tonto* o *bobo*.

TOCAR LA *MARIMBA*

La *marimba* puede ser un tambor o una especie de xilófono con listones de madera, así que más vale que quede claro qué debe tocarse, porque el sonido difiere. Y es que, si no se acierta con esto, puede que no solo se estropee la canción, sino también el *tímpano*, sustantivo que hace referencia tanto a la membrana auditiva como a un instrumento musical con tiras de vidrio.

SE ARMÓ UN *QUILOMBO*

Este sustantivo es habitual entre los hablantes de Argentina, Bolivia, Chile, Paraguay y Uruguay. Según el *Diccionario de la lengua española*, se utiliza como sinónimo de *prostíbulo*, pero también de *jaleo* o *lío*. En Venezuela es un 'lugar apartado o de difícil acceso' y Joan Coromines añade que en brasileño significa 'refugio de esclavos africanos evadidos en el interior de Brasil'.

EL *VUDÚ* Y LAS MALAS INTENCIONES

Son muchos los que asocian la voz *vudú* a prácticas supersticiosas: mal de ojo, alfileres en un muñeco de trapo, dianas con fotografías en el centro. El *Diccionario del estudiante* de la Academia define este sustantivo como 'culto religioso extendido entre los negros antillanos y del Sur de los Estados Unidos de América, en el que se mezclan elementos católicos y ritos de origen africano'.

DAR TUMBOS CON LA *TUMBA*

Si alguien está pensando en el lugar donde se entierra a los seres queridos, va desencaminado. La *tumba* procedente de África es un tambor hecho con el tronco de un árbol ahuecado. Pese a esta abertura del árbol, la expresión *a tumba abierta* significa 'con gran velocidad y riesgo' u 'osadamente, sin reserva alguna'.

HASTA LAS *QUIMBAMBAS* Y MÁS ALLÁ

Cuando una persona está *en las quimbabas*, se encuentra en un lugar alejado e incierto. Según el *Diccionario del estudiante*, se puede escribir este sustantivo con mayúsculas. La Academia también recoge la variante *en las chimbambas*. Sea como sea, parece que esta voz hace referencia a la región conga llamada Kimbambala.

CONTAR *MILONGAS*

Las milongas pueden meterse o bailarse: en el primer caso, *milonga* equivale a *mentira* o *trola*, mientras que en el segundo hace referencia a una composición musical folclórica argentina que se toca con la guitarra. Este sustantivo, que procede del bantú de Angola, ha dado lugar al verbo *milonguear* y al sustantivo *milonguero*.

LA POESÍA DEL *CANDOMBE*

Si lo que se desea es mover el esqueleto a un ritmo vivo, el *candombe* es una opción fantástica. Y precisamente por su ritmo y musicalidad es habitual encontrar homenajes a este baile en la poesía. Tal como ocurre con la *milonga*, también este sustantivo ha creado su propio verbo derivado: *candombear*. Y, por si faltaban tambores en esta lista, designa igualmente este tipo de instrumento.

EL *ÑAME* SE COME

Del Congo llega este sustantivo que hace referencia a un tipo de planta herbácea cuya raíz es comestible. Por otra parte, esta voz también se emplea en Cuba y la República Dominicana para aludir a una 'persona que da muestras de escasa inteligencia, cultura o instrucción' y en Panamá hace referencia a una 'persona loca'. Aunque no está confirmada, existe la teoría de que esta palabra tiene su origen en la onomatopeya *ñam*, utilizada para la acción de comer.

10 EXPRESIONES TERRÍCOLAS

Tener un suelo que pisar es fundamental para mantener el equilibrio.
Tener un suelo que cultivar proporciona alimentos.
Y tener un suelo donde enterrar a los seres queridos permite visitarlos.
La tierra es necesaria en la base, en el crecimiento y en la extinción.
No es de extrañar que este sustantivo se haga hueco
en multitud de expresiones.

SIETE PIES DE TIERRA

He aquí una forma rebuscada de referirse al hoyo donde descansan los cadáveres. Por lo común, más que como sustantivo, se utiliza en la construcción *estar bajo siete pies de tierra*, dando a entender que se está muerto y sepultado.

ESTAR EN TIERRA DE NADIE

Esta expresión hace referencia al 'territorio no ocupado entre las primeras líneas de dos ejércitos enfrentados', conforme a la definición de la Academia. Por lo general, se utiliza de manera figurada, por ejemplo, para darse citas dos personas en un lugar neutral, en vez de en la casa de una de ellas, donde se supone que se juega con ventaja por sentirse más cómodo.

BESAR LA TIERRA QUE OTRO PISA

Hay besos protocolarios, como los que se intercambian en los saludos; besos apasionados, como los que se arrancan los enamorados; besos cargados de ternura, como el que se da a un hijo pequeño cuando duerme, y besos metafóricos, como los que se plantan sobre el suelo que otro pisa por 'tener profunda gratitud hacia aquel con el que se siente uno en deuda'.

ECHAR POR TIERRA UN ARGUMENTO

Quien dice un argumento, dice también una idea o un proyecto. Teniendo en cuenta el pasaje bíblico que recuerda que el ser humano es polvo y al polvo tendrá que volver, es señal de mal augurio arrojar el sustantivo *tierra* sobre cualquier plan, pues con ello no se hace sino desbaratarlo.

SER HIJO DE LA TIERRA

Podría imaginarse un cementerio cuyas tumbas se abren. De pronto, ejércitos de cadáveres recubiertos de polvo echan a andar como zombis. ¿Son estos los hijos de la tierra? No, aunque el destino de los auténticos hijos de la tierra tampoco es envidiable: así se llama a quien carece de padres o parientes conocidos.

SER UN GIGANTE EN TIERRA DE ENANOS

En la primera parte de *Los viajes de Gulliver*, el protagonista naufraga y consigue alcanzar a nado la costa de Liliput. La pequeñez de sus habitantes no hace más alto a Gulliver, sino que su estatura destaca únicamente por comparación con los liliputienses. Llevado al plano del carácter, la expresión *ser un gigante en tierra de enanos* se emplea para 'denotar que una persona descuella no por su propio valer, sino por inferioridad de quienes la rodean'.

PONER TIERRA DE POR MEDIO

Razones para distanciarse hay muchas, pero se dice que alguien pone tierra de por medio cuando huye para evitar algo o, en los deportes, para indicar que un equipo se aleja de su rival en el marcador o en la tabla clasificatoria.

SACAR DE DEBAJO DE LA TIERRA

La tierra es buen escondite. Allí se ocultan yacimientos petrolíferos y cápsulas del tiempo. Pero no es fácil encontrar tales tesoros. Por eso, a quien tiene habilidad para encontrar recursos donde no parece haberlos se le dice que es capaz de sacar dinero o petróleo de debajo de la tierra.

SIN SENTIRLO LA TIERRA

Esta bella locución podría significar 'con indiferencia, sin que a nadie importe lo que se ha hecho', pero se emplea para dar a entender que se obra 'con mucho silencio y cautela'. El autor mexicano Homero Aridjis escribió lo siguiente en *El último Adán*: «Un olvido de todo se estableció como si el tiempo pasara en blanco, sin movimiento y sin sonido, sin sentirlo la tierra».

TRÁGAME TIERRA

Quién no se ha visto alguna vez en una situación embarazosa. Pero tampoco es cuestión de echar a correr, de modo que uno aguanta estoicamente el bochorno. Solo en el fondo quizá desee que la tierra se lo trague para ahorrarle el mal trago sin perder la dignidad.

10 EXPRESIONES PASADAS POR AGUA

El ser humano está formado por un ochenta por ciento de agua al nacer. Su importancia, por tanto, es manifiesta. El lenguaje, ese intento de reflejar con palabras la realidad, no podía pasar por alto este dato, motivo por el que todos los idiomas incluyen numerosas expresiones relacionadas con el líquido elemento.

QUEDAR EN AGUA DE BORRAJAS

Resulta que las flores de la borraja se empleaban como sudorífico, pero había quienes optaban por tomárselas como infusión y dicho efecto se anulaba. De ahí probablemente que se utilice la expresión *quedar algo en agua de borrajas* cuando aquello que podía habernos hecho sudar la gota gorda se queda en nada.

SER AGUA PASADA

Decía Heráclito que uno no se baña nunca dos veces en el mismo río y con esta simple observación hablaba de la impermanencia: todo fluye y cambia constantemente, nada permanece. Tal vez por eso no merezca la pena atormentarse con el pasado. Inexorablemente, irá perdiendo importancia.

AHOGARSE EN UN VASO DE AGUA

Los buzos son capaces de alcanzar grandes profundidades, pero basta con irse a la parte profunda de una piscina y tratar de tocar el suelo con las manos para sentir presión en los oídos. La superficie está ahí al lado, así que no hace falta ponerse nervioso. No obstante, hay personas que enseguida se agobian y se ahogarían donde no cubre, hasta en un vaso de agua incluso. No soportan la menor tensión.

BAILARLE EL AGUA A ALGUIEN

En tiempos no tan lejanos el personal de servicio, por complacer a los amos, solía echar agua al suelo cuando estos iban a llegar a casa para refrescar la entrada. El agua saltaba y discurría como si bailase; de ahí que todavía siga usándose esta expresión para indicar que se intenta complacer a otro.

BAÑARSE EN AGUA ROSADA

Dice la Academia que esta locución verbal significa 'regocijarse al ver el desengaño, escarmiento o perjuicio de otro que no hizo caso de sus consejos y advertencias o que no cumplió su voluntad'. Se asemeja a *regodearse* en la acepción de 'complacerse maliciosamente con un percance, apuro, etc., que le ocurre a otra persona'.

NADAR ENTRE DOS AGUAS

Todo nadador que se precie es capaz de hacerse un largo sin salirse de su carril. Al novato, a fuerza de escorarse, acabará reprochándosele que no se defina y vaya de un carril a otro u oscile entre dos contiguos. Pues eso significa esta expresión: 'mantenerse en una postura ambigua por reserva o por cautela'.

ESTAR CON EL AGUA HASTA EL CUELLO

Cuántas películas se habrán rodado en las que un coche cae al mar, el agua empieza a filtrarse y los ocupantes forcejean con el cinturón de seguridad. El agua va mojándoles los pies, los muslos, la cintura. Si llega hasta el cuello, solo faltará un palmo para que no puedan respirar. Los personajes, en suma, estarán en una situación apurada.

LLEVAR ALGUIEN EL AGUA A SU MOLINO

Se puede ser Mowgli y cargar cántaras de agua para ganarse el favor de una humana o, en vez de servir a otro, dedicar todos los esfuerzos a perseguir los propios intereses, incluso a costa del prójimo. El refrán completo es «Cada uno quiere llevar el agua a su molino y dejar en seco el del vecino».

SACAR AGUA DE LAS PIEDRAS

Cójase un puñado de piedras, introdúzcase en un sombrero de copa, agítese la varita con suavidad y, ¡tachán!, las piedras se habrán convertido en agua. En caso de no ser mago, solo sacará agua de las piedras quien sea capaz de arreglarse con poco y de obtener provecho de donde no cabía esperarlo gracias a su ingenio.

VENIR COMO AGUA DE MAYO

Es posible que quienes celebran en mayo bodas y primeras comuniones no celebren tanto que se ponga a llover en tan señalado día. Sin embargo, la lluvia de este quinto mes del año es fundamental para obtener una buena cosecha. A partir de aquí, la locución *como agua de mayo* pasa a significar que algo viene de maravilla.

10 EXPRESIONES LANZADAS AL VIENTO

El viento es pureza: ventilar trapos sucios y renovar el ambiente de una habitación. El viento es libertad: confiar en que las puertas irán abriéndose y siempre habrá un horizonte. Y el viento también es vida: oxígeno para los pulmones y repertorio léxico de expresiones con el sustantivo *viento*.

A LOS CUATRO VIENTOS

Decir algo a los cuatro vientos es difundirlo en todas direcciones. En concreto, conviene saber que el *bóreas* es el viento procedente del norte, el *austro* (o *noto*) es el viento del sur, el *poniente* (o *céfiro*) el del oeste y el *euro* no solo es una moneda, sino también el viento que sopla del este.

BEBER LOS VIENTOS POR OTRA PERSONA

Quien bebe vientos por una persona está enamorada de ella. De acuerdo con el *Vocabulario de refranes y frases proverbiales* de Gonzalo Correas, esta expresión hace referencia a los perros venteadores, que parecen beber el aire al olfatear en busca de la presa.

MARCHARSE CON VIENTO FRESCO

Mala cosa es marcharse con viento fresco, pues la despedida será brusca y con malos modos. Y eso que este viento solo es el número seis dentro de la escala de intensidad de Beaufort. Uno podría largarse de un sitio todavía más enojado si se marchara con viento frescachón o con viento de temporal.

MANTENERSE EN PIE CONTRA VIENTO Y MAREA

Cualquiera que haya visto una película de piratas podrá imaginar un marinero aferrándose al timón mientras las olas agitan el mar y la embarcación está a pique de volcar. Si se logra llegar a puerto, se habrá conseguido *contra viento y marea*, superando numerosos problemas y dificultades.

CORRER MALOS VIENTOS

El viento sopla, silba, aúlla y brama; cambia, azota, se desata y se desecandena; se levanta, amaina, se encalma y ulula. Pero ninguno de estos verbos se utiliza para indicar que las circunstancias son adversas para un fin. Con este sentido, el verbo escogido es *correr (malos vientos)*.

IRSE A TOMAR VIENTO

Con lo sano que es irse a tomar el aire, ¡qué malo es que algo se vaya a tomar viento! Al director de una empresa le puede venir de maravilla airearse para descubrir nuevas ideas de expansión; pero, si esas ideas se convierten en un proyecto concreto y el resultado es adverso, puede que el negocio se vaya a tomar viento y, entonces, habrá fracasado.

LLEVARSE EL VIENTO LAS PALABRAS

Los acuerdos entre caballeros se sellan con la palabra de quienes contraen el compromiso. Cuando se teme que lo acordado de palabra no sea firme, sino mudable como la dirección del viento, se dice que *las palabras se las lleva el viento* y termina optándose por un prosaico contrato en el que cada verbo no es sino una triste mariposa cuyo vuelo se ha truncado con el alfiler de un notario.

VER MOLINOS DE VIENTO

Incluso aquellos que no han leído el *Quijote* estarán familiarizados con el pasaje en el que el hidalgo arremete contra unos molinos de viento creyendo que son gigantes. A partir de aquí, se generalizó el uso de *molinos de viento* para referirse a cualquier enemigo fantástico.

IR VIENTO EN POPA

Para que un barco de vela avance, es necesario que el viento sople desde atrás (es decir, de popa). Así pues, cuando se afirma que algo va viento en popa, damos a entender que se avanza hacia el objetivo satisfactoriamente. Por cierto, si dicho objetivo es redactar de forma adecuada, téngase en cuenta que la locución correcta es *viento en popa*, no *de viento en popa*.

IRSE CON EL VIENTO QUE CORRE

Cuando Groucho Marx dijo aquello de «Estos son mis principios. Si no le gustan, tengo otros», se estaba mostrando —aparte de genial— veleidoso. Quien se va con el viento que corre comparte ese rasgo, con la particularidad de que sus cambios de parecer obedecen a un intento de arrimarse al sol que más calienta, mirando solo por sus propios intereses.

LA ÚLTIMA PALABRA

A lo largo de las doscientas páginas anteriores, hemos tratado de hacer un recorrido curioso, aleatorio, instructivo y ameno por 1000 curiosidades, palabras y expresiones que esperamos que hayan ayudado al lector a disfrutar de la lengua que compartimos casi seiscientos millones de personas en todo el mundo. Pero, desde su propio título, esta obra no prometía 1000 elementos, sino 1001.

Los miembros del equipo de la Fundación del Español Urgente que hemos participado en la creación de esta obra somos —como seguramente el lector que ha llegado hasta este punto casi final del libro— amantes de las palabras. No en vano trabajamos a diario con ellas, en especial con las más relacionadas con la actualidad.

Y sabemos que cada hablante emplea más unas voces que otras, ama u odia ciertos términos, tiene sus palabras favoritas (quizá la misma desde siempre, quizá varias dependiendo de las circunstancias de la vida o del humor con el que se levante cada mañana).

Por eso hemos pensado que solo los lectores pueden ayudarnos a terminar este libro agregando la última de las 1001 curiosidades, palabras y expresiones.

Porque en este libro, como en la lengua en general,
los hablantes tienen la última palabra.

ÍNDICE DE CØNCEPTOS

Este libro
se terminó de imprimir
en Casarrubuelos, Madrid,
en el mes de agosto de 2020

Descubre tu próxima lectura

Si quieres formar parte de nuestra comunidad,
regístrate en **libros.megustaleer.club**
y recibirás recomendaciones personalizadas

Penguin
Random House
Grupo Editorial

 megustaleer